中国名人大传

张之洞传

洋务运动的中间力量　创办汉阳铁厂

胡晓曼◎著

贵州大学出版社
Guizhou University Press

图书在版编目（CIP）数据

张之洞传 / 胡晓曼著. -- 贵阳 : 贵州大学出版社, 2024. 8. --（中国名人大传）. -- ISBN 978-7-5691-0982-5

Ⅰ. K827=52

中国国家版本馆 CIP 数据核字第 2024EJ6912 号

张之洞传

著　　者：胡晓曼

出 版 人：闵　军
责任编辑：葛静萍
装帧设计：立丰天

出版发行：贵州大学出版社有限责任公司
地址：贵阳市花溪区贵州大学东校区出版大楼
邮编：550025　电话：0851-88291180
印　　刷：三河市金兆印刷装订有限公司
开　　本：787 毫米 ×1092 毫米　1/16
印　　张：13
字　　数：230 千字
版　　次：2024 年 9 月第 1 版
印　　次：2024 年 9 月第 1 次印刷

书　　号：ISBN 978-7-5691-0982-5
定　　价：68.00 元

前　言

张之洞（1837—1909），字孝达，号香涛，又号香严，晚年自号抱冰老人，直隶南皮（今属河北）人。同治二年（1863）中进士，后历任翰林院编修、教习、侍读、侍讲学士及内阁学士等职。先后任湖广、两江及两广总督，为清流派重臣，他经常纠弹时政，抨击奕䜣、李鸿章等洋务派官僚。

光绪七年（1881），张之洞授山西巡抚，整顿吏治、严禁鸦片，使山西民风大有好转。他大力从事洋务活动，成为后期洋务派的主要代表人物之一。1884年春，中法战争前夕，张之洞奉命署理旋又补授两广总督。他起用前广西提督老将冯子材等，大败法军，为战事的进展作出了积极贡献。并在广东和湖北等地大办军用、民用工业，如设立枪弹厂、铁厂、枪炮厂、铸钱厂、机器织布局、矿务局等；同时，张之洞学习西方先进技术，用新式的装备和管理方法操练新兵，创立了水陆师学堂。1889年，张之洞调任湖广总督。他先后又建立湖北铁路局、湖北枪炮厂、湖北纺织官局（包括织布、纺纱、缫丝、制麻四局），并开办大冶铁矿、内河船运和电讯事业，修筑了芦汉铁路，还力促兴筑粤汉、川汉等铁路。1894年—1895年署督两江时，他主张仿德国营制，筹练江南自强军，后来又以此为基础在湖北编练新军。张之洞大力进行教育改革，先后在鄂、苏两地设立武备、农工商、方言、铁路、师范、普通教育等各类新式学堂，并多次派遣学生赴日、英、法、德等国留学。在举办洋务事业中，张之洞大量举借外债，开中国地方政府直接向外国订约借款之先例。

张之洞在积极兴办洋务企业的同时，对人民群众的反洋教斗争和农民起义进行了残酷镇压。在湖广、两江总督任上，张之洞起先以支持维新活动的面目出现，但当维新运动日益发展、新旧斗争渐趋激化后，他立即登报声明自除上海强学会会长之名，并对《时务报》的进步言论大加干涉，严斥积极支持变法维新的官员。1898年3月，张之洞撰《劝学篇》，提出“旧学为体，新学为用”，目的在于维护封建纲常，宣传洋务主张，攻击维新思想，反对变法运动。1900 年义和团运动爆发后，张之洞主张“安内乃可攘外”，多次上书清廷，要求对义和团严加镇压。是年夏，八国联军进逼京津，被逼无奈的清政府于 1901 年宣布实行“新政”。张之洞站在保护帝国主义利益的立场上，联络东南各省督抚，同外国驻上海领事订立《东南互保章程》九条，规定上海租界由各国共同“保护”，长江及苏杭内地治安秩序由各省督抚负责。8 月间，张之洞在英国领事的帮助下，破获设于英租界的自立军机关，并杀害唐才常等自卫军领袖 20 余人，随后又在鄂、湘、皖各地镇压了由维新派发动的自立军起义。1901 年与刘坤一联合上“江楚会奏变法三折”，提出“兴学育才”办法四条、调整中法关系十二事、采用西法十一事等。1903 年，张之洞会同管理学务大臣商办学务，仿照日本学制拟定“癸卯学制”，这结束了中国 1300 多年历史的科举制度。1905 年后，资产阶级革命运动兴起，张之洞因破坏革命组织，镇压革命派领导的武装起义，受到社会各方面舆论的强烈谴责。1907 年调京，任军机大臣，充体仁阁大学士，且兼管学部。次年，清政府将全国铁路收归国有，他又受任督办粤汉铁路大臣，旋兼督办鄂境川汉铁路大臣。光绪帝和慈禧太后死后，他以顾命重臣晋太子太保。宣统元年（1909）病逝，谥文襄。遗著辑为《张文襄公全集》。

张之洞一生为官清廉，这在封建官场是极为罕见的。他为官四十载，大力从事洋务活动，为身处内忧外患的清政府统治下的中国经济和军事发展奠定了良好的基础。同时他大胆进行教育改革，主张“中学为体，西学为用”，学习西方先进技术和管理方法，废科举兴学校，这有利于资产阶级新文化的传播。但是，他从事的一切洋务运动及改革活动均有一个前提，那就是不变更君主专制制度，正是在这种思想的支配下，张之洞才会猛烈攻击维新思想、大力镇压农民起义，这也正是张之洞作为一名封建主义卫道士的阶级局限性和劣根性之所在。

目　　录

第一章　大材出世

清王朝在经历了康乾盛世之后，已是日薄西山，气数将尽。到了道光后期可谓油尽灯枯，内忧外患已将大清帝国折磨得满目疮痍。

鸦片战争的坚船利炮与太平天国的《天朝田亩制度》，激起了中国黑暗社会的阵阵涟漪，无数民族英雄、农民英雄、“中兴名臣”、洋务健将、改革志士、革命先锋纷纷登上历史舞台。张之洞就在这样一个“时势造英雄”的非常时期应运而生了。

一、童年故事

张之洞（1837—1909），字孝达，号香涛。

道光十七年八月三日（1837 年 9 月 2 日），张锳得了个儿子。然而，令人费解的是，孩子每天哭个不停，张锳无奈之下，只得遵循习俗，贴出了一张告示，无非“天皇皇，地皇皇，我家有个夜哭郎”之类的话语，为的是能止住孩子的哭声。然而意想不到的是，当地百姓都知张家之子整天大哭，便想到在距兴义府很近的将军山上有一只传说有三百多岁的老猿。听说每当月明，人们便会听到那老猿凄厉的嚎叫，那嚎叫声使人毛骨悚然。可是自从张府上的这个孩子出生以来，月明之夜，那猿再没动静了，而婴儿却整天啼哭。于是，有人就将这两件事联系起来，下了个惊人结论：这个孩子可能就是这只老猿转世投胎而来。如此一来，那孩子是老猿投胎的说法，便流传开了。

这个孩子，就是清末名臣张之洞。

张家的老祖宗是山西省洪洞县人。明永乐二年（1404），明成祖朱棣建都北京，因为当时的京畿人口不多，朝廷便下了诏书“迁山右居实畿辅”。作为张氏“始祖”的张本，便在这个时候从山西洪洞县移居漷县（漷县后废置，其地即今通州之张家湾）。张本的儿子名叫立，张立的儿子名叫端，张端做过南直隶繁昌县（今属安徽）荻港巡检。一家人从此便移居到直隶省天津府南皮县，住在南门内路东，为东门张氏。张之洞祖父张廷琛，字献侯，贡生，四库馆誊录，议叙福建漳浦东场盐大使，题补古田县知县。乾隆年间，官场积弊已深，腐败丛生，闽浙总督伍拉纳与福州将军向来不和，互相攻击，乾隆帝派人调查出伍拉纳等官员大肆贪污、受贿等恶行，遂兴大狱。福建官吏受牵连，督抚藩臬道府十余人，厅县以下七十五人，牵扯的范围很广。当时，张廷琛凭借盐场大使署侯官知县的身份，全力“调护拯救”，识者以为有阴德，其后必昌。

张之洞的父亲张锳（1791—1856），字又甫，一字春潭，移居在南皮城南三里外的双庙（另有说法为双妙）村，“早年孤贫艰苦力学”，嘉庆十八年（1813）中了举人，接着张锳又参加会试，没考中，经大挑补贵州安化知县（所谓大挑，系乾隆后的律制，凡三科以上会试不中的举人，朝廷择优任命他为知县、教谕等职，为的是笼络读书人）。后来又做了清平、威远、威宁等州县事，后又升为贵州知县、古州同知、署黎平、遵义、安顺诸府事，因得到云贵总督吴文镕的赏识，晋升为兴义府知府，晋贵东道衔。

张锳一生娶妻三次，最后一位妻子朱氏，是嘉庆甲戌科进士四川朱恩的女儿，朱氏便是张之洞的生母。

朱氏在张之洞四岁时去世。朱氏生前擅长弹奏古琴，去世后留下了古琴两具。张之洞长大后，睹物伤怀，经常对琴哭泣。后来赋诗以寄哀思：

> 梦断怀棬泪暗倾，双琴空用锦囊盛。
> 儿嬉仿佛前生事，那记抛帘理柱声。

母亲死后，张之洞便由张锳侧室魏氏抚养，之后随着张之洞的显贵，魏氏以张之洞母亲的身份屡受恩典并累封夫人。

张锳有儿子六人、女儿八人，张之洞为第四子。长子和次子实际上是张锳的侄子，他们的父亲去世后，被张锳收养，如同亲生。

张之洞在道光二十一年（1841）四岁时开蒙入学，师从何养源。那时候的张之洞虽年幼调皮，学习却是十分认真。每次向老师询问学习中的问题，他都追根问底，一定要弄个清楚才肯罢休。到了八岁，张之洞已读完了四书五经。张锳具有典型的儒家思想，对“诗书传家”更是奉为圭臬。他不惜重金为自己的子侄们聘请名师，又购买了几十橱的书，放在子侄的书房中，让他们在课余时间随意阅读，并苦心教导道：“我们家虽然清贫，但你们应当努力学习。”因此，张之洞兄弟的知识面非常广。这种良好的学习环境使张之洞养成了一种特别的习惯，“读书直到书中的问题全都解决无疑方才罢休，秉烛夜读，直至深夜，困倦了就伏案而眠，然后继续读书求解，直到没有问题为止”。

张之洞天生聪明，学业日益精进。十岁时，兴义府学教授敖老先生写了一篇《古风》，张锳叫张之洞也作一篇，他不假思索，顷刻完成。敖教授看后很诧异，张锳对此非常高兴，一时间小小的张之洞名享誉全省。后来，张之洞任职广东，敖教授的儿子拿着录有当年那首诗的诗集前来拜访张之洞。张之洞将这段往事颇为得意地讲给身边的人听，并说：“先父当时亲自为我斟酒，叫我喝下，还奖给我砚台一方。”

随着张之洞诗作日多，张锳便将其制成集子，分别赠送给亲朋好友。在某县任教的一位亲戚回信劝告他“年轻人锋芒太露，未必是好事”，张锳从此“深以为戒”。张之洞也深受其益，始终谨记，后将少年时写的作品全部烧毁了。

二、少年英才

道光二十九年（1849），年仅十二岁的张之洞从贵州出发，经过湘鄂，回原籍直隶省准备参加童子试。张之洞先到直隶晋州，在时任训导的堂伯父孙钺的教导下读书（孙钺字越山，之洞祖父张廷琛兄张廷云之子，拔贡出身）。第二年，张之洞与几位兄长一起参加了考试，考中了秀才。亲临考场的学政程廷琛非常器重这位小秀才，并深加勉励。不久，张之洞又返回了贵州。

两年后，也就是咸丰二年（1852），已经年满十五岁的张之洞参加顺天府乡试。按规定三场九天的乡试，一般在阴历八月初七开始至十五结束（故又称

“秋闱”)。

这次主考顺天府乡试的是安徽旌德人吕贤基（1803—1853，字羲音，道光进士，时以工部左侍郎兼署刑部左侍郎的身份主考顺天府乡试。太平军攻占东南时，奉诏督办安徽团练，驻舒城，后因城破，投水死，谥“文节”)。吕家世代以研习经学著称，吕贤基又以“湛深经术”名噪一时。张之洞试后，暂时居住在京师的外祖父蒋策家，他经常以弟子身份向吕贤基请教经术，受益颇深。

此次考题是“中庸之为德也，其至矣乎”。张之洞怀揣族兄密授的诀窍，头篇自然是大下功夫的。四书是他早已背熟的，考题的意义更是烂熟于心。凝思细想，再三吟味，拣了最为得意的几句破题。以后承题佳句又不绝于笔端，起讲等各股更是如高屋建瓴一般，一挥而就。

这样好的一个开头，越发使张之洞意兴盎然，其他几篇和试帖诗也都答得无不称心。接下来的经义、策问，他丝毫不敢松懈，篇篇应对自如。行文时，隽写端正饱润，同时谨守程式，字里行间凡提到“上林”“御河”等皇帝居处，均高出他字一格；凡有“皇恩”“陛下”“帝德”等字样处，便高出他字两格。每篇写完，他都逐字、逐句斟酌推敲两遍，直到毫无不当之处，才放心交卷。出场后，他为交出满意的答卷而踌躇满志，心里充满了美好的憧憬。

九月初九重阳节放榜，张之洞竟荣登榜首，成了乡试第一名举人。一时间“张之洞中解元啦！”的喜报便传遍了南横街，蒋策一家顿时陷入了喜庆的气氛中。

次日，在贡院的明伦堂，张之洞参加了为大主考和新举人饯行与道贺的鹿鸣宴。十五岁的小解元成了人们关注的焦点。他的名字被录入大主考主持刊印的萃集新中举人的题名录，《顺天闱墨》也将他的答卷收入其中并刊行天下，成为全国士子学习的范文。

张之洞以小小年纪与诸多年纪比他大得多的考生同试，并一举夺魁，实在难能可贵。顺天府乡试，会集各地英才，非他省乡试可比。别说中解元，考中已属不易，何况这位新解元刚刚十五岁呢？张之洞的少年英才，使他一时名噪京师。

一向门可罗雀的蒋宅，也因此陷入了空前的喜庆气氛中，前来道贺的客人更是络绎不绝。

十五岁中解元的张之洞，戴上了一顶神童的桂冠，这无疑为他日后中进士奠定了坚实的基础。

咸丰三年（1853）春，太平军自武昌东进，连克九江、安庆、芜湖，三月十九日攻克南京，并定都于此，改名天京。随即太平军挥军北伐、西征开疆拓土。北伐军一路所向披靡，数月间即逼近京师附近，朝野震恐。

迫于时势，张之洞决定离京。八月，张之洞匆匆作别亲朋南下，自通州由水路到束鹿，时值大雨兼旬，“二千里间，大水无际”，满眼都是肆虐的洪水，此情此景，少年得志的张之洞百感交集，于孤舟中赋诗纪行：

> 绮绣周原变水乡，误看秋稻作菰蒋。
> 泽鸿休怨无安所，且限南来丑虏狂。

这是张之洞选入自己诗集中的第一首诗，诗中既感叹了农民悲惨的命运，又对太平军表示了极度的愤恨之情。以天下为己任的意识已在这位十六岁少年的胸中初见端倪。

张之洞在考场中一路斩关夺隘之际，正是贵州狼烟遍地之时。贵州素有“七山二水一分田”之称，地瘠民贫，苗、回等少数民族与汉族杂居。清政府敲骨吸髓的统治政策，使苗民苦不堪言，积怨颇深。贫苦苗民对清政府统治的怨恨，如同决口的江河一样，一发不可收。其中遵义桐梓县杨凤、独山杨元保、安南涂令恒等纷纷揭竿而起。

为保靖地方，胡林翼、张锳等开始在各地广募乡勇，大办团练。胡林翼仅在黎平一府，即办一千五百多寨团练。他认为，办保甲团练应该大力选用当地士人，奏请“明白正派之绅士”，负责办团练一事。

杨凤，又名杨龙喜，曾在桐梓县做过衙役班头，被知县张克伦因故斥革，遂起反意。咸丰四年夏秋，他借太平军起义之机，盘踞雷台山，仁怀、龙泉、绥阳等县接连为他所克，声势大振。

安南县的涂令恒、王伯当、冉秉中等人，在这种情况之下，也纷纷联络杨凤，占山造反，并打出“天波佛主”的旗号，焚巴林汛，克新城，安南、普安两县也被其攻克，十一月初进逼兴义府城。通判胡霖澍等清吏在这种危急的时刻弃城而逃，张锳在这种状况之下，率领兵民固守。没过几天，涂部围城，某游击声泪俱下，与乡人诀别，张锳一见，怒不可遏地向他吼道：“城未必陷，即陷，死职也，胡为效儿女哭泣？”说罢，亲率兵守北门要冲，又在城楼下堆满柴薪，并交代家人，一旦城破他即与城俱焚。涂部攻城数日，第三日整整激战一个下午。涂部见一时难以攻下该城，便急登万寿山，用巨炮向城内轰击，击中城楼，伤亡甚众，部卒多劝张锳退避，张锳执意坚守城楼，相持至夜，张锳组织“敢死队”，夜袭敌营，出其不意，斩杀百余人。张锳乘胜追击，大败涂军。不到半个月，普安、安南相继为张锳率部收复，兴义府狼烟稍息。张锳由于战事已连续十来天未曾安眠，地方平静后，张锳因劳累昏厥，从此疾病缠身。朝廷为了嘉奖他而封他道员，并赐顶戴孔雀翎。两月后，张锳又强撑病体参与围剿杨凤之役。

张之洞回兴义不久，便参加了“兴义府保卫战”。他与族人及姐夫鹿传霖皆身先士卒守城苦战，三天三夜没有休息。农民起义军使这位科举新宠初尝厉害，为此，张之洞后来作了一首《铜鼓歌》来说这件事：

> 咸丰四年黔始乱，播州首祸连群苗。
> 列郡扰攘自战守，盘江尺水生波涛。
> 府兵远出连城陷，合围呼啸妖徒骄。
> 纯皇天章久愈炳，义民岂惑孤鸱妖。
> 我先大夫慷慨仗忠信，青衿白屋皆同袍……

战事稍平，张之洞便与都匀府知府石煦（拔贡出身）之女成婚。石煦在贵州为官多年，其女已是土生土长的贵州人。

婚后，张之洞依然随父左右出征。咸丰五年春，韩超追剿义军，于庆余军中与张之洞父子相遇，张之洞以师事之。此时杨凤掠安顺，进窥兴义。张锳率民兵三千渡花江击杨凤部。在主客数路清军的围剿中杨凤部被消灭。此时苗民的起义风潮方兴未艾，岩门厅等地相继失守，张锳不得不带病征讨。张锳知道，“剿匪”之事前路渺茫，自己病体不支，所以命张之洞北归，参加翌年的会试以策万全。张之洞从命北上。

咸丰六年（1856）春，张之洞通过了礼部招考觉罗官学教习的考试。“觉罗”指清太祖努尔哈赤之父显祖的亲属后裔，显祖、太祖嫡裔佩戴黄带子，觉罗子弟用红带子。觉罗官学，是清廷专门为皇亲贵胄而设立的官学。会试正科之后举行觉罗官学教习的考试，参加者为举贡生员。录取后可以获得教习资格，三年期满，可以获得外任知县一类的官职的资格，这也是读书人的一条出路。

这年秋天，正当张之洞在京等待发榜的时候，噩耗自贵州传来。八月二十四日，张锳于兴义病亡。此前，张锳屡败义军，省会暂保无虞，他又向从云南来黔视事的云贵总督数次请兵追击，但该总督因未获张锳贡金，而对其十分不满，所以对其多方设阻。张锳忧愤交加，加上军饷不继，为了维持部队的稳定，张锳变卖家财以充军饷，稍后连克茶山、湘子山、瓮朗等义军根据地。连年抱病征战，加之在这“雨湿风厉，加以忧劳”的环境下，张锳一病不起，奏请还乡。离营不久，即病逝。张锳死后七天，义军攻克都匀府，知府石均战死，前知府鹿丕宗及夫人萧氏殉难。石均是张之洞的内兄，张之洞姐夫鹿传霖之父便是鹿丕宗。这些噩耗使张之洞不免生发兔死狐悲的感觉，对其心灵上的打击是沉重的。后来张之洞对海南黎民、义和团、唐才常等人的残酷镇压与仇视，与早年的这些经历不无关系。

张之洞闻讯后，赴南皮原籍守制。次年，张之洞与张之万二人扶柩自贵州归，将其父葬于南皮双庙村（与先亡的刘、蒋、朱三位夫人合葬一处）。

两年多的“守制”转眼即逝。咸丰九年春，张之洞准备参加会试，因族兄张之万为同考官，所以要例行回避。此时北方捻军正成燎原之势，张之洞便在原籍兴办抗剿捻军的清平团练二十余个，创制“团练规约”。年底准备入京参加次年的恩科会试。

会试（“春闱”）每三年一次，但是恩科并不计在内。咸丰十年（1860），是咸丰帝奕詝的“万寿”之年，所以才有这次恩科会试。张之洞早早地便来到京师，不料族兄张之万仍是同考官，无奈之下，张之洞只得再次回避。

回南皮不久，石夫人生下长子张权（谱名仁权），这给郁郁不得志的张之洞带来了不少欢乐。

数月之后，北京城的上空便响起了英法联军的枪炮声。八月，天津失陷。九月，咸丰帝避居热河。十月，联军占领北京，火焚圆明园，恭亲王被迫签订中英、中法《北京条约》。张之洞激愤之余，写下《海水》诗二首，其一为：

海水群飞舞蜃螭，甘泉烽火接令支。

牟驼一旅犹言战，河上诸侯定出师。
地孽竟符苍鸟怪，天心肯使白龙危。
春秋王道宏无外，狭量迂儒那得知？

是年秋冬之交，张之洞至济南，受聘为山东巡抚文煜的幕僚。由于他终日闲暇，遂与朋友沉溺于山水诗酒之中。次年春，因济南气候阴湿，张之洞颇为天气所苦，所以就回原籍南皮小住数日，后转赴任邱，在大姐夫刘伯洵的父亲刘仙石家做讲读师傅。刘仙石，字书年，做过一任贵阳知府。其时同邑乡季艺堂（名崇文，咸丰庚申科进士）正在胜保军中，来信说欲向胜保荐用张之洞。张之洞则以自己与姐夫伯洵闭户读书，“探究历代治乱之道”，心情略为宁静，无意外出做事为由推却了。实际上则是顾忌，功名未就而入军当差，有违于父愿和自己的夙愿才是真正原因。

咸丰十一年（1861），当张之洞徘徊于山东、直隶之际，“祺祥政变”发生了。八月二十二日，咸丰帝驾崩于热河行宫，怡亲王载垣、郑亲王端华、户部尚书肃顺等八大臣受托孤之命总摄朝政，辅佐载淳为赞襄政务王大臣，改元祺祥。慈禧、慈安两宫太后与八大臣争权，发生冲突，遂与恭亲王奕䜣一起发动政变，处死载垣、端华、肃顺，任奕䜣为议政王，改年号为同治，两宫太后垂帘听政。此后的四十多年间，同治帝生母西太后慈禧掌握了清廷的最高权力。

同治元年（1862），张之洞再赴京师。阴历三月，参加会试。考试结束后，身心疲惫的张之洞满怀期望地等待发榜。不料，竟是名落孙山。

张之洞的考卷实际上确属上乘，同考官范鸣和（时任内阁中书）看到张之洞的卷子后，竭力推荐，终未获中。范鸣和当时于激愤中，甚至泣下，后来每当提及此事，仍“慨叹不已”。

会试中的失败，使张之洞四顾茫然，不免若有所失。恰在此时，与张之洞家有世交的给事中陆秉枢（字眉生，浙江桐乡县人）在京为母守孝，此时左副都御史督办团练、围剿捻军的毛昶熙奏请清廷，调陆秉枢赴河南协理剿捻事宜军务。张之洞遂应陆之约同赴河南。

两人于六月间出京，经彰德、开封抵归德。入毛昶熙军中不久，陆秉枢就因一路颠簸，更兼酷暑，遽然逝去。就地营葬后，张之洞欲辞行，但在毛的坚决挽留之下只得暂留军中。

秋，张之万以礼部侍郎按事河南，年底，署河南巡抚，张之洞遂应邀入其族兄幕中，代张之万起草奏疏。奏章凡经张之洞之手，则指陈时弊，一针见血，两宫皇太后常为之动容，一般都可以获准。谁能想到堂堂河南巡抚的奏对竟出自一位年轻人之手呢？

张之洞深为自己的奏章得意，常在张之万面前议论时政，并想单独上奏，但思想保守的张之万，常答以："稿子不错，还是老弟任封疆大吏后再亲自上奏朝廷吧。"这话刺中了张之洞的痛处，更坚定他考进士之志。

同治二年（1863）春，张之洞赴京师，参加会试。从十五岁中解元起，已十一年了，学识和阅历都非昔日可比。三场九天考下来，他胸有成竹，静候佳音。四月初九日，会试发榜，第一百四十一名贡士便是张之洞。更令人欣喜的是，这次张之洞的阅卷人仍是同考官范鸣和，这次的会试结果使范氏欣喜异常，赋诗四首纪其事。其一云：

> 十年旧学久荒芜，两度春官愧滥竽。
> 正恐当阳迷膺鼎，谁知合浦有还珠。

之洞对恩师感怀至深，作诗三首和之，其中一首说：

> 十载栖蓬累，轮囷气不磨。
> 殿中今负扆，江介尚称戈。
> 一介虽微末，平生耻婞婀。
> 心衔甄拔意，不唱感恩多。

所有贡士在五天后于保和殿参加复试。张之洞再接再厉，被评为一等第一名。

七天后（农历四月二十一日），张之洞进入廷试（殿试）阶段，这是封建社会取仕的最高大典，主要考试"对策"。张之洞对科举、人才、吏治、民生等问题都在卷中直抒己见，毫不因循守旧。他说："当今的士大夫读书人，皓首穷经把所有精力都放在寻章摘句的学问里面去了，一旦为官，连国家的法令律例都不懂，何谈治理当今的战乱呢？"又提到"与其把精力放在剿匪上不如及早选用清正廉洁、爱民如子的地方官员，这件事情已是当务之急，不能不早做准备”。这样的议论引起众多阅卷官员的不满，他们均想把张之洞安排在二甲末，只有总理各国事务大臣总裁大学士宝鋆对这张试卷大加赏识，认为其文章不同凡响，执意将张之洞名次置于二甲第一。

两宫皇太后最后审阅策论试卷，张之洞的文章颇受西太后欣赏，“遂改为一甲第三”。

又过三日，传胪之礼在太和殿举行，张之洞被赐“进士及第”。次日，新科进士向帝后谢恩。从此张之洞与西太后不同寻常的君臣关系便有了发展的基础。

殿试后，还要进行选拔庶吉士的教考。清沿明制，在翰林院中设庶常馆，新进士备选入馆，被选为翰林院庶吉士的进士则习满、汉文典籍，称“馆选”。三年期满后考试，择其优者分别授以翰林院编修、检讨等官。其余授各部主事等职，或优先委任知县等职，称为“散馆”。

按成例，一甲三名（状元、榜眼、探花）已入翰林，参加朝考只是走走样子，但张之洞依然谨慎对待。结果，再战再捷，列为一等第二名。

五月初八（6 月 23 日），帝后召见新科进士，授张之洞为翰林院编修。

“十年栖蓬累，轮囷气不磨。”十三岁中秀才，十五岁在顺天府乡试中中头名举人（解元）的张之洞，可谓一帆风顺。其后，农民起义、父死守制、两度避兄不考等诸多原因，使张之洞迁延十一载，方鱼跃龙门。对于张之洞来说，这一佳讯尽管来得迟了点，但比起那些皓首童生来，张之洞又是个幸运儿。

诸多名师对张之洞学业的成就可以说是帮助非常之大。影响最大的要算张之洞的姑夫韩超和胡林翼了。

韩超，字寓仲，直隶昌黎县人，附贡出身，为人沉静勇敢、慷慨大度，曾与张锳、胡林翼一起镇压贵州苗民起义，被胡林翼称为“血性奇男子”，他以直隶州通判的身份被调往贵州独山任知州，在其为父守制期间被张锳延请家中，教张之洞读书，后累官至贵州巡抚，谥“果靖”。

胡林翼（1812—1861），字贶生，号润芝，湖南益阳人，道光进士，翰林编修，做过江南乡试副考官。一八五二年十一月，“卸黎平知府事，任湖北巡抚时”，协助曾国藩镇压太平天国运动。一八六一年在武昌吐血而死，谥“文忠”，与曾国藩并称“曾胡”。

张之洞深受韩、胡二位的儒学根底和经世致用的思想所影响。同时，他们对张之洞也寄予厚望。张之洞十五岁，高中解元，喜报传至贵州，张锳固然欢欣，韩、胡两位更为兴奋，在黄平军中督战的胡林翼也驰书张锳称："得令郎领解之信，与南溪（指韩超）开口而笑者累日。"师生情分可见一斑。数十年后，张之洞任湖广总督时，曾专程到老师胡林翼祠致祭凭吊，留有《谒胡文忠公二首》，其中诗句有：

二老当年开口笑，九原今日百身悲。
敢云驽钝能为役，差幸心源早得师。
圣虑当劳破吴后，雄心不瞑渡河时。
安攘未竟公遗憾，儌福英灵傥有知。

这次科场报捷，着实为他日后近半个世纪的官宦生涯奠定了一块基石。

第二章　初涉仕途

一、初显身手

一八六三年至一八六六年间，张之洞在翰林院任编修。翰林院是朝廷“人才库”，为翰林者，虽然不任很重要的职事，但社会地位很高且升迁机会较多。

张之洞任事勤谨，文渊阁、国史馆里大量前人撰写的文卷，使张之洞很快熟悉了各类文书，所撰写的文稿，深为同事赞许。闲暇时，张之洞的交游也越来越广，由同年师长，而及各部院的人都渐渐熟识了。其中都察院御史刘芝泉，与张之洞最是谈得来，所以过从甚密。

这天，刘芝泉来找张之洞。刘芝泉开门见山地说：“胜保被逮捕问罪的事你知道吗？”

张之洞答道：“卑职略有耳闻，不知到底是怎么回事？”

刘芝泉微微一笑，稍带讽谕地说：“孝达兄一头扎在故纸堆中，对朝廷大事不闻不问，孤陋寡闻，不成了书呆子了吗？这样下去怎么得了呀！”

张之洞笑道：“还请仁兄不吝赐教！”

刘芝泉神秘地挤挤眼，又说：“依小弟愚见，胜保一案，可谓天赐良机啊，你一心于字里行间，干得再好，充其量算个好笔杆子，就算编上几部书，又有多大功绩可言？胜保这次出事儿，朝廷内外都在口诛笔伐，孝达兄怎能在此寂寂无声呢？”

张之洞又笑着说：“那是言官的事，我这个编修怎能越俎代庖。”

刘芝泉说：“我今天来，是请孝达兄代为草拟一本奏疏，由我们几个御史联名上奏。”

张之洞谦虚地说：“芝泉兄取笑了，你们久司职掌，皆为言官，其中奥妙自然熟识，在下怎敢捉刀？取笑取笑！”

刘芝泉正色道：“不然，不然。我确是为此而来，孝达兄怎能让我败兴而回呀！”

张之洞又问道：“你真的不清楚，胜保的事？”

刘芝泉撇着嘴冷笑道：“居功自傲还是其次呢？你看这个！”说着，摸出厚厚的一沓纸来，一边翻着一边解说。

这沓纸原来是从邸报上抄录的内外官员参奏胜保的奏状，胜保诸多矫枉不法的事实尽都罗列其上。

张之洞知道了这些后，有些拿不定主意：胜保可不是个小人物，身为满族重臣，和许多王公贵族多有牵连，这次若参不倒胜保，那就为自己树下强敌了。再说这案子，举朝轰动，搅进去的人已经不少了，自己人微言轻，没有搅进去的必要。可转念一想，胜保也太可恶了。当年，自己还在南皮读书时，正值胜保率军同太平军林凤祥部在连镇作战。连镇到南皮只有二十余里，是清军的驻地，南皮城曾被暴戾的清军劫掠一空，百姓苦不堪言，转而帮助太平军。胜保治军不严、不遵圣谕实在是有负朝廷。这些曾深为张之洞所怨责，所以后来有人荐引他去为胜保做幕僚时，他便婉言谢绝了。今日摸清了事情的原委，他真希望朝廷能够主持公道。其次，也不好拒绝对自己如此信任的刘芝泉。再说，自己闲着也是闲着，也不甘心空负了一身才学，更何况，只是为人捉刀，正好小试牛刀。即使参不倒胜保，也无大碍。另外，自己是慈禧太后钦点的探花，于己有提携之恩，弹劾吴台寿正合太后之意，又有什么理由不参他一本呢？

于是，张之洞顺水推舟答应了刘芝泉。刘芝泉会心一笑，嘱咐了张之洞奏折上应有的紧要之处，再三叮嘱他不要走漏风声，尽快办好交给他，这才放心而去。

送走刘芝泉，夜已很深了。张之洞细心地看了一遍吴台寿申救胜保的奏折抄件，凝思片刻，《劾御史吴台寿申救胜保挠法、饰词挟制并劾其兄吴台朗夤缘招摇状》的题目便跃然纸上。

代草的这篇奏状，是以吴台寿“朋党挠法、饰词挟制”为靶心的，一开头便气势压人，让人怦然心动。接下来，以江溃河决之势，将吴台寿奏折中的八点悖谬之处一一驳倒。张之洞又进一步揭露吴台寿的哥哥吴台朗以朝廷戴罪之身，竟被胜保破格委以道员重任，指控吴台寿效命私门，甘心鹰犬，营救胜保是希望为自己他日留条后路，鬼蜮之情，路人皆知。“臣所争者，非胜保一人之罪名，乃本朝臣子之风气。若该御史之狂悖无上，而犹面颜与之同列，臣实羞之。”几句下来真是黄钟大吕，观者无不为其凛然正气所动容。

写完后，张之洞又逐字推敲了一番，直到毫无纰漏，才算满意，心里想“要他丢官丢命的就是这道奏折”。此时，已近四鼓，只得和衣而眠，一觉睡到天亮。

张之洞将奏稿送至刘芝泉府上，刘芝泉看罢，不禁拍案叫绝，兴奋地说：“一夜即成此文，香涛可谓奇才快手。这本一旦奏上，不虞参不倒他。”

果然，这道奏疏正中慈禧、恭亲王下怀。别人的折子都是隔靴搔痒，抓不到吴台寿的点子上，刘芝泉等人这一本，正好点出了整治吴台寿的借口。首先吴台寿已孤立无援，言官不会为他说话，二来为胜保求情的人也会因吴台寿之事而缄口。于是，明发上谕，吴台寿被斥为“荒谬诞妄，肆无忌惮”“朋党挠法、饰词挟制”，落了个丢官罢职的下场。吴台朗阴结胜保，招权不法，也一起被革职。

吴氏兄弟事后，维护胜保的一小撮人，自此销声匿迹，噤若寒蝉。胜保也于同年七月以“讳败为胜”罪被加恩，赐自尽。张之洞仕途的第一道奏疏，还是替别人捉刀代笔，一道就参倒了胜保。在胜保一案中，他也起了不小的作用。刘芝泉拿起张之洞常用的紫毫笔，戏说道：“在香涛手里，这支笔无异于龙泉宝剑，轻轻一挥，锋芒毕露啊！”

在此后的官场生涯中，这种文才成了他的坚实后盾，令他在众多为官者中卓然不群，平步青云，直至最后权倾朝野。

二、湖北政绩

同治四年（1865），是会试之年，翰林院散馆考试是与本科会试同时举行的。这次散馆专考策论，张之洞正精于此道，一举夺魁。

正值全家人沉浸在夺魁的喜悦中时，张之洞夫人石氏忽然在京病逝。张之洞与石夫人自成亲以来患难与共。十年前，他们在狼烟之余成亲，后来，张之洞进退沉浮，各地奔波，全仗石夫人在家操持。而正当张之洞前途一片光明之际，她却撇下五岁的幼子，悄然逝去。一时间张之洞百感交集，写下了悼亡诗多首，以寄哀思。

翰林大考于第二年举行，而结果却令张之洞十分沮丧，原来仅仅因为他在考卷中漏脱一字，致使他名列二等三十二名。

同治六年（1867）四月，张之洞参与保和殿选官考试，奉旨赴浙江充任乡试副考官，这是张之洞的第一个实差。张之洞与正考官张光禄（字湧卿）于七月出都赴任，抵杭州后，即入闱主持乡试。九月十五日公布考试结果，“所取多朴学之士，知名者五十余人，其中，袁昶、许景澄、陶模、孙诒让、谭廷献……等人尤为著名，其后学术、政治、忠义、文章各有成就，为前后数科所不及”。

此次乡试在张之洞赴浙的消息传出后，浙江士子无不欢欣，李慈铭（1830—1894，浙江会稽人）在日记中写道：“今年张香涛以名士来浙主试，可谓乡邦之幸。”张之洞不负众望，尽心尽职，不遗余力地为朝廷选士。

浙江乡试结束后，张之洞奉谕旨，出任湖北学政。学政就是“提督学政”，又称“督学使者”，清中后期，一向以钦差身份被派往各省，以三年为期，在任不论品级高低，一律与地方总督巡抚待遇一样。

仕途的一帆风顺，使张之洞欣喜异常，赶紧具折谢恩。或许是乡试时过于劳累，张之洞竟至久病不愈，索性便在杭州搜求古籍，颇有收获。喜好山水的张之洞，又与同僚和新进弟子将西湖一带游了个够。要离开杭州时，张之洞不无得意地说：“我这次来有三个愿望：选佳士、搜奇书、游山水，此行想来不虚了。”十月途经苏州，又游虎丘、沧浪亭等诸名胜。

十二月，张之洞抵达武昌，正式开始了他的学政工作。他在奏报到任的奏折中阐明了自己的治学方针：“学政一官，不仅在衡校一日之短长，而在培养平日之根柢；不仅以提倡文学为事，而当以砥砺名节为先。”

按规定，学政任内必须对所辖地区进行巡视，名为“案临”或“按临”，主持当地考试。凡学政按临地区，均事先排定日程，用“提牌”通告，届时，

"学台大人"，陆路坐八抬大轿，水路则乘大帆船，一路旗牌招展而至。抵埠后，全城上下大小官员夹道跪接，然后，旗伞执事鸣锣开道，学台直接进入考棚（试院），鸣炮封门，拒绝一切晋谒请求。

当时，太平天国运动刚结束，湖北各地满眼的疮痍还未愈合，张之洞又自诩"砥砺名节"，所以所到之处均轻车简从。学生中有专心学术研究的他便提携奖拔，而对那些不专心学业、游手好闲、屡次滋事的学生则随时查访，一经查实，酌情处罚，以端正学风，让学生们养成务实严谨的风气。

同治七年二月，张之洞到德安、汉阳、黄州等府主持当地的生员考试。六月，回到省城，主持武昌府考试。不久又驰赴鄂北，主持襄阳、郧阳、安陆诸府的考试，即"岁试"。此次出巡，因远离省城，张之洞便依照旧例于岁试后举行科试（乡试前的资格考试）。直到年底才启程返回省城。

次年初春，张之洞按临鄂西的荆州、宜昌、荆门各府，主持考试。八月又赴德安主持科试。

在黄州府主持考试时，由于张之洞素来敬仰苏东坡，便修葺赤壁二赋堂，并亲自撰联云：

> 五年间谪宦栖迟，试较量惠州僧饭，儋耳蛮花，那得此清幽山水；
> 三苏中天才独绝，若只论东坡八诗，赤壁两赋，尚是公游戏文章。

黄州考事毕，应武昌县（今鄂城）知县之邀游西山寺，方丈小颠持纸为九曲亭求墨宝。张之洞即席挥毫，联云：

> 鼓角隔江听，当年短棹频来，赖有诗篇消旅况；
> 宾僚携屐到，他日玉堂归去，也应魂梦恋清游。

除了巡视各地外，张之洞在湖北学政任上还做了不少实事。他提议兴建经心书院以代替湖北省原有的江汉书院，改善原有书院狭小阴暗的状况。张之洞于同治八年商请湖广总督兼署湖北巡抚另建"精舍"，名为"经心书院"。张之洞所到之处，必定选拔当地才俊进书院深造。书院学生中，贺人驹、陈作辅等四位张之洞喜爱的高才生因故谢世，张之洞作《四生哀》诗四首以寄其哀，序云：四人“皆上选也，感念怆怀，不能自已”。其爱才礼士之心可见一斑。

张之洞接任伊始便对考试内容、方法大加改革。他让各地考生作文，使其发挥所学之长，允许自列文中用典的转引出处。平日具有著作者，可随卷呈送，目的是真真正正地为朝廷选拔有用之才。

张之洞出色的政绩博得了时人称颂。曾国藩在“与许仙屏书”中称：“往时祁文端、张海门视学吾乡，最得士心，近张香涛在湖北，亦惬众望。三人者皆宏奖士类，津津乐道。”

这称得上是对张之洞在湖北政绩的中肯的评价。

同治九年（1870）正月，张之洞在石夫人亡后五年续娶唐氏。唐氏系贵州遵义人，其父为湖北布政使唐树义。这年十一月，张之洞携唐夫人任满返京。

三、出任四川

同治九年（1870）深秋，张之洞任满，入京复命后仍任翰林院任本官，充教习庶吉士。

张之洞这次返京一待就是两年半，他先住在南横街，后搬往化石桥。其时，由于太平天国和捻军起义相继败亡，“同治中兴”的局面出现。朝廷枢阁无事，张之洞也得清闲，便与潘祖荫、王懿荣、吴大澂、陈宝琛、王闿运等一班京师名流悠游于山水之间。

张之洞与潘祖荫、吴大澂等人曾在北京诗酒唱和、游山水、赏玩古董字画。后来，张之洞屡任封疆大吏，其爱好古玩的兴趣依然不减，且自命精于鉴别。

有一次，张之洞在京高价购得一古鼎，纹式古朴，价值连城，张之洞回鄂时在得意之余大张筵席，请僚属共赏。先置鼎于案，于鼎中插梅花一枝，注水少许润花。不意酒过三巡，竟有水徐徐自鼎下流出，满堂无不惊愕，大为扫兴。仔细检视，才看出此鼎非古铜，而是用纸板仿制。

同治十年（1871）五月初一日，张之洞与潘祖荫等人在龙树寺行修禊之事。无锡人秦谊亭也在其中，作雅集图，题记其事云：“时雨乍晴，青芦瑟瑟，纵论今古，竟日流连，归作此图，以纪鸿爪。”

这次雅集后，张之洞游兴、诗兴大发。张之洞于五月初二日独游慈仁寺，谒顾亭林祠，赋诗留念。当月又有和潘祖荫的“消夏六咏”诗。六月游什刹海，观荷花。张之洞的足迹遍布京城的名刹胜景。七月，王闿运因“被礼部驳放，盘桓无遇，浩然思归”，张之洞为之赋诗送行。

九月，张之洞为同治帝的大婚典礼撰乐章四章，礼成，加侍读衔。不久，方略馆将恭亲王奕䜣领衔修撰、朱学勤等总纂的《剿平粤匪方略》《剿平捻匪方略》进呈朝廷，嘱张之洞为两表代撰《恭进表》，各二千余言，为清王朝“整军经武”、镇压太平天国和捻军起义之“功”做宣传，总结得失，以为史鉴。

同治十二年（1873），同治帝亲政。五月举行选官考试。张之洞奉命出任四川乡试副考官。他马上和时任正考官、翰林院侍讲的宝华谢恩出都，经河南、陕西进入四川，一路之上游览华山、骊山、灞桥、马嵬、剑阁，虽然沿途多雨，但张之洞游兴不减，所到之处均有诗纪行。到成都时，已是考试之日，当天张之洞便进了考场。考试结束后，大量才德兼备的人才被选拔出来。张出闱后，奉旨出任四川学政。

从同治十二年（1873）至光绪二年（1876），张之洞在四川学政任上除了正常地按临各府、州主持岁、科两试外，还做了不少颇具影响力的事。

张之洞上任伊始就曾指出：“四川民风人物向来优秀，只是由于人多地广，考场众多，舞弊现象也较他省多。”又说：“四川民心不稳，各种案件频发，其中必定有文武生员在内。”这些弊端包括攻讦、冒籍、枪替、拉嗑等名目。

攻讦，即考生围攻考官，哄闹考场。

冒籍，即考生报考时假冒名籍。

枪替，即枪手，各地试场均有，而以四川最为严重。凡有枪手者，文笔甚佳，其中甚至有取得生员资格的人，一些富家子弟无力取得功名，便出钱请枪手，事先说好，考中付多少酬金，考不中付多少酬金。

拉嗑，即劫持考官，一些图谋不轨的奸徒，事先埋伏在考场外，当考官即将入场开考时，聚而擒之，威逼考官答应其录取某某或逼迫官府出重金取赎等无理要求，否则绝不放人。为此，考官们也因此雇几十名壮汉保驾。考场附近，时有杀伤。

这些弊端给四川科场带来了极坏影响。张之洞上任后，即通告内外：凡攻讦者，由学政亲自出面讯结；凡枪替者，当即严办；凡拉嗑者，动用官军捉拿查办，或扣除，或坐诬，或劝解。各项处置无不公平得当，士庶皆交口称赞。

四川省的武考试场也不平静。张之洞查知，武童骄横不法，多是受业师（教习）主使。按规定，武童报名时须填教习姓名，张之洞便令教习立下保证，各自约束弟子，无教习保证，不得与试。松潘武生兰映太，向来横行乡里目无国法，连地方官府拿他都没办法，张之洞设计擒之，与督抚商定，饬令地方判兰映太永远监禁。自此，武试也规范起来了。

再者，文武童生录取后，教官、书斗多方勒索，倘他们不能如意，就阻止该生参加复试，众多考生苦于应付。张之洞了解情况后"严檄督催，苦心晓谕"，使这种不良局面不复存在。

张之洞制定了整顿川省试场的八条办法，即惩鬻贩、禁讹诈、禁拉嗑、拿包揽、责廪保、禁滋事、杜规避、防乡试顶替，以图彻底清除川省试场积弊，并上奏朝廷，朝廷责成有关衙署，商议实施。张之洞认为："童试乃士子科考生涯的正式开端，考场是英才咸集的地方，若此时即结党营私，通省郡县竞相效仿，则日后得功名时，必不改旧恶，此例一开，蔚然成风，为患匪浅。所以治本在于先治川省之士。"

张之洞一到四川便不遗余力地选拔人才，不少"学行超卓之士"脱颖而出。光绪元年（1875）七月，张之洞主持石砫、夔州等地的岁、科考试并于试后赶回省城，主持乡试的最后录遗，全省共录遗生达一万余人。

张之洞认为："读书期于明理，明理归于致用，……非欲驱引人才尽作书蠹。"在这种思想指导下，张之洞不拘一格地为朝廷选拔人才，"凡有一技之长，都酌情录用，并且对经史学的根底极为重视"。张之洞在任四川学政期间选拔的人才极多，杨锐、林旭、宋育仁为其中著名者。

杨锐在一八九八年与宋育仁等创立蜀学会，后参与新政，因戊戌政变被捕，为"戊戌六君子"之一。

张之洞着力选储人才，"以求适应国家的各类需要，并且有力地抨击了当时空疏的学风"，在鄂、川两任学政任内，他荐拔的樊梓增、缪荃孙等通才宿士，为数颇多，并对其多方引导以求使其学以致用。曾国藩曾赞叹张之洞：以前辈若洪亮吉之督黔学、朱笥河之视皖学、闽学，阮文达之督浙学，无以逾也。

张之洞于一八七四年春与四川总督吴棠（？—1876，字仲宣），共同创办尊经书院，次年春建成，选拔优秀学生百余人入学，聘请名儒为书院讲师，分科讲授。同时张之洞仿照杭州诂经精舍、广州学海堂例则，亲自订立“条教”，规范学生言行。一八七六年底，张之洞任满离蜀时又撰《尊经书院记》，分列学术、条教等部分，强调读书“不贵多，贵真；过目不贵猛，贵有恒；不贵涉猎，贵深思；不贵议论，贵校勘；不贵强记，贵能解”。全文洋洋四千余言，谆谆劝勉诸生之情露于笔端。

张之洞还撰写了《书目答问》和《辅轩语》两本书。

《书目答问》是一本介绍学习方向的册子,《缪艺风（荃孙）年谱》记载道:“南皮师相（张之洞）督四川学政，诸生来问，应读何书，书以何者为善，谋所以加惠蜀士，于是有《书目答问》之编。”至于此书编纂的目的，“是为读书士人指明读书的方向，介绍读书的方法，区别读书的次序，颇有深意”。全书开列书目二千余种，各书的次序，轻重井然有序，分门别类，各适其用，着实为读书人指出了一条明路。

《𬨎轩语》是张之洞专门针对初学士子撰写的一篇文章。张之洞将自己平时劝勉士子之语汇集成文，共分“语行”“语学”“语文”三部分。该书不但从始至终贯彻了张之洞经世致用的治学思想，而且将读书、考试的方法详加解说，“深者为高才生劝勉，浅者为学僮告诫，皆审切时势，分析条理，明白易行，不为大言空论”。例如，书中说，“为学之道”有四：“一通经，二读史，三读诸子，四读古人文集”。另外，张之洞于《𬨎轩语》中论及汉宋之学：近代研究学术之人，大致分为两种，着重于典籍者，大都推崇汉代学术，讲求理学的无不尊崇宋代学术。舍本求末，互相攻击，大为恶习。书中又说，学习圣人的学说，经术不能偏颇于一门，应该兼收并蓄，只取对自己意见有利的文章学术来研究是行不通的；更有甚者言必及许郑，自己为嫡传；或自命得程朱理学心传；仔细考察他的行为，言必及许郑者，大多是一些雕虫摘句贪婪鄙薄的人；自命程朱的大多是一些想用标新立异、异端邪说博取功名之辈，所以无论汉宋之学都要以实践为准，汉宋两代学问都不是空谈的学问，如果今人只从字里行间纠缠不休，则是失掉了汉宋两代学问的本义。如果一味地这样自欺欺人，只会永远成为汉宋学问的奴隶而不能为己用。这岂不是与汉宋之学的本意相差太远了吗？

《书目答问》与《輶轩语》二书的流行和影响并不仅限于四川一省，还广布外地坊间学塾，尽管其中有不少地方宣扬封建名教，但在读书、治学方面仍不失为一本好书。

张之洞从小便为儒家的正统教育所熏陶，早年他曾随父亲镇压贵州各地起义，后来在协助毛昶熙、张之万镇压捻军的经历中，他深切认识到，要维护清王朝的统治，就必须不断地对“端品行、务实学”、“砥砺名节”的人才加以培养和任用。在先后督三省学政期间，张之洞不辞劳苦，按照这一标准为朝廷选用了不少“经世致用”的人才，做了许多名垂青史的事情。

一八七一年，张之洞的第二个儿子仁颋诞生了。唐夫人不幸于次年病逝。

一八七六年，张之洞又娶王祖源（字莲塘）之女、王懿荣之妹为妻。这是他人生中的第三次婚姻。因张之洞在北京时与王懿荣素来交好，得与其妹相识，后督四川学政，因公务繁重，无法分身理会续弦之事。后来张之洞主持龙安府考试，时王祖源任龙安知府，由川督吴棠做媒，将婚事定下。王夫人才德兼备，成婚第三日，她从陪嫁物中取出文廷式书“渔家乐”长卷，与张之洞同赏，张归隐之意油然而生。

同年年底，张之洞任满还京。因张之洞一向以廉洁自持，上任不久便“裁撤冗吏，节约杂项费用”，“又核定恩优岁贡及录遗诸费，力戒索贿”。及至离任，竟连盘缠都凑不齐，只得将所刻“万氏拾书经版”变卖，才凑齐盘缠。对此，王夫人毫无怨言。返京后，张之洞仍以清廉戒己，四十岁的生辰酒席无钱筹办，还是身怀有孕的王夫人典质衣物，才筹得费用。

光绪五年（1879）二月，丧妻之痛又向张之洞袭来，王夫人撇下张之洞及三个月的女儿仁准去世。张之洞赋诗咏叹亡妻之痛：

重我风期谅我刚，即论私我亦堂堂。
高车蜀使归来日，尚借王家斗面香。

第三章　大展谏才

一、入党清统

一八七六年底，张之洞由四川学政任上任满回京，任文渊阁校理，次年春充教习庶吉士。一八七九年，补国子监司业，转左春坊中允、司经局洗马。一八八〇年历任翰林院侍读、右春坊右庶子兼日讲起居注官、左春坊左庶子。一八八一年，补翰林院侍讲学士、咸安宫总裁，擢内阁学士兼礼部侍郎衔。这个时期是张之洞跻身“清流”之列、历练宦海的重要阶段。

一八七〇年至一八七三年，张之洞在京赋闲，这期间与潘祖荫、王懿荣、吴大澂等一班“词流名彦”诗酒唱和，为以后入党清流奠定了基础。

清流党，也叫清流派，是活跃在清政府中后期，以议论军国大事为务的政治流派，一批敢于进谏言事的言官是清流党内部的主流。他们在朝廷内部互为朋党，竞相援引，每逢要事必交章弹议，议时政，劾权臣，参要员，斥宦官，锋芒毕露。

清流党的主要政治主张是对内主张整饬纲纪，对外反对列强侵略。当时太平天国、捻军及西南西北少数民族起义相继被镇压，出现了所谓的“同治中兴”。随着农民起义被扑灭，洋务运动应运而生，一批地方实力派初具规模，如左宗棠、李鸿章等；在朝中，洋务运动的主将恭亲王奕䜣更是权倾一时。西太后为了巩固其封建集权便采取“以清议维持大局”的手段，利用清流党，牵制朝廷内外的洋务重臣。因此，清流派并不是清政府广开言路的表现，而是西太后为了巩固其统治，操纵政治派系力量的工具。同时，当清流党触及西太后本人利益时，清流党便会屡遭裁抑。

清流党以中法战争为界，分为前后两期，军机大臣李鸿藻为前期清流党魁首，张之洞、张佩纶、陈宝琛、黄体芳、宝廷、刘恩溥、邓承修、吴大澂、潘祖荫等为其主力干将。户部尚书翁同龢则主持后期清流党，盛昱、王仁堪、志锐、文廷式、黄绍箕、黄绍第（二黄为黄体芳子、侄）等为其台柱。前清流党以北方人居多，又称“北派”；后者以南方人居多，故号“南派”。当时，因为清流党人的文章奏疏，文辞痛彻，颇为舆论所赞同，所以吸引了很多人加入清流党。

前后清流，盘根错节，多方援引，直至清亡。他们以“敢言”博取时誉，在客观上反映了爱国抗战和改革弊政的呼声。“前清流”曾为后党利用，“后清流”则主要以后党与李鸿章的淮系集团为斗争对象。尽管清流党人员变迁频繁，但大都是封建统治阶级中不得势的一方。

清流党大致起于十九世纪六十年代，七十年代时已具规模。七八十年代之交，是“前清流”的鼎盛时期，李鸿藻称得上是创始人。

李鸿藻（1820—1897），字寄云、兰荪，号石孙、砚斋直隶高阳（今属河北）人。历任同治、光绪两朝重臣，素为西太后倚重，为清流魁首。他利用军机大臣的职权和学生故旧众多的条件“引荐端士”，在自己周围聚集了一大批新进的御史、翰林。这些人自命清高，大胆敢言，多与当权者持异议，号称“清流”，有“四谏”“十朋”等名称。二张（张之洞、张佩纶）尤为李鸿藻所倚重，“二张一李，交相呼应，张则挟李以为重，李则利用张，揣摩圣意，广结党援”。

当时朝廷内外的南方官员讥笑“清流党”为“青牛党”：“张之洞与张佩纶为李，动辄抨击异己，是为牛角，学识广博的王懿荣，是为牛腹；刘恩溥好拜客，为之广通声气，是为牛足；黄体芳、陈宝琛以江南而附此党，是为牛尾；宝廷狎妓好色，是为牛鞭；张华奎怂恿盛昱奏劾权枢，清流党因之解体，是青牛背上的跳蚤，其余朝中翰詹科道附身于李鸿藻者，都称之为牛皮、牛毛。”

颇知内情的张达骧（张之万之孙）曾说，那几年张之洞之所以官运亨通，表面看来是他的精彩的文章和良好的声誉所致，实际上却是大学士、军机大臣李鸿藻对其尽力栽培提携，才使他平步青云。李鸿藻与张之万在清廷的汉臣里面，最为慈禧宠眷信任，尽管李鸿藻与西太后有过冲突。李、张互为援引，祸福相关。正因为这层关系，李鸿藻才对张之洞青眼相加。

尽管张之洞标榜一切以朝廷大局为重，不属任何党派，也不一味主战和主和，不承认自己是清流党，但他遇事敢言，甘为李鸿藻的喉舌，报恩自不待说。鸿藻在同治光绪间为“清流党魁”，张之洞为其主要干将。

张之洞在《送冯竹儒（焌光）赴湖北入益阳胡抚部幕》的诗中说：“白日有覆盆，刳肝诉九阍；虎豹当关卧，不能遏我言。”这首诗便是张之洞当年参与清流时的写照。

早在一八五九至一八六〇年在北京参加会试时，张之洞就借助张之万的关系结识了一些言官，并代他们捉刀代笔，其中他替给事中陆秉枢（眉生）起草的谏章上达后，曾“荷旨奖问”。

一八六三年会试中榜时，张之洞为侍御刘芝泉（字其年）起草了参劾山东道御史吴台寿“申救胜保、朋党挠法、饰词挟制”，并劾其兄吴台朗“夤缘招摇”的奏章，没想到旗开得胜，直接导致吴氏兄弟被革职，胜保遭赐死。此事便为张之洞入党清流奠定了基础。

一八七七年六月，清廷议定穆宗升祔位次之事（祔者，指后死者附祭于祖庙），即穆宗神位在太庙中如何安置的问题。同治帝以前，自清太祖努尔哈赤、太宗皇太极传至世祖福临（顺治）、圣祖玄烨（康熙）、世宗胤禛（雍正）、高宗弘历（乾隆）、仁宗颙琰（嘉庆）、宣宗旻宁（道光）、文宗奕詝（咸丰），已历九世，太庙九室，一室一世，此时穆宗神位如何摆放就成了问题，朝廷上下众说纷纭。当时的礼部尚书是潘祖荫，张之洞当时因职小官卑，无直接上书资格，便遍查典籍，拟订出意见后以私人名义致书潘祖荫。与此同时，张佩纶奏：请“建文武世室于后殿左右，恭奉太宗文皇帝庙主，以次递迁”，所议与张之洞之议无异。张佩纶文辞畅达，两人原是旧识，由此更加拉近了两人的关系。

十九岁的同治帝载淳死后，因为无子，便由西太后做主，以醇亲王奕譞（咸丰帝奕詝之弟）的儿子、年仅三岁的载湉以咸丰继子的身份继位，称嗣皇帝，即光绪帝。西太后此举，完全是为了巩固自己的独裁统治。因为按照清朝祖制，向来是“父死子继”，但若按制行事，西太后随之便成了“太皇太后”，垂帘听政便不合礼制。大权在握的西太后毫不犹豫地搬出载湉，同时发布懿旨说：“俟嗣皇帝生有皇子，即承继大行皇帝为嗣”，其中的意思：一是载湉一旦

“生有皇子”，便过继给载淳为嗣，继承帝位，载湉这个嗣皇帝只起过渡作用；二是为巩固自己垂帘听政的政治合法性。尽管人们私下异议颇多，可是没人敢对这位大权在握的西太后提出任何反对意见。

光阴荏苒，转眼已是光绪五年（1879）三月，穆宗皇帝梓宫奉安遵化州，大行皇帝的奉安大典由两宫太后与光绪帝亲临主持，诸王公大臣及百官扈行送葬。事后，吏部主事吴可读在蓟州车马神桥三义庙服毒自杀，留下一道遗折。遗折的主要内容是乞请两宫皇太后明降谕旨，尽早确立皇嗣，以继承穆宗大统，如此年幼又非嫡长，满朝僚佐又会有什么异言呢？名分定后众多的议论自然停止。这样就符合本朝“父死子继”的礼制，就会使穆宗皇帝“有子”、两宫太后“有嫡孙”，后代若有类似情况发生，则以太后所制为制传之不移。吴可读的这道遗折，使西太后吃了定心丸，她最担心的莫过于有人提出以同治帝嗣为帝的主张。随后她召集御前会议，发布懿旨称：吴可读遗折，与以前发布的“嗣后皇帝生有皇子，即承继大行皇帝为嗣”的懿旨，意见相同，命王公大臣六部九卿翰詹科道等满朝官员“会议吴可读遗折并具奏”。

此时举朝一片哗然，清流党人更是秣马厉兵，跃跃欲试。

以死进谏的吴可读被清流党人视作榜样，他们不但将吴宅改为祠堂，并且隆重致祭，为吴可读招魂。但是，待到四月初一日百官会议讨论懿旨时，吴折却遭到主持会议的礼亲王世铎的批驳，他的根据是雍正七年（1729）不得立储的上谕，吴可读折中所说“大统之归”实质上就是立储，有违雍正皇帝圣谕，所以这份奏折应该不予讨论。

显然，世铎兵锋直指西太后。此时倍受西太后“青睐”的清流派为了避免西太后难堪，力图将吴可读遗折、两宫太后懿旨与雍正上谕之间的差距抚平。但是“会议诸臣，最终均以继统与立储似无异，不合祖制，不敢参议”。

张之洞想到，西太后对自己有知遇之恩；清流党人虽对朝政多有不满，但此时对西太后并无异议；当今皇帝年幼，西太后正当权焰熏天之时。权衡利弊，最后，张之洞决定上书为西太后立载湉之举辩护。

十天后，张之洞递上一折一片，“请明降懿旨，声明将来继承大统的是穆宗同治皇帝的嫡子”。并为西太后申辩，说其行为“出于两宫皇太后之意，合乎天下臣民之心”，“本乎圣意，合乎家法”。张之洞的折子立刻得到西太后的欣赏，当即发布懿旨说，皇帝将来诞生皇子，其继大统者，以穆宗毅皇帝嗣子身份入继大统。所有吴可读原奏及王大臣会议折并谕旨，均各录一份，留在毓庆宫存档。

张之洞奏折一上，便奠定了他在慈禧的政治斗争中不可或缺的重要地位，又对清流党阵营的发展开拓了新的局面。“吴可读案”刚刚尘埃落定，甘肃、四川、陕西三省地震，“太白昼见，云气有异”，御史孔宪珏、编修何金寿先后因直言触怒太后而获罪，张之洞上疏规劝太后勿禁忌直言，为孔、何辩护。接着又奏请“修省弭灾”，提出了纳直言、肃臣职、厚民生、谨河防四项建议。当年夏天北京附近大旱，他再度上疏，呼吁朝廷赈济天灾。所议多为清廷采纳。

以上是张之洞在台谏之路上的几次小试锋芒，随着声誉日隆，张之洞或单独上折，或联名奏议，又解决了几个在清廷中颇具影响的案子。

二、为民雪冤

道光、咸丰以后，银贵钱贱的现象日益严重，尤以四川东乡最为严重，每到交纳赋税时，百姓完粮一向以铜钱替代，而官府却按银价折算征收。官商勾结操纵银价，负责具体操作的局绅更是雁过拔毛，从中渔利，“每两甚至折算五千五百文”。局绅更以预为垫银，交官批解，然后付更高利息的办法进行盘剥，鱼肉乡民，以致“民不堪命，怨声沸腾”。

局绅，就是指代官府征收钱粮的机构“控制支应局”的劣绅，他们勾结官府，徇私舞弊、层层盘剥贫苦百姓。

同治十一年（1872）八月，青年农民袁廷蛟挺身而出，受其堂舅父、监生李经良的资助，千里迢迢，赶奔北京状诉劣绅，不料却被中途押回四川，川督吴棠将袁杖九十，枷号二十五天，然后遣返原籍，袁廷蛟知道回县后一定为劣绅所不容，遂中途逃走。

一八七四年，袁廷蛟潜回东乡，联合贫苦农民四十多人，向新任知县长廉申告局绅王宗恩等十三人“借公蒙官，各款私加”。不料，长廉初抵东乡，王宗恩等劣绅便致送万民伞，大加贿赂。故长廉立即驳回乡民所控。袁廷蛟、李经良等人又赴省申诉，局绅们又赶往省城上下打点，袁廷蛟等人无奈之下只得向川督吴棠呈控："津贴、捐输每年都被局绅加派，中饱私囊。……各项税外支出使百姓苦不堪言。"吴棠以为其中确实存在弊端，"每两收钱五串以外，确属例外盘剥，应当及时改正核减"。同时饬令藩司等属查处。这时局绅王宗恩、冉正江等人为敷衍上命，掩盖恶行，赶紧到省城打点，又假意答应李经良等，回县后不再盘剥地丁各款的要求，并铸立铁牌，永不滥加。但王宗恩等人回县后依然不改旧恶。

一八七五年初，改号光绪。酷吏孙定扬担任东乡知县，与局绅借庆祝新皇帝登基之名"设局开捐"。其时，东乡"屡遭灾荒，柴米贵如珠桂"，又恰值春荒，乡民闻讯，愤愤不平。六月二十二日，乡民七八百人在袁廷蛟的带领下高擎"粮清民安"大旗，到东乡城外观音崖向知县和平请愿，百姓积极响应，顷刻聚集两三千人，声势浩大。孙定扬只得请绥定（今达川区）知府易荫芝亲来安抚。易荫芝假称同意袁廷蛟的要求，并允许请愿群众到绥定府核算历年粮税。袁廷蛟并不完全信任易荫芝，便派邓洪熙等八人前往，果然八人全被扣留。后易荫芝怕激成民变，将其释放。

袁廷蛟的行动引起当地团首梁天贵、吴仁堂的极度仇视。当年冬某夜，梁天贵派团丁入袁宅烧杀，袁廷蛟冲出重围逃走。同时吴仁堂等以办团为名，滥征团捐，乡民为了抗捐而捣毁团防局。这两件事发生后，一八七六年二月九日孙定扬派局绅张裕康带兵勇前往调查，受到百姓围堵，张见势逃回后捏称袁廷蛟聚众叛乱，怂恿孙定扬请兵弹压。知府易荫芝得报后，派千总杨开泰带兵到东乡查办。东乡百姓见兵队开来，只当作是局绅、团首指使团丁装扮而成，遂加以围堵，勒令交出兵器、号褂等物，经武生王大吉调解百姓才散去。事发后，局绅又怂恿孙定扬，诬陷袁廷蛟抗拒官兵，聚众劫财，抢夺军火，谋攻县城等罪名，向省里告急请兵。

时文格署任川督。文格不问情由，急派裕字左营、虎威宝营等部"驰赴东乡，相机剿办"。各路官兵中，裕字左营总兵谢思友先抵东乡，乡民呈递冤状二十四张。谢思友知群众赴城清账，并不是聚众围城。便撤出东乡县，游击金德成亦率所部五百名归川北。但素以"屠夫"闻名的虎威宝营记名提督李有恒不但不听谢思友的规劝，反而图谋借搜捕袁廷蛟为名，屠剿立功。

一八七六年四月二十七日，李有恒部二千人以局绅吴仁堂、李开邦等为向导，攻打寨子梁、尖峰寨等村寨，壮者夺路逃出，逃出者百余人。攀岩死者数十人，近三百人被兵勇屠杀，多半是老弱妇孺。不久，李有恒又攻打县北千军峒、仙风峒等寨，因地势险要，一时难以攻破，李有恒诡称只搜袁廷蛟一人，百姓遂开门接受搜查。进峒后，清军将寨中老幼，斩杀殆尽。十余日中，李有恒部杀人无数，见寨即毁，妇女则遭奸杀，“将一村一寨男女老幼一律杀光”。又劫走青年妇女数百人，掳掠财物无以计数。

袁廷蛟早有戒心，一方面他劝导乡亲逃入高山深洞躲避，另一方面自己东躲西藏。某日投靠土黄坝场的亲戚文家，文家之子贪图重赏，将袁骗入谷仓，反锁仓门，自己前往清军驻地告密。文母知后，赶紧将仓门打开，让袁逃走。

袁廷蛟昼伏夜行，辗转来到绥定吴镇府中，吴镇是达川县人，时任都察院御史。因李经良与吴府乃是旧交，清军搜捕袁廷蛟时，传说藏于吴府，清军果然闯入搜查。此时袁廷蛟登府，请求吴府将东乡惨状告知吴镇，使之奏明朝廷。吴府因前有被搜查之辱，同意派人致书吴镇，袁扮作仆役随行进京，再次赴京呈控。

吴镇对东乡血案进行详细的了解后，联络川籍京官多人联衔会奏。袁廷蛟当即被交刑部收监候处，同时降旨命川督文格查办。

然而东乡惨案的首犯便是文格，他害怕真相败露，便在复奏中百般遮掩。陕西道监察御史李廷箫，上疏批驳文格的奏复。吴镇又联络内阁中书萧宗瑀等四十七人上疏弹劾文格。文格自知事渐败露，便将李有恒革职，同时自请处分。

当时，因“杨乃武与小白菜案”刚刚平息，清廷不想再招致是非，遂派湖广总督李瀚章充川督，旋又命山东巡抚丁宝桢为川督，彻查此案，文格则调为山东巡抚。丁宝桢当时被誉为文武全才，因一八六九年诛杀西太后宠信的太监安德海而著名于时。抵川后，整肃吏治，兴办洋务，修都江堰，颇负时誉，但在东乡案上，他却畏首畏尾。他认为文格以东乡案调任山东巡抚，若过于深究东乡一案，则文格也会在山东彻查丁宝桢在鲁期间的政绩，所以丁宝桢只得官官相护，以期大事化小，平息此事。

更有甚者，丁宝桢还将袁廷蛟害死。在文格奉旨查案时，袁廷蛟即被从刑部大牢押解到了四川，囚于成都狱中。丁宝桢害怕袁廷蛟出狱后会继续呈控要求彻查此案，重行审理时，袁廷蛟还会将他袒护文格的事公之于众，遂将袁害死于狱中。

丁宝桢的所作所为，招致了时论的抨击。清廷只得再派辞官在籍的原两江总督李宗羲彻底查清此案。李宗羲领命后，率带子侄在民间微服查访多日，终于弄清真相，知道事关重大，牵连极广，几经犹豫后知道“国恩难负，公论难欺，天良难昧”，便将袁廷蛟聚众算账、孙定扬捏词请兵、李有恒纵兵滥杀等详情陈奏朝廷，要求严办丁宝桢。在奏折中他说：“千百民命攸关，天下人人共愤。此冤一日不雪，人心一日不甘，倘日后再有反复，不惟身名俱裂，且无以对天下后世。”奏折递上时，正值光绪四年（1878）春北方亢旱，朝廷下诏求直言议论时政。张佩纶连上奏疏，要求对东乡案进行复查、诛杀李有恒。清廷直到第二年才派礼部尚书恩承、吏部侍郎童华二人为钦差大臣到四川查办东乡一案。

恩承、童华二人贪婪鄙薄，沿途勒索地方，作威作福，“每天所用之费，官民合需银千数百两”。到成都后，丁宝桢又贿赂他们以数万两。待回京复命时，据时任尊经书院主讲的王闿运记载：“二使出境，往看行装累累，有四百驮，……煊赫道路如此。”恩、童二人对丁宝桢等人多方庇护，东乡案的彻查又受阻不前。东乡血案正发生在张之洞的四川学政任内。当时张之洞对此案虽有所耳闻，但并不知内情，不久，他按临绥定府主持考试时，东乡籍的生员并无一人按八股文程式作文。考卷上写满了李有恒在东乡县的兽行，血泪溢满行间。张之洞受到的触动极大，便决定拟俟回省详考本末。及秋间到省，才知台臣已经参劾，今日狱成罪定，而是非未明。张之洞决心上奏此事真相，正如他说的“臣来自蜀中，实有见闻，若不一言，上无以对朝廷，下无以对四川通省之士民”。

正在这冤狱难申，障阻重重之际，张之洞审时度势，于六月三十日一天中连上：“重案定拟未协折”“陈明重案初起办理各员情形片”“附陈蜀民困苦情形”三道奏折，将四川东乡县因知县孙定扬“违例苛敛，激众闹粮，又诬民为逆、具禀请剿”，以致酿成重案的事情原委详细奏明。三年之后，张之洞才连上奏疏奏明此事，将积年沉冤昭雪于一旦。张之洞在“重案定拟未协折”中，明确地指出：

> 伏思此案之查办由于滥杀，滥杀由于诬叛请剿，诬判请剿由于聚众闹粮，聚众闹粮由于违例苛敛。……他省捐输，偶一为之；即有勒派，只累

富室。川省捐输之数，向由藩司派定，照文征收，无可加减。故东乡之多收五百文，非勒捐富户也，乃加赋也。非为国家聚敛也，乃肥己也……东乡至同治八年以后，局中有巨万之征收，无一纸之清账。乡民愤激清算，遂发兵以剿之，且举无数无干之老弱妇孺而屠戮之。……横征暴敛，妄召外兵，残民以逞。民不叛诬为叛，城不围而捏为围，兵已临而不乘机抚定，将欲剿而无一语阻拦。流毒半年，杀人如草，……案悬数年，而被京控。三经纠参，两易督臣，三奉查办，而卒之舍首恶而弗诛，事无真是非，刑无真罪名。

张之洞在折中称："不诛孙定扬不惟无以谢东乡千百之冤魂，无以服袁廷蛟，并无以服李有恒。"当天，清廷便发布上谕，以孙定扬为此案恶首，恩承等复奏不实，令刑部将其并入全案中一并核议具奏。

正当东乡案得到重新审理时，文格奉调入京，授为库伦大臣，张之洞闻讯，于七月十日递上"大员关涉重案、请令听候部议折"，对文格痛加参奏。清廷将文格停职查办，下部议处。

不久，东乡一案重新审理的结果正式公布：东乡百姓清查粮账，并非叛逆，众寨民皆属无辜百姓；孙定扬捏词请兵，李有恒纵兵殃民，处以斩监候，秋后处决；劣绅张裕康等发往新疆充当苦差，永不准释回，李开邦等发往极边四千里外充军，永不准释回；文格、丁宝桢等交部议处。同时，清廷命令对东乡的地丁、津贴、捐输、茶课等项捐税制定统一章程，不准加收盘剥。永远取缔支应局，不准劣绅代征钱粮。

东乡血案一朝得雪。张之洞的敢言直谏，使得上至钦差、督抚，下至知县、劣绅都得以参处，积年冤案终得昭雪，千百冤魂得以慰藉。由此，张之洞的声望日隆。

三、御侮争权

十九世纪七十年代后，中国的矛盾已由内部矛盾转为抵抗列强的外部矛盾。海疆边界烽火不绝，东南沿海地区屡遭日本蹂躏，西部边疆遭俄国不断侵扰，边疆烽火使清王朝无一日安宁。

幅员辽阔的新疆，是中国的固有领土。一八六四年，在陕西回民起义风潮中，大规模的反清武装起义在倍受清政府奴役的新疆各少数民族间爆发了。各地少数民族上层封建主也妄图借农民起义而窃取其领导权，以“排满、反汉、卫教”等口号迷惑群众，制造民族分裂。各地武装集团相互攻伐，新疆陷入混乱的武装割据状态。当年夏天，盘踞喀什噶尔的地方割据势力柯尔克孜族人司迪克伯克六攻英吉沙尔等城不下，便派回民头目金相印赴邻国浩罕（今乌兹别克共和国境内）乞援。浩罕汗阿力木库里派遣帕夏阿古柏（？—1877）率军侵入新疆。数年间，阿古柏在其占领的南疆八城，建立“哲德沙尔”汗国。自称“毕条勒特汗”。在其以后统治的十二年里，新疆人民陷入水深火热之中。

阿古柏入侵新疆，其幕后的主使者是英国和俄国。英俄两国在中亚地区向来存在利益冲突。英国扶植阿古柏，是想让他成为阻断俄国向印度扩张势力的陆上通道。正在蚕食中亚三汗国的俄国，则竭力笼络阿古柏，以使其成为俄国侵占新疆的工具。但在争取阿古柏的斗争中还是英国人占了上风。一八七一年，阿古柏侵犯北疆时，蓄意已久的沙俄悍然出兵侵占我新疆伊犁地区，以图阻遏阿、英势力向北扩展。

陕甘总督左宗棠力主收复新疆，他认为：“沙俄得寸进尺，蚕食鲸吞，新疆一失，门户洞开，到时想要闭关自守也会为形势不容。即便蒙古、陕甘诸边，也常遭骚扰，防不胜防。”光绪元年（1875）五月，刘坤一也曾说：“过去没有想到俄国是今日的大患，若对其姑息纵容，将来受到威胁的又何止关陇一带。”不久，他致函左宗棠，更明确地表示重视塞防的意见。

清政府权衡利弊，最终采纳了左宗棠的意见。一八七六年至一八七八年，“老成谋国，素著公忠”的左宗棠“抬棺出塞”，历尽艰辛，最后平定了阿古柏之乱，收复新疆。

沙俄以“安定”边境秩序、保护侨民为由强占伊犁等地，又以俄国“无久占之意”，“代为收复，权宜派兵驻守，候关外肃清，乌鲁木齐、玛纳斯等城克复之后，即当交还”为由欺骗清政府。清政府在左宗棠军收复乌、玛诸城后，向沙俄提出归还伊犁的要求，沙俄自食其言，又要求清政府“先议后交”。

一八七八年六月，崇厚代表清政府出使俄国交涉新疆事宜。

崇厚（1826—1893），字地山，满洲镶黄旗人。一八七〇年天津教案发生，出使法国“谢罪”。中俄交涉期间，以擅自与俄签订《里瓦几亚条约》获罪。

在崇厚启程前，密切关注中俄局势发展的张之洞代张佩纶上疏，请求命令崇厚先赴新疆勘察实地形势，与左宗棠商议后再赴俄谈判，但清廷并没有采纳这条建议。结果不懂外交、不明边情的崇厚，在沙俄恫吓哄骗之下，于一八七九年十月二日在克里米亚半岛的里瓦几亚擅自与沙俄代理外交大臣吉尔斯订立《交收伊犁条约》即《里瓦几亚条约》十八条，另有《兵费及恤费款专条》《陆路通商章程》十七条，主要内容是：伊犁城归中国所有，伊犁城其西、其南大片土地划归俄国所有，并准许俄国在蒙古及新疆全境进行免税贸易；中国赔偿兵费伍佰万卢布（合白银 280 万两）。订约后，崇厚电告总理衙门，在没有经许可的情况下擅自回国。丧失大量领土和权利的中国，还得偿还“代收代守伊犁兵费”，只得到一座险要尽失、三面被围的伊犁空城。消息传回了国，举国哗然，纷纷要求毁成约，诛崇厚。

清廷专管外交事务的总理各国事务衙门知道不该用崇厚，便奏准罢免崇厚，至于“崇约”，令内外臣工商议妥善解决的办法。

左宗棠考虑到国家领土的完整对“崇约”严厉斥责：“在战乱纷纭的时刻，竟然割让自己的土地以求取和平；伊犁未开一枪而割让于沙俄，以我国有限之土而填沙俄无限之欲，将来沙俄再次索地该怎么办？”他经过仔细思考后又提出了“先借助舆论的压力委婉用机，次决之以战阵，坚忍求胜”的战略方针。

坚持“和戎外交”的李鸿章，是很少赞同“崇约”的官员之一，他说：“崇厚所定的条约在执行上确实损害了我国的主权，但若不执行，将招致更大的损失。”他还似有道理地责问：“左帅主战，带领的尽是些无用之人，夸夸其谈，纸上谈兵，不顾国家安危……有何把握？”

李鸿章的言论激起了张之洞、张佩纶、陈宝琛等一班清流健将的强烈批判，他们连连上疏，要求朝廷不要动摇挽回国家权利的决心。张之洞很是关心“崇约”一事。从一八七九年底至一八八〇年的一年多时间里，先后二十多次上疏。其中一八八〇年一月所上“熟权俄约利害折”在当时有着相当大的反响。

张之洞说：“俄国人要割我们土地，可以说蛮横、贪婪到了极致；崇厚答应了俄人，可谓荒谬愚蠢到了极点。”他补充俄约有十处不可允许的，朝廷一定不能承认这些条约，不能怕事；承认此议，国家主权何存。同时，他提出了四条改条约的方法“计决、气盛、理长、谋定”。

所谓“计决”，指把崇厚“拿交刑部，明正典刑”，将使节治罪以示对该条约的不承认。

所谓“气盛”，乃向朝廷请求“明降谕旨，将俄国的欺诈、强横的行为、布告中外”，并且，明令边防军队严加防范。

所谓“理长”，是说并不急于收回伊犁。只收伊犁城而不遵守其他约定是我理亏；不急于收回伊犁故地，责问俄方条约的不平等性，则屈在俄方。

所谓“谋定”，就是提出备战之策，在新疆、吉林、天津三路调兵设防备，以备万全。

张之洞在奏折中坦言：“仅看世界的变化，日益艰难。西方列强干扰我国内政，东洋人企图侵犯我边疆，今俄人又故意挑起事端，如果一忍再忍，从此各国都认为我国好欺负，到了忍无可忍，让无可让，又该怎么办呢？……此时勇猛的将士，有计谋的老臣完全可以与他们一战。数年之后，左宗棠、李鸿章一班干练大臣已届衰老之年，精锐将士无存时，欲战也无可用之人，而俄人行将勤兵边疆，和藏族人通谋，并威胁朝鲜。如果今天不防范好外围，等到有一天他打进了内地，后悔也来不及了！”

张之洞这份“熟权俄约利害折”递上后，受到清廷重视，“诏与王仁堪、盛昱等折皆下廷臣集议”。两宫皇太后还亲自召见张之洞，问他的意见，并敕“随时赴总理各国事务衙门，以备咨询”。

在国内舆论的强大压力下，清政府没有批准“崇约”，照会俄国政府：“崇厚的所签条约，属于越权行为，清政府难以承认履约。崇厚度下狱治罪，并决定派遣出使英法大臣曾纪泽使俄改约。”

曾纪泽（1839—1890），字劼刚，湖南湘乡人、曾国藩的次子，一八七〇年由二品荫生补户部员外郎。一八七八年做了驻英法大臣，补太常寺少卿。一八七九年转大理寺少卿。“崇约”事件发生后，被派去做使俄大臣，经他的努力，签订了《中俄伊犁条约》，维护了一部分中国主权。后晋兵部右侍郎、左侍郎，任总理衙门上行走。

在曾纪泽出发后，清廷内部还在因为改订“崇约”内容一事争论，张之洞在清廷派出曾纪泽出使后，又接连递上“边防实效全在得人折”“俄事即可乘善筹抵制折”等折片，集中向清政府提出用人、筹防等意见。此时，除了“俄国恫吓”之外，英、法、德、美等列强各怀鬼胎，纷纷向中国施加外交压力，他们十分不满清政府撕毁已签条约和惩处崇厚之事。有的表示“愤怒”，有的提出“抗议”，有的在名义上对清政府提出忠告，而实际上是对清政府提出威胁。英国女王甚至电请“赦免崇厚”。李鸿章也不清闲，他勾结原“洋枪队”司令戈登到北京四处游说，“谋致和平”。英国之所以这样，是担心俄国以此为由大举东进，这必然会威胁它在中国的利益。腐朽的清政府经不起帝国主义列强的威逼利诱，开始屈从帝国主义列强，屡屡强调“我方不首先使用武力，不在万不得已情况下不用武力解决”。六月，清廷决定对英法等国提出的赦免崇厚的请求进行“廷议”。张之洞据理力争，要求清政府要坚决顶住列强的压力。会后，他递上一道“敬陈经权二策折”，说明了自己的想法：如今俄国人恫吓在前，英法居中离间，均请赦免崇厚，而封疆大臣们也纷纷以为诛崇厚会得罪列强，举朝上下并没有什么有价值的建议，当此危急时刻，朝廷并无可用之人，如何能有两全其美的策略？并提出为维护大清帝国的主权与尊严，将崇厚明正典刑是理所应当的措施；赦免崇厚而对各封疆大吏严加斥责，令其戴罪守边，整饬边防。不责崇厚之罪而斥责封疆大臣是向中外以示朝廷已有预防不测之备，是一时权宜之计。

曾纪泽于一八八〇年七月三十日到达彼得堡。深谙列强鬼蜮伎俩的曾纪泽深知此行任务艰巨，但他已抱定了虎口夺食的决心，誓与列强周旋到底。到彼得堡后，他便致电总理衙门，请求赦免崇厚以示修改条约的诚意，清政府立即照办。尽管张之洞对此深感不满，但仍以拳拳爱国之心投入到条约修改工作中。

从一八八〇年七月至一八八一年二月，谈判在唇枪舌剑、艰苦卓绝中度过了七个月，曾纪泽要和沙俄外交大臣吉尔斯、驻华公使布策、外交部重要官员热梅尼等外交行家直接交锋。曾纪泽据理力争，针锋相对，“反复辩论，凡数十万言”。割地与不割地的问题成了谈判的焦点问题，沙俄要求按照原约寸土不让。曾纪泽则坚持要将特克斯河流域一带收回。俄方代表面冷词横，恫吓威胁。俄国政府则派海军上将廖索夫斯基率领舰队开赴远东妄图以“炮舰外交”使曾纪泽屈服。身在朝廷的张之洞接连上疏，要求政府饬令曾纪泽坚持原则与俄国周旋到底，同时又在“改约重要各条必应坚持篇”中对曾纪泽谈判内容只限边界问题，不涉商务问题的主张，提出了不同意见：“边界问题为舆论所重，商务问题却是后患无穷”，要求朝廷“寄知曾纪泽以为谈判的参考”。还有像松花江行船问题、川陕界务问题、赔款问题等等，张之洞都尽心尽力地策划，给曾纪泽作为参考。

张之洞认为在战备方面，“北洋大臣李鸿章、南洋大臣刘坤一，身为国家柱石，屈服于列强压力，难以担任战守要职”。随即上“谨陈海防事宜折”，该折对天津、旅顺、烟台等海口的防备情形详加分析，奏调曾国荃督办山海关防务、鲍超募勇驻京榆间，奏请任用刘铭传等干练大臣，积极备战使曾纪泽在谈判中争取主动权，“海防虚实，敌人周知”。我多一分兵威则沙俄少一分要挟。

一八八一年二月二十四日，中俄签订的《中俄伊犁条约》在赔款一项上加了四百万卢布，在界务和商务方面，清政府都挽回了不少重大的损失。后来的苏联历史学家也承认：“综观《彼得堡条约》，应该着重指出，《彼得堡条约》不如《里瓦几亚条约》对俄国有利。”

在“挽既逝之波，探虎口之食”的曾纪泽努力下改订的《中俄伊犁条约》虽然没有改变它不平等条约的性质，但这在一味避敌求和的清朝外交史上是一个不小的胜利。这次改约的成功在不同程度上也得益于刚刚经历俄土战争的沙俄还没有具备重新开战的实力。其次也得力于左宗棠在新疆积极备战、中国各族人民反对列强侵略的呼声与斗争空前高涨；再者曾纪泽不屈不挠、坚韧不拔的气魄，以及张之洞等人的大力声援以及鼎力支持都起了重要的作用。

张之洞的青少年时代是在以消息闭塞闻名的贵州山区和以保守守旧著称的京畿度过的，后来督学的川鄂两省，也是未受西方文化影响的地区。在跻身清流的几年中，与他来往的是一批竭力维护封建王朝的文人谏士，他们都清廉耿直，又有浓厚的中国传统的忠君思想，主张经世致用，但对世界的形势与潮流却知之甚少。他们最多的是靠直觉进行着反对外国侵略、维护民族尊严和国家利益的斗争。

在改订“崇约”一事中，张之洞的行为是值得肯定的。在力争“崇约”的过程中，忠君爱国的张之洞有了放眼世界大势的机会，并对洋务外交有了充分的了解，这为他以后处理外交事务打下了良好的基础。

四、重击宦官

宦官之祸在中国几千年的封建社会发展历程中一向是除之不去的痼疾。清朝建立之初便吸取历朝教训，对宦官太监多加约束。但到西太后主政时，宦官势力与日俱增。

同治初年，深受太后宠信的“小安子”安德海，张扬蛮横，招权纳贿，以至于其干预朝政，举朝上下无不震恐。一八六九年秋，安德海奉西太后之命前往南方采办宫中之物，乘楼船沿运河南下，山东巡抚丁宝桢乘机将他拿获，上奏朝廷：“宦官私自出宫，不合礼制，并且大臣没有接到朝廷明令，此人必是冒充。”于是在济南将安德海正法，丁宝桢一时声名大震。

事后，由于西太后的姑息，阉宦的势力反而更加嚣张。宫中太监骄横恣肆，经常惹是生非。光绪六年（1880）秋，当曾纪泽正在国外为国争主权，争尊严，为“崇约”唇枪舌剑，做艰苦卓绝的斗争之际，一件因太监引发的大案却发生在国内宫中，即太监与午门护军争殴的案子。此案与西太后脱不了关系，她偏向太监，以皇帝名义，颁发上谕，加罪于护军。谕下，“满朝官员不敢争执，刑部不敢不按西太后的意图审讯”。张之洞与陈宝琛合作，各自上奏折，奏请压制宦官势力，方使冤案得以昭雪，博得了“诤言回天”“风节动宫闱”的赞誉。由于那一年是农历庚辰年，此案故称“庚辰午门案”。

这年中秋节前后三天，患病期间的西太后让才十五岁的小太监李三顺将东西送往其妹醇亲王福晋处。李三顺带了两名随从和八盒食品，想从午门径直出宫。

按照清朝规定，太监出宫不得经由午门，须从旁门过，而且，内监出入，须从景运门领取门文，方可出宫。这天在午门值班的护军玉林、祥福、忠和等人，见李三顺等，照例勒令其走旁门。李三顺以西太后之命为要挟，玉林等人照例行事，绝不放行，双方争吵起来。李三顺强行闯门，双方在争执中撞翻食盒。

得到首领太监报告后，一向飞扬跋扈的西太后火冒三丈，将东宫慈安太后请至自己宫中，哭诉被人欺侮并声称不杀护军便要寻死。慈安被其打动，谕令刑部将当事护军判斩决。第二天就发布上谕称：“昨日午门有值班官兵殴打太监以致遗失赍送物件的事件，本日据岳林奏‘太监不服拦阻与兵丁互相口角请将兵丁交部审办并且请议处’一折，所奏情节不符……着总管内务府大臣，会同刑部，提集护军玉林等，严行审讯。护军统领岳林，章京隆昌，司钥长立祥，着一并交部议处。”西太后这么做，显然是偏心庇护太监，坐罪护军，并且为了泄愤，不惜大兴牢狱。

刑部不敢马虎，立即纠合了素有“八大圣人”之称的坐办四员、提调四员，“都是从各司精选出的精通法律的干员”。初审之后，讯得实情，护军无罪。但慑于西太后之威，刑部再三斟酌，给护军玉林等加上了一些罪名和处理意见，审理意见经再三复核，西太后以为太轻，勒令刑部重新审理。刑部八大圣人绞尽脑汁，于十一月二十八日报上了处理结果。玉林被发往吉林充当苦差，祥福被发往驻防当差，觉罗忠和被折圈三年，并将护军统领岳林请旨交部议处。护军盘问李三顺按理说是忠于职守的表现，即便打翻食盒，刑部的处理结果也已是强加罪名了。没想到奏请西太后时，西太后还不满意，将刑部奏议驳回。至此，时任刑部尚书的潘祖荫和他的“八大圣人”实在没有办法，只得再拟罪名。第二天将新的结果报西太后，西太后以上谕形式颁发最终的结果：“此次李三顺赍送赏件，受到该护军等盘查拦阻，已经告知奉有懿旨，仍然阻挠滋事，藐玩已极。如不严惩，不足以示惩儆。玉林、祥福均着革去护军，销除本身旗档，发往黑龙江充当苦差，遇赦不赦。忠和着革去护军，改为圈禁五年，均着照拟枷号加责。护军统领岳林着再交部严加议处。至于禁门管理还是应当严肃，以后更应加大稽查力度，不得因玉林等抗违获罪，稍形懈弛。”

这道上谕对护军不吝重刑而对太监却偏听偏信有意庇护，闻者无不骇然。翁同龢在二十八日晚已从军机大臣沈桂芬处知道了事件经过，他在当天的日记中不无担忧地写道：“满朝大臣对这种事情的发生听之任之，风骨何存！”那时担任左春坊左、右庶子的张之洞、陈宝琛（皆充日讲起居注官）见事起阉宦，认为宦官得势，必定贻害无穷，气愤之余，决心联手翻案。

陈宝琛（1848—1935），字伯潜，号弢庵，福建闽县（今闽侯县）人。系清流党干将，以敢谏而闻名。

张、陈两人经过一番仔细讨论，张之洞为了维护西太后脸面，更是为自己的前程着想，认为：“奏折的重点应放在护军的管理与抑制宦官势力上，太后会自己悟去其中道理，目前不适宜为护军讲情。太后盛怒之下，不宜激之，致无益有损。”陈宝琛的意思是“上疏极谏”，听了张之洞的看法觉得也对，便同意了。最后，两人决定各自起草一份，两疏一起上交。

当天下午，张之洞援笔立就一篇千余言的“阉宦宜加裁抑折”，提出了宦官的危害以及该如何加以裁抑：

伏维阉臣恣横，为祸最烈，我朝列圣驭之者亦最严。我皇太后、皇上恪守家法，不稍宽假，历有成案，纪纲肃然。即以此两案言之，玉林因藐懿旨而加重，并非止以太监被殴也。刘振生一案，道路传闻，谓内监因此事被罪发遣者数人，是圣意灼见弊根，并非严于门军而宽于暬御也。仰见大中至正，宫府一体，曷尝有偏纵近侍之心哉！惟是两次谕旨，俱无戒责太监之文。窃恐皇太后、皇上裁抑太监之心，臣能喻之，而太监等未必喻之，各门护军等未必喻之，天下臣民未必尽喻之，恐将有藉口此案恫吓朝列、妄作威福之患。护军等不喻圣心，恐将有因噎废食、见奸不诘之忧。天下臣民不能尽喻圣心。太监不喻圣心，恐将有揣摩近习、谄事貂珰之事。夫嘉庆年间林清之变，则太监为内应矣。本年秋间有天棚搜出火药之案，则太监失于觉察矣。刘振生擅入宫禁，不止一次，则太监从无一人举发矣。然而太监等当差之是否谨慎小心，所言之是否忠实可信，圣明在上，岂待臣言。万一以后太监等竟有私自出入，动托上命。甚至关系政务，亦复信口媒蘖。充其流弊所至，岂不可为寒心哉！相应请旨严饬总管内务府大臣将太监等认真约束稽察，申明铁牌禁令。如有藉端滋事者，奏明重加惩处。

陈宝琛回到家中，苦苦寻思，根据张之洞所说的奏议重点，加上自己对护军一方的同情，也写了近千字的奏疏：

兵丁有何深识，势必惩于前失，与其以生事得罪而上干天怒，不如隐忍宽纵，见好太监。即使事发，亦不过消籍为民。此后凡遇太监出入，但据口称奏有中旨，概即放行，再不敢详细盘查，以别其真伪。是有护军与无护军同，有门禁与无门禁同。……二百年中，但有因太监犯罪而从严者，断无因与太监争执而及得重谴者。臣愚以为此案在皇上仁孝，不得不格外严办，以尊懿旨。而在皇太后之宽大，必且格外施恩，以抑宦官。今该护军既不能邀法外之仁，则太监无知，方将快心满意，借此以陵侮护军，藐视祖制。此后气焰浸长，往来禁闼，莫敢谁何，履霜坚冰，宜防其渐。

陈宝琛反复审阅自己这份奏疏，总觉得所奏分量不足，未能终达己意，便一气写成一个五百多字的“附片”，直截了当地为护军辩护：

> 再臣细思此案护军罪名，自系皇上为尊崇懿旨起见，格外从严，然一时读诏书者，无不惶骇。盖旗人销档，必其犯奸盗伪之事者也；遇赦不赦，必其犯十恶强盗谋故杀人之事者也。今揪人成伤，情罪本轻；即违制之罪，亦非常赦所不原；且圈禁五年，在觉罗亦为极重。此案本缘稽查拦打太监而起，臣恐播之四方，传之万世，不知此事始末，益滋疑义。臣职司记注，有补阙拾遗之责，理应抗疏沥陈，而徘徊数日，欲言复止，则以时事方艰，我慈安皇太后，旰食不遑，我慈禧皇太后，圣躬未豫，不愿以迂戆激烈之词，干冒宸严，以激成君父之过举。然再四思维，我皇太后垂帘以来，法祖勤民，虚怀纳谏，实千古所仅见，而于制驭宦寺，尤极严明。……昔汉文帝欲诛惊犯乘舆之人，卒从廷尉张释之罚金之议，又欲族盗高庙玉环者，释之执法奏当；文帝与太后言之，卒从廷尉，至今传为盛德之事。臣彷徨辗转，而卒不敢不言，不忍不言者，岂有惜于二三兵丁之放流幽系哉，实原我皇太后光前毖后，垂休称于无穷也。区区之愚，伏祈圣鉴。谨奏。

这次陈宝琛才算长长吁了一口气，连夜遣人送给张之洞过目。张之洞看后连声称赞，再看“附片”，明白他是为护军辩护，便担心他触怒太后，便函致一笺，说“附子万不可服”。急忙让来人送回。陈宝琛知道“附子”的含义，“万不可服”是说千万不要呈上去。这下倒使陈宝琛为难了。这时，张佩纶来访，陈宝琛赶紧将奏折及附片给张佩纶看，张佩纶看毕连连赞叹：“写得很好，若不上奏实在可惜。”

十二月初早朝四时，张之洞、陈宝琛各自递上了自己的奏折。下朝后，张问陈：“附子入药否？”陈答：“如石投水，已然留中。”张之洞连连埋怨陈宝琛的冒失。

西太后接到了陈宝琛、张之洞的奏折后，便已有了触动，当读到陈宝琛的附片时，更为之感动。其中提到了乾隆间“偷窃库银、遗失陈设”之案、嘉庆间“太监引贼入内”之案、道光间“携带违禁器”之案、“安德海被诛”之案、“乾清宫凉棚火药”之案、“刘振生擅入宫禁”之案，前几起案子讲的是前朝故事，而“安德海被诛”则和太后有很大关系，还不到十一年，至于“火药案”和“刘振生案”却是在“午门案”之后的事了。

九月初三日，乾清宫撤凉棚时，发现有火药铺席上，以及在架间发现其引火器具，有关太监被慎刑司收押，至今没有什么眉目。“刘振生案”发生在十一月初八日，有人穿着青衣布袭直入慈宁宫门，到了体元宫西暖阁下，持烟筒吸烟。当慈禧皇太后要吃饭时，听到了咳嗽声，问是谁，回答说是内监。抓到后，问他从哪儿来，回答说“从天上来”。又问他为什么来，说“来放火”。后慈禧派军机大臣、总管内务府大臣会同刑部进行审问。发布两道上谕，将值班护军统领载鹤交部严加议处，该班章京，立即罢免职务。兵丁也逃不了惩罚，凡刘振生所经之地的值班人员，均受到查处。对于刘振生，以素患疯疾，混入宫禁，胡言乱语，罪不可恕的理由判处绞刑。至于太监的问题，并无明确说明。张之洞在疏中要求尽快提出解决办法。

如果天棚火药确是冲着她西太后来的，如果刘振生确系图谋不轨之人，那么，太后的性命就受到威胁了，如此一来，西太后自然放心不下。两起案子均起因于太监，尤其是第一案，当太监将刘领入神武门时，因“午门案”发生在前，没有人敢拦阻。张在疏中严厉指责了这一现象的弊端，入情入理。陈宝琛奏折中所说“有无护军，有无门禁已没什么区别”，这与实际情况没有出入。陈的附片恳切地为护军辩护，全是在为两宫皇太后和皇上着想。于是，西太后终于想明白了，命刑部重审，从轻发落护军。

十二月初七日，两宫懿旨发布：

> 护军玉林等因藐抗获咎，原属罪有应得，唯念门禁至为紧要，嗣后官兵等倘误会此意，稍行瞻顾，关系非轻。着格外加恩，玉林改为杖一百，流二千里，照例折枷，枷满鞭责发落。祥福改为杖一百，鞭责发落。忠和改为杖一百，……护军统领岳林，免其再行交部严议。太监李三顺，着交慎刑司责打三十板。首领太监刘玉祥，罚去月银六个月。至于疯犯刘振生混入宫禁，已将该管首领太监等分别摘顶罚银，斥革责打发遣，以示惩儆。仍令总管内务府大臣恪遵定制，将各该太监严行约束。禁门重地，如

值班人等稍有疏懈，定当从严惩办，决不宽贷。

护军从轻发落，太监亦得到轻罚，并立下规定约束太监。这实在是对阉官势力的重重一击。张之洞得知消息后，悬了很长时间的一颗心总算放下了。他要赶紧告诉陈宝琛："如石投水，竟成佳谶！"

在张、陈二人的努力下，午门案得以复审，此举受到了当时广大士人的赞赏。张、陈之疏被恭亲王称为"真奏疏"。两宫懿旨发布前的几天，有两位御史上书讨论迁安县落花生秤规等小事，被以"言事琐屑，不合政体"为由，遭西太后斥责。午门案审完后，恭亲王手持张、陈两疏示同僚曰："彼等折真笑柄，若此真可谓奏疏矣"。徐一士后来也称赞二人力挽危局之功，并称其据理力争，达到了匡济国家的效果，堪称清流党的中流砥柱。

几年的清流生涯使张之洞誉满中外，同时他"以谏书为捷径"，青云直上。当时的朝廷里除了满汉之争，还有洋务派与顽固派的矛盾，湘系与淮系的纠葛，南北清流之争等等。为了巩固自己的权威，西太后凭借"清议"，将清流党作为她平衡权力天平的砝码。张之洞对西太后当年的拔擢之恩早已感念于心。这几年张之洞声名渐起，更是得到了西太后的格外垂青，恩宠眷顾。很快，张之洞便又升至二品大员。这样的升官速度，固然与张之洞这几年的所作所为有关，同时也与他善于观察、敏于揣摩、处处维护西太后的权力地位有关。

但他免不了得罪一些枢臣权贵。李鸿章对那些"无事不议，放言高论"的清流、台谏不满至极，　提及这些人，即顿足捶胸，发泄不满。他认为"言官制度，最是坏事"。而张之洞在"崇约"等案中对李鸿章委曲求全的策略给予了无情的批驳，至于其他官僚权贵，只要一有机会，张之洞就要批评议论。自然在朝中得罪了一批权贵。

早年的教育与熏陶注定张之洞志不在此，他迫切地想实现他经世致用的抱负。一八八一年湖广总督李瀚章、湖北巡抚彭祖贤写信给张之洞，请他出任湖北通志局总纂，张之洞觉得不合适，就回信以"七不可"推辞，推举了自己的门生、湖北恩施人樊增祥前往。

张之洞正在等待他一展抱负的时机。与张之洞交往甚深的李鸿藻恐怕张之洞长久地待在京城不免遭人陷害，于是就在慈禧面前密保其老成练达，可堪任封疆大吏，这样，张之洞便有了外放的机会。

第四章　经营八表

一、山西巡抚

光绪八年（1882）十一月，四十五岁的张之洞做了山西巡抚。

一八八二年一月二十七日，赴任封疆的张之洞陛辞请训。小皇帝身后的西太后看着这位瘦小精干、比自己小两岁却已头发花白的臣下，照例说了几句勉励的话。无非是些时值国难，不靖之秋，凡有建议良谋，随时奏闻，随时留心为朝廷举荐人才之类的话。他还希望张之洞到任后，请阎敬铭出山任职，效力朝廷。张之洞当然是唯唯诺诺。

张之洞于数月后，整装出京，自少不了清流师友长亭饯行一幕。张之洞一路轻车简行，经保定、获鹿，过娘子关，入山西境。他一路体察民情，了解到人民的贫困，吏事的积弊和鸦片的泛滥。张之洞清楚前途艰险。

张之洞于二月十日到达山西省会太原，十二日与前巡抚卫荣光办理了交接手续，当日上任。

没过几天，张之洞就在致张佩纶的信中谈了他这几日的想法："一路风露，到后未及休息……山西省症结在于烟害。……山西百废待兴，只是风气已坏，总结出'懒散'二字，唯今之计，应该崇尚'简静'二字。目前形势所迫不能不以清明强毅来整肃风气，风气有变才能谈得上其他治晋方针。"他认为整顿官吏，当以身作则，并为自己订下规定，丑正三刻即起，寅初阅公牍，辰初见客。接掌山西后他先向朝廷交了谢恩的奏折，其中有言：身为疆吏，固犹是瞻恋九重之心；职限方隅，不敢忘经营八表之略。表达了他不负朝廷重托的决心。

张之洞深知吏治直接关系到清王朝的稳定。历代王朝的兴衰，已充分证明了这一点，拿鸦片战争到太平天国起义爆发为例："天下贪官，甚于寇盗，衙门污吏，何异虎狼"；"富贵者纵恶不究，贫穷者有冤莫伸"，压迫愈深，其爆发愈烈。百姓穷困，生活在困苦之中的结果便是爆发一场声势浩大的太平天国运动。张之洞深知此中滋味。

张之洞在经过详细缜密的调查之后，向朝廷递上了"特参害民不职各员折"，撤掉了一批不法官员。

后来，张之洞还奉旨查处了罪恶昭著的葆亨和冀宁道道员王定安，罢免了不尽职责的文、武官员九人。

曾任护理山西巡抚、山西布政使（藩司）的葆亨在藩司任时把持藩库，滥用国家钱财，曾一日放款六十万两，驻防晋省的总兵罗承勋、参将王同文等人从中贪污公款七万五千多两。王定安是当时权臣曾国藩、曾国荃兄弟一手扶植的亲信，曾代理晋省藩司，他曾一日放款三十多万两，多属因情私放。

张之洞不畏权势，秉公执法，最终将这一晋省第一大案查明，将此二人绳之以法。

另一方面，张之洞在"褒奖循良片"中褒奖了那些敢于废除苛捐杂税，爱民如子，官声卓著的官员。

对于那些不知振作，不免疵累者，则严檄教戒，许其自新，张之洞认为，晋省吏才不多，要奖惩结合，多加历练才行。

所以首先要做到奖惩分明，若要从根本上解决山西吏治的问题，就必须从根本上杜绝贪劣的渠道，做到防患于未然。张之洞的意见得到清政府的支持。朝廷下令裁各属解抚署公费银一万九千五百五十两、藩库津贴抚署银六千两，并禁革一切陋规，严令杜绝了向上司馈赠财物的风气。

张之洞在山西大刀阔斧地进行吏治改革，"事无大小都亲自处理过问，奏章公文大都亲自撰写"。以致三年后离任时，因过度劳累，身体虚弱，头发大已染霜，一路经不起颠簸，只能边走边服药。

张之洞还留心访求人才。请阎敬铭出山是临行时西太后的旨意，张之洞到任后就亲自写信给他，派知府马丕瑶去解州阎氏邸宅，劝阎敬铭出仕。

阎敬铭（1817—1892），字丹初，陕西朝邑人。为官以来素以刚正著称，尤以理财声名远扬。早年以举人身份参加选拔知县、教谕的"大挑"，被主挑官以相貌丑陋之故废置不用，后来努力读书，终于进士及第，成为翰林院庶吉士，散馆后做了户部主事，以精明干练闻名。

光绪初年，时任山东巡抚的阎敬铭与当时的山西巡抚曾国荃一起筹办赈灾事项，将私贪赈灾款的知州段鼎耀处决，木秀于林，风必摧之。阎敬铭在声名鹊起时，也得罪了不少人。他的家乡屡遭黄河水灾，便举家迁往山西解州落户，他们仇人乘机诬陷他借荒年地贱之机，购地置产。阎敬铭愤然挂冠归隐家乡。后清廷屡次征召他出来做官，他均以生病为由回绝。

阎敬铭被张之洞的信感动，遂与马丕瑶同往太原见张之洞。此前张之洞已全部了解了阎敬铭归隐的原委，遂将此事上奏朝廷，说明真相。并称赞阎敬铭在赈灾一事上，为朝廷尽心竭力，不辞辛劳。即使辞了官，每与人谈及时事艰难，晋民困苦，都声泪俱下，由此可见他一片为国为民的忠心还在。阎敬铭向张之洞就山西政务“应兴应革诸事”抒发了自己的意见，指出：“减轻徭役是治理好山西的关键。”正在此时，阎敬铭被任命为户部尚书。张之洞亲自传旨，并正式敦请其出山为朝廷效力，使阎敬铭终于“幡然就道”。在以后几年的理财生涯中，阎敬铭果然不负众望。有人评价道：“光绪初，只有阎敬铭可算得大臣，他身为朝廷重臣兼管财务的收支计划，在清王朝遭到太平天国与捻军的重创后，能够量入为出，尽量维持用度的平衡，不愧为理财高手。”但他刚正的个性造成了得罪醇亲王、西太后等人的后果。

留任不久又复职，阎敬铭遂辞官，五年后去世。醇亲王对他仍耿耿于怀，打算不给他谥号。圈出“文介”，后来感觉“文介”不算什么好的谥号，所以并没有去掉，但阎敬铭的耿直之名却流传百代。

在阎敬铭事件之后，张之洞又向朝廷呈递了一份“胪举贤才折”，所推荐的文武官员凡五十九人，绝大部分并非亲朋，这道折子的特点于一是荐人多，朝廷接到奏折后，举朝轰动，一份奏折保举近六十人，前所未有。二是“举贤不避亲”，只论才品、不论官次，在被荐者中，有张佩纶、吴大澂、陈宝琛等等，这些人都是张之洞的好友。

张之洞为清王朝的统治尽心尽力。若说张之洞在以前任学政时只是留心人才的培养的话，那么，当他出任封疆时，便是直接推举人才，正所谓“为国勤劳，荐才不倦”。

一八八二年乡试前，张之洞去了贡院实地考察，他见贡院房屋又破又小，便决定翻修贡院，要求对各考官、誊录等人的办公居住场所全部重修，并建两廊七十多间，备士子听点休息。工期两年，用银三万多两，张之洞不用科派，而用筹款、捐款的办法，保证了工程的资金顺利落实。

那年张之洞与山西学政丁可庄筹议，创办令德书院，次年，张之洞又与新任学政吕凤岐筹划该事。因书院一时未能完工，便先在桥头街找地方开办，聘请洪洞县人王轩为主讲，乡宁县人杨笃、闻喜县人杨深秀为襄校，在全省范围内选取学业优异的学生到书院，专心研究学问。

与此同时，张之洞在创办令德书院时，有了自己的一套想法。他在委任杨笃充任襄校兼监院的札文中说："襄校的职责与经师相近，以经术史学为本；监院责近人师，以宋理学为本，务必要做到谆谆善诱，尤须严立规矩，禁绝嗜好，不准丝毫沾染书院恶习……"之后张之洞在全省推广"兴学办法"十条："减社钱以广义学，筹经费以修书院，去棚费以汰积弊，免差徭以尊学校，重岁贡以劝来说，戒鸦片以作士气，严教官以端表率，裁陋规以恤寒素，清学田以复旧章，整武校以资练习。"

二、治理山西

在京时，清流党常被政敌们以"好为大言"为由抨击，张之洞针锋相对地指出"好大言"本是书生的本色，如果这个国家没有书生的言论还算什么国家，如果书生都缄口不言，那么"国将不国"。张之洞并非说说而已，他到山西后以"经世济民"为己任，大刀阔斧地改革弊政，着实为朝廷，为山西做了不少好事。

同治、光绪年间，山西屡遭天灾人祸，一八七七至一八七八年北方发生的"丁戌奇荒"，山西受灾尤重，赤地千里，百姓纷纷逃荒，甚至出现了交换子女充饥的现象。在这种民不聊生的情况下，官场的黑暗腐败却愈演愈烈，各级官吏贪赃枉法，吞赈肥私，山西经济遭到严重破坏。张之洞上任后山西百姓疮痍未复，以致"公私穷困，整个山西陷入财政危机"。张之洞一入山西就见到哀鸿遍野，名城太原一派阴惨败落气象，有如鬼国。这些景象丝毫未打击张之洞的治晋信心，反而鼓舞了他励精图治的决心。

经过数月的辛苦考查后，他将一道综合农业、财政、吏治、武备、教育等各个方面的“整饬治理”奏折上奏朝廷，提出治理晋省的全面计划，共有二十条款。

这道奏折使清廷认识到张之洞“实心为民，洁已率属，深堪嘉尚”，清廷命令六部分别议定施行办法。事实证明，张之洞在其中几件事上，做出了突出成绩。

山西，地瘠民贫，天灾不断，人民背井离乡，光绪初年，山西还存在大量荒地，全省共有各种荒地达一百多万亩。张之洞认为：“人口与土地开垦是国家根本。”因此，他在“整饬治理折”中把“责垦荒”列为治理山西的首要之务。后来他在“未垦荒地请宽限起征折”中提出，为使百姓恢复生产应招集流亡、鼓励百姓开垦荒地，并酌情向垦荒的农民提供买耕牛与种子的资金。对新垦荒地采取暂时免税的政策，无论有主无主荒地，均从开垦之日计算，三年后开始征税。此举安定了民心，激发了人民的生产积极性。

“鱼鳞图册”是封建政府征派赋役的依据，明清两代得以普遍推广，只有山西没有“鱼鳞图册”，致使耕地人口管理混乱，赋税征收困难。贪官污吏则乘机从中渔利，百姓疲于奔命，备受剥削之苦，以致“弱者家破人亡，强者逃往他乡”。张之洞认为，“只有重新清理丈量全省土地才能从根本上杜绝腐败”。他指派马丕瑶、高崇基等人，负责清丈全省土地，编制鱼鳞册。并强调，地方配合清丈，最后清丈出籍外耕地二十万亩。在一定程度上解放了一部分生产力。

各种苛捐杂派是造成山西农民困苦的另一重大原因，所谓摊捐，就是全省各衙署所用计划外支出，向百姓摊派收缴的一种经济剥削手段。这种支出又分派给各州县，地方上无非是拆东墙补西墙，到最后痛苦无疑全都落在百姓身上。山西常年摊捐十七款，还有偶然的摊捐，多有几十种，如铁运价脚捐、潞绸盘费捐、纸张运捐、京饷津贴差捐、科考棚场捐等。因时间长了许多捐科已被废除，而捐银官吏勒令，全百姓照交如故，如山西潞绸、纸张的生产早已停止，而运费捐、差捐照旧分摊，官与民均不堪重负。再如晋铁，贡额几十万斤，那时的晋铁冶炼都是手工作坊式的生产，而且路途遥远，运输全靠牲畜，运费高昂。朝廷的赞助始终不增，以致晋铁亏损，而亏损的那部分便层层摊派到百姓身上。

为解决这一问题，张之洞在清源局内特设“裁摊科”，亲自与局员查考资料，核定款项，制订章程，将各项额外摊捐全部裁撤，凡应有的摊捐则从赋税中抽取，各类贡品只征收折算后的银两，并贴出布告。此举使数十年的摊捐积弊一朝得清，使州县财力得以恢复，而后使百姓免受摊捐之苦，使国库无空虚之忧。

苛捐杂税的消除，使地方政府财政宽裕，百姓生产得以恢复。在当时的社会来讲可算是难能可贵。

差徭就是差役，是封建社会对劳动力无偿使用的一种常见方式。明清时期，差役成了雇役。当时山西差役有一个特点，“目的并不是使用劳动力，而是聚敛钱财”。各州县都有专派徭役的差局，山西积弊甚深，各种名目繁多的差役数不胜数，百姓早已怨声载道。差局员丁在各道路私设阻碍，凡有所过者，无不以差役之名勒索财物，以致山西境内商旅断绝，这给晋省农工商各业的发展，带来了不少的影响，张之洞分派锡良、马丕瑶、姚官澄等去往各州县查处此事，又下令将差局改为清徭局，严定规章制度，严禁滥收滥支。令各地方据实票报实情并将改革措施一起拟报，还提出“每月月底由局将本月所用支出条项明细账目，开列成单张贴局门，以示公开”。他在“裁减差徭片”中阐述了减差徭的目的：“总之不取民间一钱，不扰过客一车。”

经过他的努力，山西民间“民力得以恢复、官场的弊端渐渐剔除”。

“储仓谷”对于屡遭灾年的山西百姓来说非常重要。张之洞吸收了晋省“丁戊大祲，赤地千里，流亡过半”的教训，下令各地广办义仓，趁丰年积存粮食，以备荒年歉收之用。张之洞认为此举是山西灾后首要之务，并订立《劝办社仓章程》十一条，主要内容是：“捐谷等差，捐谷奖励，储谷处所，管仓择人，谷类不拘，逐年粜换，并村储谷，提谷建仓，借还从宽，耗费岁修，官吏不扰。”清查藩库时，查出一批二十二万两的历年赈灾银款，张之洞认为“这笔款项还应用在山西百姓身上”。便利用这笔钱，在包头镇建仓积谷，还在碛口建立石仓多座。除此以外，他还要充实公仓。一八八三年，山西全省各县补买玉米八十五万石，另外还计划再购十一万石。

农田水利向来关系重大。在这一方面，张之洞在任内主要有两大贡献：一是筹筑汾河堤，一是疏濬文峪河。一八八二年，平阳府西门外汾水泛滥，知府周天麟向张之洞提出了筑堤固河的建议。张之洞表示同意，并详细策划，要求“加宽加固堤坝，要不惜工本保证质量”。文峪河疏浚工程开始于一八八三年秋冬，工程起自文水县张家庄，一直到汾阳西河堡，开通引河一道，连通上河头一带，这样一来瓷窑河支流瓦窑河、白石河均由西南斜入文峪河，改善了这一带水道壅塞、时常泛滥的状况。

一八八二年初，张之洞赴山西上任之时，途经崎岖难行的山西驿路，于是改善交通成了张之洞心目中的头等大事。太行山脉、五台山脉、吕梁山脉，纵横罗列于山西境内，交通极不发达。张之洞上任后详加勘察，决定开通南向、东向两条驿路。

晋南驿路较为方便，但韩侯岭一段山岭崎岖，由于天气等方面原因，常会堵塞。一八八三年七月，张之洞开始勘修韩侯岭驿路，从灵石县坡底镇到霍林北关，共九十里，至一八八四年五月圆满完工。

从山西榆次到直隶获鹿的驿路是直隶通往山西的交通要道，因为很久没有修过，以致道路崎岖难行。“四天门”等路段更为重要，由于年久失修，路上险阻比比皆是。前任巡抚卫荣光曾有意筹建，张之洞到任后，屡次派遣驻晋部队分段整修。西起榆次县什贴镇，东到获鹿县土门口，共计三百八十多里，“开山筑路，开渠筑堤，驿路两侧遍植杨柳桑麻，可容数辆车并排而行”，一八八三年月完成工程。晋省交通问题得以解决。

另外，潞安、泽州二府位处晋东南，山峦叠嶂，难以通行，原来赖以通行的孔道也因年久失修，以致塞阻不通。丁戌大旱时，潞、泽二府受灾不是很严重，略有余粮，但因路径不通难以转运出境。当时负责山西赈务的阎敬铭派人寻找别的出路，朝廷批准可以用赈灾所剩款项修筑道路，但未及竣工阎敬铭便辞官了。张之洞入主山西后，拨款继续这项工程，终于打通路径。

从道光二十九年（1849）至张之洞出任山西巡抚为止，前后三十年从未清查过藩库，“数十年间各项收入支出，盈余亏损叠叠相加，致使贪官污吏无不染指，以至山西的财政状况极为混乱，仅账面亏损累达数百万两。”

张之洞知道后，于一八八二年春夏间清算库银。出乎张之洞意料的是，山西的库银混乱已非只一日而成，其中弊端众多，所以不得已设立清源局，彻底清查库银。

一八八二年秋冬，张之洞亲自负责，以布政使、转运使分别牵头，抽调马丕瑶、永平知府李秉衡、冀宁道俞廉三等干员组成清源局，刻给关防，从军需、善后、交代、摊捐等项入手，分门别类，各司其职，总结出详细的章程。他要求在五个月内将库银彻底查清。

在清源局的工作中，张之洞总是亲自督阵，手订章程。张之洞要求分六阶段查清："初限新案"凡光绪九年正月初一前后交接的官员，在二十日内清算完，不得亏空、拖欠；"三年旧案"，凡光绪六年至八年十二月底交接的官员，限一月内算出亏损。据此以推，把过往的旧账一一清查核实。

工作一步步地深入，范围也不断扩大，张之洞又把饬善后局、筹防局、交代局、营制所等部门加入了清源局内，下分会计、拨款、筹防、报销、善后、交代、裁摊、工程等八科，又制定并刊布出二十一条的《山西清查章程》，将查库内容与整顿吏治以及发展经济结合起来。其中主要有并局分科、分查底款、垫款正销、厘正借动、删除浮滥、禁止借拨、勒清拨款、速结交代、清盘仓谷、奏销复旧、改题为奏、裁革摊捐、设局办运、截追旧欠、早催解款、除免官累、借款限制、改归简易、会计月报、档案编目、刊布事例等。

该章程简单明了，详尽准确，方便实施，真正做到了正本清源，有令人满意的效果。后来此章程被江苏、江西、福建、河南等省督抚借鉴。

从一八八二年至一八八三年，张之洞的清查库款工作大功告成，使得藩库得到了较全面的清理整顿，"山西三十多年的财政混乱得以解决，与之有牵连的数百件案件也得以审理"，山西财政开始进入了稳定发展的状态。

一八八三年七月，在清查库款工作接近尾声时，张之洞下令清源局续修《晋政辑要》一书，用以明确各司的职责，该书成为以后继任巡抚治理晋省的必读资料。

三、禁烟运动

中国的半殖民地半封建社会，归根结底是自鸦片战争开始的。那时林则徐意识到越洋而来的鸦片才是导致中国穷困的根本原因。鸦片进口，国银出口，这更是导致财政困难的直接原因。愤怒的林则徐目睹此情此景，心如刀绞，遂决心禁烟抗争，但虎门的烟云为他换来的却是革职、遣戍。

《天津条约》及其附件《中英通商章程善后条约》在第二次鸦片战争的枪炮声中签订，其中改鸦片为“洋药”，并规定“准予洋药进口，每百斤征税三十两”，鸦片贸易从此合法化，后来有人提出自己生产、销售鸦片以抵制“洋药”。一时间在西南、西北各地广泛推广，烟毒弥漫于全国。

山西受害更甚，省城周围农村有十分之六的人吸食鸦片，而省城这个比例达到十分之九，官吏士兵几乎无人不抽。罂粟的普遍，致使农田生产的萎缩，从而进一步加剧了晋省经济的危机。“丁戌奇荒”造成口粮不足和人口锐减，与罂粟大量种植有着必然的关系，所以张之洞一针见血地指出鸦片才是山西的大患。

张之洞的时代是帝国主义加紧侵略中国，清王朝日薄西山的年代，加上他对贵州、四川等地的烟毒状况的熟悉，故对鸦片非常憎恶。当他在四川学政任上时，那儿的烟毒已泛滥至极，有人指出：自一八四二年鸦片战争开始，国内吸食鸦片者与日俱增，一向被称为无异于饮鸩止渴的鸦片，在朝夕寝食间为子弟朋友所熟睹，以至不以为恶习。有思想的国人都知道鸦片流毒无穷，无不企盼一朝剔除。张之洞谆谆告诫书生士人一定不要沾染鸦片：“世间害人之物，无烈于此。这种事情过去从来没有，不能依常理对待。鸦片损害身体，消耗钱财，消磨意志，种种恶行，不一而足。”

他在“陈明禁种罂粟情形折”中阐释了烟毒之害：损耗了百姓的元气，各省都有发生，唯山西为甚。想要使中国富强起来，一定要以清除鸦片为开端。

张之洞在一八八二年六月上奏的“整饬治理折”中就提及了“禁种罂粟”的看法。一八八二年十一月，张之洞正式制定了消灭鸦片的《禁种罂粟章程》，告知全省官民一起严格遵守。于是山西便有了一场声势浩大的禁烟运动。

次年春，张之洞的禁烟计划被批准，便开始大力实施。张之洞下令，“官分头赴各地，仔细查处鸦片产地，全部予以清除，各种植鸦片者听到命令应自行铲除”。当然，刚开始时行动并不顺利。如交城知县开始时一点也不积极，受到张之洞的批评后才开始加大力度，积极办理，这才受到表彰，奖以花红、匾额。但练总刘兰、郝永奎对禁烟一事百般推诿搪塞，以致三千亩罂粟漏查。张之洞将他们严加处置，另派委员彻查。为了保证禁烟后，烟农不致断绝收入，张之洞鼓励他们种桑棉麻兰、菜蔬、花生等作物。

至于“沉溺于洋烟较深”的瘾君子，张之洞借鉴李鸿章在天津所设之戒烟局的模式，在晋省也设立了一个戒烟局，派都司杨佑青负责，为他们请医买药。他还下令烟民在三个月内戒掉毒瘾。而那些官吏、兵勇、生员中的吸毒者，张之洞特别对待，从警告到汰黜，希望可以“移风易俗”，从此在山西铲除烟害。

张之洞在山西之所以禁烟是想保持社会安定，希望能维护清朝统治秩序，复兴晋省经济，维护百姓身心健康。从一八八二年至一八八三年大规模禁种罂粟、禁食鸦片的成效表现出张之洞的做法是很成功的。但是冰冻三尺非一日之寒，数十年的积弊在旧中国的大地上盘根错节，难以一举清除，不可能是张之洞一个地方官短时期内所能解决的。不幸的是，张之洞离开山西不久，种植罂粟之风又刮起来了，山西重新成了全国产烟大省。

这就是为何张之洞在《劝学篇》中叹息道：

> 悲哉洋烟之为害，乃今日之洪水猛兽也。然而殆有甚焉。洪水之害不过九载，猛兽之害不出殷都，洋烟之害流毒百余年，蔓延二十二省，受其害者数十万人，以后浸淫尚未有艾，废人才、弱兵气、耗财力，遂成为今日之中国矣。

四、涉足洋务

随着太平天国的硝烟散尽，洋务运动在曾国藩、李鸿章等人手中悄然萌发，其内容有以“自强”为口号的“练兵制器”活动和“富国”旗帜下的经济活动。在一八九四年之前这一活动经历了三个阶段：第一阶段是一八六二年到一八七四年，主要是“自强”，或称“强兵”，即广泛谋求“船坚炮利”，不断向西方购进先进船炮并引进先进知识技术。此外，还设立“同文馆”用来培养懂外语的人。第二阶段是一八七五年到一八八四年，主要是派遣留学生赴西方国家留学，开始用西方列强的先进训练方法训练海陆军，并开设造船厂、机械局、建造铁路、发展交通及电报事业等。第三阶段从一八八五年到一八九四年，以富国为目标，设立纺织厂、造纸厂、冶铁局及开发矿山等，主要侧重于国民生产的基础建设。

在到任山西巡抚之前，张之洞是清流党的一员。其实前期的清流党，还属于顽固派，他们贬低洋务思想，但他们非常爱国，反对崇洋媚外。张之洞在兴办洋务企业时也不免存在自身的局限性。他先是出任川鄂等省学官，以宣扬名教作为自己的任务，后来做京官，入党清流时，把主要精力放在如何纵横捭阖、矫正时弊上。当时他并未接触到西方世界的先进科技文明。

但是，在那样一个时代，张之洞多多少少对“洋务”有一些了解，尤其体现在他对“崇约”一事的态度上。就海防与塞防之争，他凭机敏与胆识仗义执言，并且意识到只有办洋务才能振兴中国。入主山西后，张之洞成了封疆大吏。吏治、民生、人才、教育百废待举，千头万绪。张之洞深感，再不变法图强，国将不国，遂开启“经世致用”之门引进洋务观念，投身于“洋务”。

张之洞刚刚开办洋务，便首先设立“教案局”。第二次鸦片战争后，西方传教士凭借各种不平等条约所赋予的特权，横行内地，买地、建教堂、庇教民，导致教会与百姓的冲突日盛，所引发的教案不断。山西位置偏僻，却还是逃不了传教士的魔爪。如李鸿章就曾提到：“到处买田地置产业，并不先通知当地官府，强卖强买比比皆是，居心何良？最近山西、蒙古的一些地区这种现象非常多。”

“丁戌奇荒”发生后，许多传教士利用“赈灾”的名义拥入山西，导致大量教案的发生，有的传教士甚至胁迫官府。一八八二年，张之洞考虑到民教冲突日益增加，便在省城设立教案局，派冀宁道道员专门负责这些事。嗣后，“此后凡有到官府滋事的教士便令其离去或到教案局申诉。至此教士的嚣张气焰才稍稍收敛”。李提摩太便是在此时与张之洞有了接触。

李提摩太，英国传教士，一八七〇年被派遣来华，传教足迹遍布山东、山西、东北，与清朝中央和地方的军政要员多有接触。他通过与洋务派督抚丁宝桢、左宗棠、李鸿章、曾国荃等人对中国进行“西化”影响，以推行自己的“西化”方案。其实他与洋务派督抚的思想言行并不相异。或者可以说，洋务派督抚的诸多洋务观点形成于李提摩太等人的影响之下，所以后来李提摩太提出“以中国之声名文物为原本，辅以诸国富强之术”的西化理论受到洋务派官僚的热切赞赏。

一八七七年，李提摩太进入山西“赈灾”，便结识了当时的山西巡抚曾国荃，他提出了“以工代赈”的建议并得以采纳。他又拟定了发展实业、开矿办学等方案。曾国荃在本质上并不属于洋务派，他并没有付诸实施。加上山西民风闭塞，李提摩太的计划对山西并没有产生什么重大的影响。张之洞接任后，接触到了李提摩太的计划。张之洞极为重视此人，亲自会见李提摩太，详细询问各种洋务知识，并聘其为“洋务”顾问。这时他才对“洋务”有了更进一步的了解。

一八八三年五月，张之洞设立洋务局。因为山西没有什么洋务人才，根本谈不上“洋务”。张之洞便起草了一份“延访洋务人才启”，其中说：“自强才是强国的根本，自强必须有洋务人才。如今多事之秋当以办洋务为第一要务。”他要求属员将这份启事广为传抄分发各省，希望向经济发展较好的地方“延访”各类专门人才，明显体现出张之洞办理洋务的热情。他还鼓励各局自行求访通晓洋务的人才。举凡天文、算学、水法、地舆、格物、制器、公法、条约、语言、文字、兵械、船炮、矿学、电气诸项学问技术，只要与洋务有关，便一概聘请。许多人才，或通达洋务，或精通一门，无不闻风而来，并都得到了妥当的安排。

在兴办洋务之初，张之洞打算从小事情做起。在设立洋务局的同时，他还设立桑棉局，从苏州等地招募技工，教授技术。又设铁绢局，来办理绸、绢、纸三项贡品。这三件货物是山西历年向朝廷进贡的方物，官员百姓为之疲于奔命。张之洞曾在前一年奏请解折，经户部、工部、内务府复议后认为应维持原贡物。张之洞设立铁绢局后，全部由该局负责办理，不再向百姓摊派。

“晋铁”历史悠久，平定、盂县一带是产铁之区，晋铁运销奉天、上海等省区。十九世纪七十年代，山西的土铁冶炼业被洋铁击垮。而且“贡铁不准海运，陆运成本过高，以至市场日渐萎缩，销路不畅”。一八八四年十二月，张之洞与李鸿章联衔会奏：请求废除铁不准海运的规定，改由天津入海，减少成本，仍在铁矿产地熔铸，招商办理运务。此前，他的好友，时署任都察院左副都御史的张佩纶公干时经过山西，张之洞与他谈及“铁”的问题，认为：“进口铁不是长久之计，应该在山西铸炼成坯，以供洋务局使用。”很明显张之洞是为了扶助山西冶铁业，来抵制洋铁的冲击。张佩纶回京后，向总理衙门阐述了张之洞的想法，总理衙门商议之后，打算在山西设局炼铁，交由张之洞去办。张之洞得知后，大为振奋，回信称：“这是我多年来的夙愿，自然全力执行！”一八八四年春，张之洞开始商议开采铁矿一事。

张之洞在山西任职时间不长，但他很明白，当今世界竞争日趋激烈，唯有洋务强国是首要之务，所以他要多角度地去推行洋务。在兴办实业方面，他延访人才，试造新式机器，派人去上海购买外洋新式织机、农器。这些行为都为他以后大举兴办各类实业、大量兴办学校积累了大量的经验。这件事使张之洞有了致力于钢铁工业的志向，山西的铁政虽因他的离任而终止，但却激发了他投身于钢铁事业的决心。后来在他担任湖广总督时终于办成了汉阳铁厂。

编练新军标志着张之洞成为一个彻头彻尾的洋务运动健将。张之洞以前是名文官，他从那些以武备起家的曾、左、李身上，深深地意识到，只有有一支强有力的军队，才能巩固大清帝国的统治。他上任后，通过一系列仔细地观察，认识到绿营等旧式军队已是朽木难雕，必须重新建立新的军队。

一八八三年初，张之洞奏疏请从直隶、山东等省招几百名马队来山西训练，作为保护地方治安之用。不久接到兵部议复：山西招募马勇，以无事之区，转筹添募，恐滋繁费，应毋庸议。张之洞再次上奏：晋省绿营疲敝，为各直省最，今日北徼商路日开，西陲藩篱未固，海防边防皆不可缓。整顿边兵，惟北人宜。臣意欲办山西练军，以备他日推广，不独为巡缉计，亦不独为一省计。果使此军练成劲旅，不惟可以挑补晋省练军，沿边万余里，随处皆可用之。其具体做法是从防勇中挑选精锐者编入新军，一切依照直隶的做法操作训练新军。这一次，终于有了肯定的回答，张之洞立即请直隶总督李鸿章、广东水师提督吴长庆，还有总兵李先义和副将吴元恺等帮忙训练。

在离任之前，张之洞又建议将驻山西部队进行改革，决心要为山西练出一支新式军队，这件事启发了张之洞的军事思想，加上中法战争、中日甲午战争给他的教训，使他相继组成了广胜军、东南自强军和湖北新军。

五、心系南疆

一八八三年十月，张之洞在“筹议七厅改制事宜折”中，要求改原设理事同知为抚民同知，其中十二条主要是：分别缺项，定章补署，再议管辖，浚筑城垣，编立户籍，清理田赋，建设学校，变通驿路，筹补遗粮，添设公费，募练捕兵，议停巡牧。

折中所谓的七厅是山西北部的归化、萨拉齐、和林格尔、托克托、清水河、丰镇、宁远。这一地区西连秦陇、北控蒙古、东窥京畿，有险要的地理位置，七厅各有各的理事同知，绥远城设将军，归化城设副都统，“负责当地的蒙古族与汉族事务”，这些职务的担任者都是满蒙王公贵族。这个地方蒙汉杂居，农牧并存，各王公贵族都划了势力范围，管理极为混乱，社会经济毫无秩序。当地住户至今没有户籍，只称寄民。当地也没有设立官学，士人农民均无进取之心，以致当地强盗横行、奸商遍地，地主盘剥已成为当地重要的不稳定因素。

张之洞觉得目前的行政设置已不能适应七厅地区的发展，规范七厅地区的行政职能刻不容缓。他向朝廷建议各厅的行政长官的选拔应无论满汉，使有才者担任。清政府同意就此事令有关部门研究。张之洞的意见自然遭到满蒙守旧贵族的强烈反对，绥远将军丰绅与归化副都统奎英向张之洞提议，说改制会对八旗牧民的游牧产生影响，所以请求维持七厅地区的原状。在张之洞仔细的调查下，丰绅等人的谎言不攻自破，于是他便向朝廷递上一道“口外编籍无碍游牧折”，将丰绅等人阻挠七厅改制，狂征暴敛，害民不法的种种劣迹上奏朝廷。一向为清廷看作根本的满蒙贵族怎么会因为七厅改制而遭到朝廷斥责呢？因此，尽管他们知道张之洞丹心一片，但仍采取姑息的态度。奎英等人则张狂地反对改制。张之洞不畏他们的势力，于一八八四年四月递上“密陈奎英阻挠边事片”，清廷对此左右为难，只能一拖再拖。

晋北七厅改制是以巩固边防、开发边疆为目的的，但由于满蒙王公贵族的阻挠和清廷的姑息，没有取得成功。

张之洞在七厅改制期间，正值法国加紧侵略越南，进窥中国之际，他关注着事态的变化，提议清政府奋起抗法。

清代时越南是中国政府的朝贡国。很早法国传教士就到了越南传教。当时，法国东印度公司想要染指越南经济活动，越南没有同意。直到十八世纪末，越南的统治者是靠法国的支持才建立统治的，法国才全面渗入越南。发生于一八五九年的越南排法运动，使拿破仑出兵越南，换取了四百万美元、贸易权、传教权和控制越南对外关系权，此外还有叫交趾支那的越南南部三个省。

一八七四年，法国又得到了保护越南的特权。但作为越南宗主国的中国，却对这一切听之任之，仅仅否决了一八七四年的法越条约。

但是，法国得陇望蜀，贪心不足。到一八八〇年，竟然在河内和海防港驻扎了军队，并沿江河驻扎了众多军队，越南政府忍无可忍，便一再向中国政府请求援助。一八八二年，驻扎在中越边境的由刘永福领导的非正规军——黑旗军已开始反抗法军的斗争。中法大战一触即发。

身在山西的张之洞，丝毫没有放松对中国东南形势的关注。早在中俄的伊犁问题上，崇厚不顾国家利益签约，张之洞便奏请朝廷拒绝承认该条约，请斩崇厚，毁俄约，坚决反对沙俄侵犯我国。此时，“法国在越南的不断壮大以致威胁我国云南广东一带”，张之洞目睹时势严峻，焦急万分，建议立刻派部队赴越南，向法国表示必战决心，只有这样才有机会调停两国关系。他在“越南日蹙宜筹兵遣使先发预防折”中表了态，认为法国野心绝不止越南，而在于中国南部疆土，在中国看来，与其坐视邻人失火，不如拒敌于国门之外，具体的策略有十六条：成算、发兵、正名、审势、量力、取道、择使、选将、筹饷、议约、相机、刻期、广益、定局、兼筹、持久。同时他在“请遣重臣驻粤筹办越事片”中，希望朝廷任命李鸿章为两广总督，负责对法一切交涉事宜，但李鸿章还是一味奉迎列强意图，没有同意，此事告罢。

一八八三年五月，黑旗军在河内西部纸桥一战中击毙法军统师李威利。八月法军进犯顺化，与越南签订《顺化条约》，越南被迫承认法国对其的保护权。法国得陇望蜀的狼子野心昭然若揭，但清政府仍徘徊观望。此时，在北京的清流党人掀起舆论狂潮，力主与法国对抗到底。

张之洞了解到其中的利害后，于一八八三年十一月三十日连上三折，慷慨激昂地表明了自己的看法。第一折为《法衅已成，敬陈战守事宜折》，有关战守内容十七条，主要是：派兵进驻越南，助刘永福与法军决战；正式委任刘永福官职，提供战略物资给他；在天津、烟台、旅顺、广州等地做好准备，加强防守；选派李鸿章、吴长庆、左宗棠、丁宝桢、鲍超等重臣负责要职，抓紧置办武器，与法军抗战到底等。

第二折为《法患未已，不可罢兵折》，激烈反对休战和谈，希望凭借抗战的局势，坚持不懈以求彻底击败法军。

第三折是《越事关系大局，请断自宸衷片》，他直截了当地讲述了当今的局势。恭亲王主张和局，皇太后态度也一样，致使满朝重臣徘徊观望，造成不战不守的不利局面。“法军步步逼迫，而我朝廷却只知道一味求和，后果堪忧，请皇太后明辨是非，决计战守。朝廷与百姓万众一心，全国团结一致，定能维护我国主权，保护我国尊严”。

由于法国贪得无厌，不久又引发战争。一八八三年十二月中旬，法国远征军总司令孤拔率六千法军攻打越南山西的清军驻军，清军和黑旗军在顽强抵抗后作战略转移，中法战争爆发。直到一八八四年三月，清军在越南战场上，连连失败，法国军舰为了与越南战场相呼应，不断侵扰我国东南沿海。这种形势下，奕䜣为首的军机处消极抗战。一八八四年四月盛昱上《疆事败坏请将军机大臣交部严议折》。他旨在提醒奕䜣，西太后乘机将主和派踢出决策层，任命礼亲王掌管军机处，任命庆郡王奕劻掌管总理衙门。“主战”的奕譞集团取代了“主和”的奕䜣集团。此时，清政府于一八八四年四月二十五日发布上谕，命张之洞回京，山西巡抚一职暂时由奎斌代替。

五月二日，张之洞正式调离，启程赴京。晋北七厅改制之事就暂时搁下了。

第五章　南疆武略

一、统筹全局

光绪十年四月二十三日（1884 年 5 月 17 日），张之洞抱病谒见西太后，并对自己的看法建议做出了阐释。五月二十二日，张之洞接到了署理两广总督的任命。张之洞以身体欠佳为由推辞，西太后不答应。张之洞遂于六月十一日出都，从天津坐船，途经上海，稍休息，于七月八日到达广州，七月十二日接任。一个月后清廷正式委任张之洞为两广总督。

这一时期，中法关系十分微妙。一八八四年五月十一日，李鸿章与法国海军“窝尔达”号舰长福禄诺签订《中法会议简明条约》，也称《李福协定》，计有五款。主要内容是：中国接受法国与越南订立的条约；法国不要求赔款；中国同意在中越边境开埠通商；中国军队退回边界。

《李福协定》一签订便遭到清流党人的批判。六月十八日，左宗棠入主军机处，摆出一副积极作战的姿态。法军急于接管越北清军阵地，六月二十三日，由于法军的挑衅制造了观音桥事件，中法再次交恶。

那时的清政府内部，有两大阵营。一是清流派主张抗战到底、积极有为，张之洞便是其中之一；另一方是守旧派，主张委曲求全，力主议和，代表人物是李鸿章。双方在十九世纪八十年代的中法战争中粉墨登场。

十九世纪八十年代，中国的两大藩属国朝鲜和越南一困于日本、一困于法国。清流派李鸿藻提出“东讨日本，西击法兰西”的主张，实在毫无意义。李鸿章看来，最主要的是保朝鲜，越南问题最好和平解决。而张之洞身为两广总督，主张坚决反抗法国，保护越南。清廷采纳了张之洞的建议，派兵驻扎在中越边境，若说此前张之洞只是空谈，那么这次他出任两广总督可谓身处局内了。

张之洞到任伊始便以整顿防务为第一要务。他从海防到陆防一一巡视，发现大战迫在眉睫而广东防务却是一团糟。这种“兵备不足”的状况没有使张之洞灰心，反而更增强了他的信心。

广东位于南国海疆，从越南开出的法舰对广州威胁很大。在掌握广东过去的防备状况后，张之洞便立即进入状态，积极筹办战备事宜，与有关官员、将领一起考察地形，按照军需标准兴办民团。他和钦差大臣、兵部尚书彭玉麟、上任两广总督张树声、广东巡抚倪文蔚，以及广州将军长善等进行了商讨，最后将广东防务分为四部分：省防、琼防、廉防、潮防。视省防为广东防务重点。他决心竭尽所能布置广东防务。

一、省防，省城广州为两广省城，有六个水路门户，均距省城百里而且兵舰均可通行。两岸原有炮台，炮位很单薄，不足作战所需，故张之洞认为整顿省防困难最多，当务之急是全力做好省城的防御工作。经与彭玉麟等商讨之后，划省防为前、中、西南三路，负责人分别是彭玉麟、张树声、张之洞。

虎门离省城一百二十里，是相当重要的一重门户，总计有炮台六座，张之洞将这里分前后两路设防：一是虎门海口之外，含有沙角、小角、蒲州三处炮台，防守由湘军提督娄永庆、王永章负责，因此处首当其冲，至关重要，张之洞下令招收勇丁一千名，借以增加力量；二是虎门海口之内，东山麓建有威远炮台，海心建有上、下横档两处炮台，水师提督方耀负责率部驻守。威远炮台地势险要，虽有驻军还嫌兵力单薄。张之洞要求再募勇丁二千名。

中路黄埔离省城六十里，为第二重要的门户。黄埔的末端叫长洲，黄埔南岸是沙路，北岸为鱼珠。长洲新建了炮台，交由淮军提督吴宏洛驻守。沙路与长洲相对，由总兵王孝棋率勤军四营一哨驻守，并命提督蔡金章率领广济军三营驻于沙路以南，协助勤军，之后又由副将黄德耀添募勇丁五百名，并与当地民团等武装组织互为联络，配合官军防守。在王孝祺统勤军八营一哨出关援战后，张之洞即令蔡金章等招集士兵，布置防范。鱼珠与长洲、沙路紧紧相连，之前驻有邓安邦所部勇丁一千名，张之洞又招了一千名，驻于附近的波罗庙地方，用来接应。又在长洲之南北两河，凿沉船只，打木桩以阻塞河道，使大型兵舰不能通行。鱼珠以内设有炮台，由游击黄增胜负责防守。其他如布设鱼雷、船只调度等事项，无不周密安排布置妥善。

虎门以西是五个海口，包括横门、磨刀门、崖门、蕉门、虎跳门。口内港汊相通，都直通广州，而省城西南十里的南石头，是五口通往省城的咽喉要路。张之洞命湘军提督陶定升在这里设防。省城西南四十里的五斗口、陈头地方，也是内河要隘，张之洞派顺德副将利辉雇募拖船二十只，招集水兵一千名，以及陆军一营，在岸边筑土台，防止敌人绕道进攻省城。

以上是水路防守的具体方案，陆路则由提督郑绍忠率东七营、安典率炮队负责省城东路，省城西路则交给了郑绍忠部西二营，还有副都统尚昌懋、钟泰所部旗兵四营协助。张之洞又任命李文田督办团练，帮助官军。张之洞命记名总兵李先义招练广胜军二千五百名，以作后补备用。

二、琼防，中法战争开始后，经常有法国想吞并海南岛的消息传来。张之洞在视察后，想到海南岛孤悬海中，交通不便，一旦遭攻击，只有一味防守，外援没有办法。他只好命琼州镇总兵吴全美、署雷琼道王之春全力防守，并为他们派去更多部队和武器，以及更多粮饷。至一八八四年八月，琼州兵力已增加到十四营。不久，张之洞又要求招兵一千名，命令他们勤加训练，分守各要地。

因为海南岛距广州两千余里，难以及时传报消息，张之洞便乘法国专注台湾之机，设置了廉州府至海南岛的海底电报线。一八八五年四月十四日，设置完工，使海南岛与省城之间的联系更为密切。

三、廉防，廉州紧连越南，无论水陆都是兵家必争之地。北海离越南很近，法国舰船从海防出发半天就能到达，法军时刻注视廉、钦二州，伺机登陆，以断滇桂各军后路。张之洞很清楚这两地防范的重要性。命高州镇总兵张得禄与奏办团练总兵李启高全权处理，因张、李所部势单力薄，张之洞要求募勇丁一千名。他又命令参将莫善喜也招兵五百名，要求奏办团练前广西提督冯子材一起负责钦州海防。他还在廉、钦之间架设电线，以方便战时和省城之间的军报往来。

四、潮防，潮州地近闽台，时刻处于最前线。汕头尤为关键，最近才建了崎碌炮台，但也是形同虚设。张之洞责令相关镇、道团结一致，就地准备防守。福建马江之战发生，张之洞令汕头方恭率兵五营奔赴救援。汕头无人掌管了，张之洞又饬令署潮州城守营都司方鳌招兵五百名，保卫汕头。汕头揭阳一带水深河广，青屿炮台曾被敌人摧毁，张之洞下令在青屿以东之钱冈作水栅拦截，又增建起不少炮台。

不可否认，在中法战争中，张之洞在广东的积极备战是卓有成效的。这期间，法国方面从不曾放弃侵略广东的野心，如一八八四年九月初，张之洞接到电报："总理衙门获悉，法国将由澳门假道进攻广州。"十二月三十一日，"有两艘铁甲兵舰到廉州的北海，又到钦州海面之乌雷，皆瞭望探水，捕捉民船"，一八八五年三月十六日，"北海已到法船二只，升红旗，红旗系开仗之意，情形紧急"，广东出现危机很多次，但由于张之洞的有效措施，法军始终未能得逞。

由此可以看出，当时两广的形势不容乐观，军事力量相对集中在广东一带。清廷内部的矛盾，如满汉矛盾、湘淮矛盾、主客矛盾，日益突显于广东，出身翰林的张之洞自知不能与曾、胡、李等久经战阵的"中兴"名将相比，如何协调各驻粤部队，就成了张之洞筹备防务要办的头等大事。

张之洞与他们和衷共济，妥善地处理了各派系的关系，从而使广东防务得以巩固，为抗法斗争的胜利奠定了基础。

张之洞不仅与彭、张"和衷共济"，还任用冯子材、刘永福、刘铭传等人，"为国为民，不分省内省外"，使中法战争形势转向良好的方向。

二、纤筹决策

1. 台湾吃紧

一八八四年法国借"观音桥事件"，以中国有违《李福协定》为由，要求中国撤军，并赔款二亿五千万法郎，还要为《李福协定》的实施做出担保。七月十二日，法国向中国政府发出最后通牒，威胁中国如不满足法方要求，法国将出兵中国。七、八月间，法国远东舰队司令孤拔欲侵犯我福州和台湾基隆，妄想占领这两个口岸并进行就地"征税"。不久法军开始侵略基隆，法国侵华海军副司令利士比率舰赴福州马江，与孤拔会合。

清政府对法国的这种挑衅行为无能为力，只做了两个决定，一是决定按《李福协定》，将保胜、凉山等地所驻扎的清军全部撤回，诏命曾国荃为全权大臣，陈宝琛为会办，在上海与法国公使巴德诺谈判；二是附和朝内的清流派，将主张与法开战的清流健将张佩纶、吴大澂分别派往福建、南洋、北洋“会办军务”。

此时，法国舰队接到内阁总理茹费理命令：“毁坏船厂及各炮台，捕获中国的船只。福州行动后，立即赴基隆……然后军舰开到北部，占领旅顺、威海卫。”孤拔已经做好充分准备。八月二十二日孤拔正式接到进攻命令进攻福州。二十三日上午，法国驻福州领事白藻大将最后通牒告知各国驻福州领事和闽浙总督何璟，何璟等人竟然没有通知福建水师，造成张佩纶接到战书时，离开战只剩下两小时了，他情急之下，忙派人将福州船政局工程长魏瀚叫来，请他从中调和，以求延后开战时间，可是，魏瀚还未见到孤拔，法舰就提前开炮了。

张之洞受命支援福州，派游击力恭率兵五营自汕头去福建支援。部队还未启程，便得到福建兵败的消息，所以没有出发。不久，张之洞又派潮防两营，携带大量粮饷支援福建。

由于法国预谋已久，在马江停泊铁甲舰八艘，计一万四千万多吨，还有两艘鱼雷艇，配备各种口径大炮七十七门和许多新式机枪。尽管福建水师有军舰十一艘，却多是木制舰，而且吨位合计只有六千五百吨。在敌我兵力悬殊和突遭袭击之下，福建水师全军覆灭。正如战前预料的那样，马江之战我军损失惨重，官兵伤亡七百多人。经营十多年的福州造船厂毁于一旦。八月二十六日，清政府不得不对法宣战。

一八八四年，中法战争愈演愈烈，清廷在无将可用的情况下决定启用刘铭传。之后的七年，刘铭传督办军务及出任清朝第一任台湾巡抚，为国家做出了不少贡献。

一八八四年六月，刘铭传在赴京受命途中，顺便路过天津拜会对他有提拔之恩的李鸿章。李鸿章直接将要把他派往台湾的消息告诉他，而且告诉他目前战局变幻微妙，台湾远隔重洋，劝告刘铭传不要蹚浑水。并许诺奏请清廷将刘铭传留在天津“佐助”军务，刘铭传听后，一笑了之，谢过李鸿章后，径赴北京受命。

刘铭传一到北京便将一道“遵筹海防讲求武备折”上奏朝廷，论述了当时时局，其中着重对持有避战言和思想的人们和空谈抗战的人们进行了无情的批驳。折中说：“自泰西各国争开商埠以来，或占海疆，或吞藩属，无端欺藐，遇事生风，一波未平，一波又起。每当外患纷来，言战言和纷纷不一。言战者当审兵将是否可战，器械是否可战，炮台是否可战，兵船是否可战，空谈无补后祸焉穷。言和者当思伊犁和而兵费倍偿，天津和而义民受戮，台湾和而琉球坐失，越南和而藩服无存。剜肉补疮，欺凌胡底。夫战不如人而欲图强，犹井中求火也。器不如人而不知变，犹当暑着貂也。今中国战不如人，器不如人矣，不思改图，后将奚立？”这些话总结了当时战和两派意见的利弊，也是任台湾巡抚后不避险阻顽强抗法，大力倡办铁路、商务、邮电、矿务等强国工作的思想动力。

六月二十六日，清廷特诏“刘铭传著赏加巡抚衔督办台湾事务”。经过各方面的准备，刘铭传于七月十六日到达台湾，立即着手整顿台北基隆等要地的防务。八月二日，法国政府命孤拔：“破坏基隆港湾的防御设备并占领市街及附近的煤矿。”副司令利士比负责具体实施。

八月五日，基隆遭到利士比率领的四艘军舰和千余名陆战队员的进攻。刘铭传与部将曹志忠、章高元等采取“诱之陆战，两面夹攻”的计策，大败法军。十月一日，法军携马尾海战余威，派遣十艘兵舰，直扑基隆、沪尾（淡水）。基隆在台北东北，有良港和煤矿，距台北五十多里；沪尾地处台北西偏北，距台北三十多里，刘铭传将并不多的兵力一分为三，一方面由孙开华守沪尾，另一方面由自己守基隆。战斗一开始，法军便猛攻基隆，由于刘铭传顽强抵抗，法军没有占到任何便宜，便转攻沪尾。

刘铭传认为沪尾距台北路途近，沿途没有防备，万一失守，后果不堪设想，便决定退守沪尾。正在奋勇作战的部将章高元、曹志忠等苦苦哀求他不要放弃基隆，一时军心动摇。刘铭传很是生气，用佩刀将桌子砍断说，不从基隆撤退，台北必然守不住，谁违抗军令，便按军法处置。又说用兵大计，不是这些人所能知道的，这次撤退的一切责任由他来负。

十月八日沪尾激战中，守将孙开华采用刘铭传四面埋伏聚而歼之的战斗策略，一举消灭敌军三百多人，俘虏十四人，淹死了七十多人。

十月下旬，法国政府强令封锁台湾所有海口，法国远东舰队全体出动，昼夜巡逻搜海，断绝了台湾的交通，台湾抗法斗争再次受困。

抗法斗争开始不久，清廷电旨“令广东支援台湾战局”，张之洞立即送去洋枪一千四百支，饷银十万两。但由于运输出了问题，枪支不能及时到达台湾，而饷银则安全运达。法国封锁台海口后，英美两国出于自身利益，对法国提出抗议，还说要以武力护航，并答应以高价代清廷运送物资和人员。清廷曾自己组织轮船进行运载，没有成功。张之洞也派潮防五营及大批枪弹赶去增援，也没有成功。清廷无奈之下只得用民船和租用外国轮船趁夜绕道赴台。同时告知沿海各督抚，要想方设法竭尽所能援助台湾。张之洞立刻派遣省防守军吴宏洛部赴台增援。还提议在福建沿海一带，劫掠法国的运粮运煤轮船为己用。

在这段时间，张之洞在广东财政困难的情况下，前后支援台湾饷银四十万两，枪弹、火药无数。为了将台湾问题解决，他建议“加紧越南方面对法国的攻势，以解台湾之围”。

一八八四年夏秋，中法战争已扩大化了，双方马上陷入了相持阶段。谁争取了主动，谁便赢得了战争的胜利。张之洞的想法是在保证台湾安全的情况下全力争取越南战场的胜利，以越南为中法战争的主战场，用自己所擅长的陆战决胜负。他认为：“唯今之计，台湾已形成相持阶段，双方势均力敌。关键就在于越南，我们若能在越南战场上取得胜利，台湾之围将会不战自解。”

具体来说就是：依照中法战争形势，开辟台湾、越南两个战场。越南西线战场的关键是联刘抗法，东线则依靠冯子材、王孝祺等，以帮助广西巡抚潘鼎新。这两步走好了，战争的胜利就不远了。

2. 西线联刘

随着战争的日益激化，越南战场的地位更加突出。而此时活跃在这里的抗法生力军，是由农民起义领袖刘永福率领的黑旗军。

刘永福（1837—1917），别名义，字渊亭，广东钦州（今广西省钦州市）人。他曾加入天地会，劫富济贫。一八六四年属天地会吴亚忠部，以七星黑旗为标志性旗帜，后因部队断粮无饷，决定到中越边境开辟新的地区。一八六七年他在越南六安州建立“中和团黑旗军”。后来他将保胜至河阳一带作为根据地，活跃于越南北部。因刘永福和他的黑旗军多年征战，所以战斗经验丰富，战斗力强。

刘永福是一个农民起义领袖，有着拳拳报国之心。当法国窥伺中国时，刘永福挺身而出，肩负起抵抗法军的重任。一八七三年和一八八三年，刘永福黑旗军先后在纸桥一带大战，并取得胜利，杀了法军司令安邺和李维业。尤其是第二次胜利，影响深远，致使法军闻风丧胆，就连别的国家，也对刘永福的英勇善战有着极大的关注。刘永福因这两次大捷，先后被越南政府封为“三宣副提督、英勇将军”和“三宣提督、义良男爵”。后来刘部又夺得了不少战役的胜利。

刘永福黑旗军的英勇抗法引起清政府的注意。满朝文武各抒己见，有的对他大加赞扬。如浙江道监察御史丁振铎在奏折中说：“即以法夷情势而论，彼与永福相角，已阅十年，屡折渠酋，频歼丑类，智穷力索，伎俩不过如斯。而我铁甲炮船，海防机器，岁费以千余万计，若竟不能御敌，又何必以无限之财，空掷之江涛巨浪，曾是中华全力，乃永福之不如乎？亦太自馁矣。”粤督张树声在奏折中说：“法兵先动，破越东京。幸刘永福起而拒之，每战辄胜，法兵至今未能逾出山西、北宁一步。”

其实，张之洞早在任山西巡抚时便向朝廷提出了“联刘”抗法的建议。张之洞到广东后不久，便奏请清廷“联刘”。吏部主事唐景崧曾在越南待过很长时间，又和刘永福交往甚深，自请招募四营兵力，配合刘永福作战并提供粮饷军械，另外拨给刘永福两万两军饷。清政府同意了。没过多久在张之洞的支持下，唐景崧在龙州募兵四营，称“广东景字营”，赶往战场与刘永福黑旗军并肩抗法。

在这之前，刘永福也有联合之意，一八八四年四月，刘永福与唐景崧进行会商。唐景崧向他提出了上、中、下三策，越南国家将亡，将军在保胜通告越南各地，以中国的名义与法国作战，战胜就夺取越南政权，这是上策；中策是全力进攻河内，击败法军；如果只守保胜一地，若被法军攻破，就投靠中国，但是有不被接纳的危险，这是下策。刘永福当即表示要用中策。此后，刘永福与清政府建立了一条非正式的联系渠道，于是成功地进行了山西保卫战。

唐景崧（1842—1903），字维卿，广西灌阳人。长期供职京师。一八八二年，中法之战，他主动请求赴越，并劝说刘永福归顺清朝，劝说越南国王起来抗击法军。他到达越南后，先在山西与越南统督军务大臣黄佐英见面商谈，希望能重用刘永福。

清政府既不愿意主动去联合“贼寇”刘永福，又不愿意错过这个机会。一八八三年十月下旨：就目前局势而言，越南已屈服于法国，唯有刘永福能在边境挡住法军北进。实质上承认了刘永福在抗法中的重要地位。

中法的紧张关系，使清政府的决策层非常恐慌，因为只有依靠刘永福率领的黑旗军抗法，所以才接受张之洞提出的对法战略方针。

一八八四年八月二十六日，清政府正式对法宣战。清廷封刘永福为记名提督，从粤海关税银中拨出部分款项支援黑旗军。十月，刘永福因长期力战，财粮短缺，要求张之洞提供粮饷。清廷知道后，致电张之洞：命岑毓英负责将五万两饷银运往刘永福处。张之洞当即将这个消息转告刘永福，并勉励其再接再厉。十二月，黑旗军联合滇军、景字军与法军在宣光城大战，双方互有胜负，张之洞决定“为其增兵两营”，并在滇越、越桂边界设置了东西转运局，西路转运局主要筹办刘、唐等军所需的军用物资。终于，刘、唐两军与滇军何秀林、丁槐等部合力取得了战争的胜利，收复宣光、兴化、山西等地。清廷传旨对其嘉奖。唐景崧对此做过评论：“黑旗军屡次抗击法军，从没受过任何人的援助，两年以来空谈助刘抗法，并没有任何实际行动，只有这次才是助刘的唯一表现。”其实，这也取决于张之洞开明的态度和有效援助。之后，黑旗军、景字军与滇军等部联合，取得了临洮大捷，收复广威府、黄冈等州县。临洮大捷与东线的镇南关大捷，打下了中法战争胜利的坚实基础。

由于阶级不同，张之洞对刘永福不可能有好感，但大敌当前，只能以国家为重，于是他请求正式联刘抗法，并十分积极主动地接济黑旗军。只半年，他就为刘永福黑旗军和唐景崧“景字军”提供军饷四十万两，其中黑旗军为十五万五千两。此举使得张之洞“决战于越南”的策略得以实施，中法战争西线战场大获全胜。

3. 镇南关大捷

二十世纪六十年代，据冯子材的一位孙女回忆说：“当时冯子材与刘坤一、徐延旭不合，便辞官回到钦州老家。那时中法开战，徐延旭、黄桂兰为法军所败。在彭玉麟、张之洞的推荐下朝廷重新起用冯子材，令其督办地方团练，并答应将派其前往越南。”

清政府虽然重新任用冯子材，却只让他督办高、廉、雷、琼四府五州县团练，仅具虚名。他曾写信给张之洞说：“自从我奉命督办团练，已经有好几个月了，无奈各地有召无应，只有钦州一地募兵一团，另外经费欠缺。”

张之洞回信安慰他，并送去饷银五万两。再次向朝廷恳切推荐：“冯子材仍为可用之材，旧部众多，容易尽快形成战斗团体。由钦州往越南非常快，并且冯子材与越南多有联系，可以与当地百姓打成一片，危难时刻，人才难得。”之后他又写信给冯子材，嘱托他加紧练兵，一旦战场需要便为他们配备相应的军火装备直捣广安、海防，大造声势，以牵制越南战场。冯这才安下心来。

一八八五年，张之洞于十一月奏派冯子材招兵十八营，由钦州、上思州进军越南，直上那阳。据《冯官保事迹》所述，冯子材在接到此命令后，马上在钦州、防城等地募足兵员。前后共募勇十八营，称为“萃军”。朝廷又命令广东省防精锐、总兵王孝祺率八营从梧浔溯西江至龙州出关，奔赴谅山。张之洞又命参将莫善喜率军五营为冯子材援军。又命参将陈荣辉率带三营在后面掩护，三方一道出关。

一八八五年一月二十八日，清廷致电张之洞："法大股来犯，易于聚歼。"张之洞饬令冯子材、王孝祺两军速进，与桂军联络攻剿。此时法军调集驻河内、山西、北宁驻军，另外胁迫当地伪军一万余人，以攻桂兵。法国又调六千本土部队赴越增援。这个时候，冯、王两军正在路上，武器也不齐备，张之洞一面要他们快速前进，一面想法子筹集军械粮饷。

二月三日，法军攻击了关外谷松等地，署广西提督苏元春等只抵抗了几天就败下阵来。二月十一日，法军又攻威坡，负责关外军事的广西巡抚潘鼎新胆小如鼠，放弃谅山要地，自镇南关逃回内地，以致驻关外的清军全线溃败，"一时兵败如山倒，粮饷器械全部抛弃"，刚刚出关的冯子材、王孝祺两军开始负责镇南关及关外山崖的防守工作。二月十七日，清廷任命冯子材为广西军务帮办。

潘鼎新的溃败全由于他的贪生怕死。他督军关外时，克扣粮饷，以致怨声载道、军心不稳，他退入关内后，一直退到海村，狼狈不堪，散兵游勇又沿路劫掠，以致给关内造成了极大的恐慌。二月二十三，法军大举进攻镇南关，桂将杨玉科牺牲，二十五日，法军焚关而退。

同时，潘鼎新为逃避罪责，反诬陷冯子材、王德榜临战不听调度，坐视军败。清廷立下谕旨："冯子材、王德榜经潘鼎新飞催不至，可恨至极，着张之洞、潘鼎新传旨严催援剿。倘再玩延，照军法从事。"张之洞也一时被骗，致电责备冯子材。真相大白之后，张之洞立即与彭玉麟会商。总结出"目前越南所倚重的只有冯、王二军，若再加诬责，恐怕会对越南战场不利"的意见。张、彭遂联衔会奏实情，并且批驳了潘鼎新"欺饰"的丑恶行径，要求朝廷"收回前次责冯、王的电旨"。他还向冯子材致歉。

冯子材刚刚出关便遭人诬陷，全靠张之洞、彭玉麟仗义执言，才幸免于难。三月二十二日，张、彭再度电奏朝廷："请求调换潘鼎新。"

冯子材稳住局势，想到敌人必然要犯关北上，便在关前隘东西两岭之间筑数里长墙，深沟高垒，做好战斗准备。遣萃字右军督师冯兆金及勤军统领王孝祺驻扎长墙正面阻击敌人。大刀队、先锋队分宿壕中，专做敌人扑近长墙肉搏时之预备。苏元春之毅新军、陈嘉之镇南军驻扎在幕府，与东岭驻军相呼应。蒋宗汉广武军、方友升亲军把守凭祥，防敌人暗袭……一切准备就绪。果然如他所想，镇南关大战开始。

三月二十三日，法军司令尼格里率领大军，兵分三路直扑关前，声势浩大，中法双方各不相让。东岭三垒失守，不多时，苏元春率援军赶到，一直打到深夜。三月二十四日，战火又起，敌军用炮攻东西两岭，率大军猛攻中路。冯子材下令，有退者斩，并在各退却路口设置关卡截杀逃者。法军来势汹汹，用炮猛轰我军阵地，形势严峻。此时，冯子材告知周边："若再战败，还有什么面目逃回镇南关？"接着他"以帕裹首，赤足草履，持矛大呼跃出"，他的两个儿子也并肩作战，冲锋陷阵，所向披靡，这位英勇的老将军，使军士气大振。王孝祺的马中炮，他换马再战并亲手杀掉后退者十余人，陈嘉与蒋宗汉夺东西二岭七失七得。当时近千名百姓都赶来配合官军作战。王德榜军在后断敌军之路，敌军有所震动，几十个头目被我军捕杀，近千名法国士兵阵亡，并且被追出关外二十多里。

当下冯子材按张之洞、彭玉麟"克谅保关"的电示，与诸军商定"假意攻驱骠，实则暗袭谅山"的作战策略。中越两国军民齐心协力，三月二十八日，紧追法军不放，法军司令尼格里已受重伤，逃向北宁。镇南关——谅山大捷造成了法军灾难性的失败，这导致茹费理内阁迅速垮台。

冯子材受命于危难之际，周密布置，以身作则，终于反败为胜。冯子材的贡献自然不可低估，而张之洞的慧眼识人与"纡筹决策"之劳也尤为重要。不仅如此，张之洞对作战工作的所有后勤筹备，也尽心竭力。短短数月内，张之洞筹拨广西各军军饷达二百万两，成了东线战场胜利的不可缺少的条件。

三、反对议和

越南战场的胜利，使中越军民士气空前高涨。在这种极为有利的情况下，以西太后、李鸿章为首的投降派，竟然提出了"乘胜即收"的主张，认为此时讲和再好不过。朝廷便命令中国军队停止作战。但是说到和谈，相当一部分人明确表示反对，大家都主张乘胜追击。

张之洞接到停战的电旨后，相当不满，马上回电说："订约后再撤兵不晚……我军一撤必不利和谈，再者，一旦撤军则前功尽弃！"并借雷雨阻碍通讯为由，推迟停战日期，并要求法军先撤台湾之围，根据北宁是否能收复再做打算。

但朝廷表示反对，下令马上停战，撤回边界，不可抗旨。并严厉斥责张之洞。

张之洞无奈之下，只好求助于左宗棠。他在给左的信中说："听说条约将订，我前后数十次向朝廷提出反对意见，先是建议不要撤兵，后是建议尽可能多地在条约中为我国争取权益。但朝廷对我不予理会，目前只有您能够挽回此事，请您抓紧建议朝廷。"但左宗棠也无力回天。

李鸿章对张之洞以通信不便为借口阻挠和谈感到焦灼不安，深恐张之洞违抗旨令影响和谈，于是又电旨威胁张之洞："若前线再不停战，一切后果由张之洞负责。"

越南前线将士听到议和消息后无不扼腕叹息。冯子材、王德榜致电张之洞要求严厉处置主持议和的人，电中说："去年曾有圣旨，有持议和态度的人军法从事，请张之洞代为上奏杀主议和之人，这样的话，士气振奋，可以一举将法军赶出越南。"张之洞立刻致电李鸿章，"据去年上谕，如有提出议和建议者斩！"责问李鸿章："此次进和议者是谁？"李鸿章不敢承认是"进和议者"，便拿西太后和赫德做挡箭牌称："此事都出自西太后与赫德之手，我虽全权代理，只不过负责签字而已。"赫德也说："这次谈判每一项提议都是由太后亲自处理的。她主张和平，且在谅山胜利群议主战之时，仍愿遵守协议。"

主持前线军务的张之洞、彭玉麟被广大爱国官兵的爱国情绪和抗法决心所感染，多次上奏清廷，要求"暂不撤兵"。

西太后、李鸿章们不顾张之洞、彭玉麟及前线将士的想法，坚持议和。张之洞只有向冯子材等告称："目前前线军需我能为你们全力筹集，可是一撤军，前功尽弃，法军复占越南，后患无穷。"还说"我先后十六次向朝廷提出各种建议，均未被采纳。自弃属国，自毁长城，全是由赫德一人从中周旋，中国人完全受其愚弄"，可见他已愤怒到了极点。

当初定条约之时，张之洞就深感惋惜，他向朝廷积极奏言，希望能尽量减少损失："……法军不能趁我军撤退，再侵扰已被我军收复的越南地区，这样我军与法军不致有过多的接触，免生事端；法国不得索取赔款；台湾之围应该立解；越南仍属中国藩国；法国不得报复刘永福；条约中的商务问题应以互惠互利为原则；请令李鸿章在部队还未全部撤出越南前与法方商定这些事项，等到部队一撤，再谈更难。"但是，李、赫等人根本不予理会，他们一味迁就法国人，早早地签了字。

六月九日，李鸿章与法国公使巴德诺订立《中法新约》总计十条。内容有：法国保证永不侵犯中国云南和广西边界，中国也不过问法越之间所订的条约；中法派人员会勘边界，并另定越南北侧与中国滇桂粤各省的陆路通商章程；法国军队退出台湾和澎湖。

张之洞相当气愤，认为该条约强夺了中国的藩国越南，可谓不败而败。李鸿章不这么认为，他觉得应用最快的速度与法国议和，不然就顾不了日本在朝鲜的挑衅；他还认为中国海军难与法国海军相抗衡，长时间作战，必然失败。总之，李鸿章与张之洞在中法和战中的不同看法是基于他们对时局的不同出发点造形的，并不涉及爱国、卖国这些严重的话题。

《中法新约》的签订，表明了“法国不胜而胜，中国不败而败”。

清朝政府不断施压，中越边境抗法前线的清军不得已全部撤回中国境内。之后仍然驻守于保胜地区的刘永福率领的黑旗军，坚持抗法之路，同时也惹恼了法国侵略者，法军欲一举拔之而后快，竟以台湾之围要挟黑旗军。

《中法新约》中头一条是“越方靠中方一侧边境由法方维持治安，如有不法者在中方境内集结，则由中方负责解散”。很明显，这是法国欲置刘永福于死地的绝妙方法，对此，张之洞洞若观火，他说“举朝权贵无不与法国一样仇视刘永福及其黑旗军，法国对刘永福又怕又恨，所以想除之而后快”。他要用心保护刘永福。

张之洞说到做到。他首先帮助刘永福的黑旗军入关，后来为了刘永福的安全又将刘永福安置在自己身边。

当然清政府并不罢休。入关前，清政府限制了带兵人数，刘不予理睬，率领三千黑旗军将士入关。清政府想方设法加以裁减。据记载：“黑旗军在南宁住了两个月，被裁撤得只剩一千人。年底奉两广总督张之洞的命令，刘永福率一千多人到广州，最后只剩下三百人跟刘永福到碣石去。”

对刘永福来说，自己无疑成了“光杆司令”。目睹法军重新盘踞越南，刘永福的痛苦日甚一日，追悔无穷。但是，刘永福毕竟有着民族英雄的本色。“入关之日，即思国家有事之秋，誓以报国，虽万死不辞”。他谨记离开保胜时越南友人阮光碧相送的诗句：“到底雄心终不挫，北归犹誓杀洋人。”在九年后的中日甲午战争中，他毅然率军援台。

第六章　治理粤省

一、治政

1．绥靖地方

一八八四年六月至第二年，张之洞刚刚接掌广东，在中法战争尘埃落定后，他开始治理粤省。

广东政事方面，他一手抓地方稳定，一手抓地方经济。稳定地方关系着民心大局，因此，张之洞站在封建统治阶级的角度，提出采取坚决镇压民众反抗的方法来维护社会的安定。

广东倚山临海，地势起伏较大。边远地区清政府统治力量薄弱，故而常年多匪多盗。乾嘉之交，有郑七、郑一、郑一嫂、张保仔等大批海盗为非作歹了近二十年。鸦片战争后，中国社会内部矛盾的激化，表现得尤为突出。会党、土匪、海盗、游勇、械斗等极大地威胁了地方的安定。张之洞督粤时，广东社会秩序极为混乱，主要因为：一是广东盛行纠会结党；二是大量被裁撤的部队无以为生，沦落为“游勇”。

张之洞一上任就对广东省社会混乱的原因做了调查。他总结：“为害广东地方的无非是强盗、帮会与群相械斗，三种事物相互演变掺杂，长期得不到根治，以致为害越来越深。最重要的是械斗，影响恶劣。”所以他称那些械斗、世仇不绝的地方为“匪乡”。

针对这些，张之洞规定：“凡是聚众十人以上，为害乡里者都称之为匪，只要杀伤人命无论首从一律处决。”并申明：“对各种械斗，无论是何缘由，一律派兵围剿。”一八八五年十二月，张之洞与藩司、臬司等官员商讨此事，决定派文武大员分头整治“匪乡”，设立乡长、社长、族正、族副、房正、房副。凡有过械斗、拜会、抢掳、劫杀的一律抓起来重惩。这项工作在一八八六年初正式进入轨道。

一八八七年七月，工作初见成效，张之洞处置了各类匪犯达九百零六名，广东风气渐渐转好。

与此同时，张之洞发动了大规模的镇压各种盗匪的行动，最为显著的是动用“就地正法”的方法。他在上奏请求用这条律令时说，粤省散兵游勇众多，各处土匪强盗，洋犯盐枭，纵横出没。目前粤省土匪、马贼、会匪、游勇、盐枭、斗匪、洋盗经常联合作案，每一案均结伙持械。因此，无论水陆，不分首从，凡有案情重大、当斩的都按照“土匪马贼会匪游勇章程”先行惩办，就地正法。

为了取得良好的成效，张之洞派出了大批人马，派广东陆路提督郑绍忠负责消灭番禺、东莞、香山、新会等属土匪；派阳江镇总兵黄廷彪剿洋盗；派署广东水师提督方耀率兵往剿惠州、海丰两处之会匪；派冯子材专办钦州、廉州盗匪。在他派冯子材惩治钦廉盗匪的咨文中，要求他对盗匪严加剿捕，一经讯明，就地正法。

一八八六年三月二十五日，冯子材率军由九头山登岸，与一批洋盗发生激战，捣毁了他们的巢穴，杀了他们的首领，歼灭大部分洋盗，并生擒二十多人。处理的方法便是“就地正法”。正当冯子材将要将这股会匪全歼时，法国以界限不明为由加以拦阻。无奈冯子材只好引兵撤退。

在盗匪问题上，张之洞除严加剿捕外，还建立了地方防卫体系加以预防。一八八八年十一月，张之洞下令整顿保甲团防，制定“保甲团防弭盗章程”，要求各地筹款，建立群防体制与群防工事，建立栖流所，收留游民乞丐；编查小艇，水陆一起严查，使匪徒无法立足。

此外，张之洞还开始整顿吏治、安定民生，以期长绝匪害。他早就向清廷提出过委派地方良吏，以杜绝匪盗之源的思想。他整顿关税，兴修水利，赈济灾民，清除苛捐杂税，稽查走私，打击人口贩卖，力图消除一切不良行为，在保护华侨侨眷、兴学、办洋务以“求强”“求富”的同时，严厉打击劣绅、抑制豪强，将隐患彻底扼杀在萌芽状态。

仅仅一个月，张之洞就参革不称职的地方官十人。当年年底，张之洞又罢“不职者”三人。张之洞自己以身作则，严于正己，而后正人。在他广东任内时，粤省吏治比过去大有进步。

除此以外，张之洞还打击恶霸劣绅，维护社会安定。他说：“广东地大物博，人才鼎盛，良绅众多，但也有一些鱼肉百姓、盘剥乡里、仗势欺法的劣绅，我来广东自然对良绅等恭敬有加而对劣绅则从不敢姑息纵容。”

经过一番整治，粤省的治安情况大有好转，“盗源”被消灭，“匪氛”也不那么嚣张了。

2. 兴办学堂

一八八六年四月，张之洞在广州创办广雅书局，这是广东第一家书局。一八八七年张之洞与新任广东巡抚吴大澂商讨，将原在菊坡精舍的书局移入广州机器局内房舍。筹集资金四万三千两，贷给商家，每年获息外另加商捐五千两，共七千两，作为常年经费。书局聘通晓经学的人连续著述发行刊物。张之洞又令门人缪荃孙在北京访求需要发行的书，命南海县人廖泽群为总校。不仅如此，书局还刻印教材，刊印《广雅丛书》，对文化典籍的搜集整理和保存做出了极大的贡献。

广州原有五所书院，粤秀、粤华、应元三所书院以教授实务为主，学生众多。而学海堂、菊坡精舍由于场地狭小，所以招收学员较少。一八八八年广雅书院完工。地点在广州城郊源头乡，共建有斋舍二百间，讲堂、书库一应俱全。书院中还设有濂溪祠和岭学祠。濂溪祠祀宋代理学大家周敦颐，岭学祠祀“历代名贤、有功两广、文教及历年院长做出突出贡献的”。书院建造精良，不惜工本，四周环境幽雅。这笔建设资金由富商捐赠。张之洞从善后局拨公费银十万两存入汇丰银行，每年所生利息六千六百两，作为书院常年经费。

张之洞为书院制定了规章制度。广雅书院那时堪称两广的最高学府，规模宏大，两广学生在里面学习各方面的知识。书院接纳广东、广西学生各百名。全部集中住宿，广东学生住东廊，广西学生住西廊。课程有传统的经史各科，还有经济、舆地、历算等实学课程。广雅书院改进了传统的教学方法，平日正常授课，每月由学官出题考试，叫作“官课”。“官课”奖励前七十名学生，以激发他们的积极性。广雅书院属旧式，但其有新鲜的意味。张之洞在广东创办的广雅书院和广东水陆师学堂成为他提倡兴办新式教育的开端。

一直以来，张之洞的教育思想是新旧结合。一方面，他建造新式学堂，用来培养洋务人才；另一方面，由于资金、条件不足，张之洞又改造和建设旧式书院。当然这与他头脑中根深蒂固的“名教纲常”思想是分不开的，即使是后来那一系列新式学堂中，“经史大义”课程的设置仍有相当大的比例。从此可见，张之洞是要为封建国家培养实务人才。

3. 开发海南

广义地来讲，海南岛的黎族与我国古代南方的越族，可谓一脉相传。早在汉代以前他们便定居海南岛，汉武帝曾在海南设置珠崖、儋耳两郡。宋元时期，大批汉人迁移往海南，与黎民一起建设海南。北宋绍圣四年，苏轼以“讥斥先朝”的罪名被贬到海南，与黎族人民一起劳作，创作作品达三百多篇，后人编为《海外集》。他老后曾在《自题金山寺画像》一诗中写道：“问汝平生功业，黄州、惠州、儋州。”还有黄道婆，流落海南吉阳军四十年，返乡时，带回了那里优秀的纺织工艺技术。

明朝在海南设琼州府，清朝改置琼崖道，设立琼山水尾营、安定太平营等，派兵驻守。雍正八年（1730），黎族地区先后被纳入州县统治。由于官府与族长的层层盘剥，清中期以后，黎族不断发生人民起义。其中以一八二九年黎亚须、张红鸡起义与一八三三年黎亚义、薛凤章起义最为轰动。

同光年间，海南岛的社会局势又开始动荡。当时，黎族有“生黎”和“熟黎”之分。位于琼岛中部山区的土著黎族因交通不便，与外界隔绝，他们有着自己独特的社会形态，叫“生黎”。居住于大山以外、与外人联系广泛、社会经济比较发达的黎民被叫作“熟黎”。

由于海南岛大部分地区交通不便，山水阻隔。清政府统治力量较为薄弱。内地的不法之徒往往逃往海南。这些人行踪不定，富有冒险精神，故叫“新客”。而那些较早迁入的汉族人被叫作“老客”。就是这些“罪犯”演化的“新客”和深受汉黎统治者压迫的“熟黎”联起手来，在光绪年间不断起义斗争。代表人物有黄邹保、陈钟明、胡那肥等。

在中法越南战争后，张之洞在不断严峻的边防形势下意识到琼州与越南隔海相望，在防务上一样紧要。于是他苦苦思索琼岛长治久安之策。光绪十二年（1886）八月十日张之洞上折，请派大员处置琼州的匪犯。折中说道：“窃惟琼州一府，孤峙海南，黎巢其中，民环其外。地瘴而瘠，民弱而惰。其地方之害者：一曰客匪，一曰黎匪。客匪大率皆籍隶嘉应州及广州府属之新宁，肇庆府属之恩平、开平、高明、鹤山等县。言语风俗自为一种，土人不与为婚姻。或云即系仡人，非若他省侨寓民户，皆谓之客民也。其性勤苦力作，悍猛齐心，所到之处，土民无不视为他族，积为深仇。在琼有老客新客之分。老客寄居百余年，较为安分。新客则多系同治年间在恩平、开平、高明、鹤山、新宁、阳江等处的滋事客匪。前抚臣蒋益澧奏明安插高、廉、雷、琼等府，广西容、贺等县。琼属之儋州、临高、澄迈皆有之。渐衍及万州、陵水等处。查琼属沿海民居之地，患在沙瘠；近山膏腴之区，患在瘴疠。至铜铅各矿，皆在黎境。土民安于贫弱，地利坐荒，瘴地腴田，多属客产。光绪五年，客匪滋事，经前督抚臣派军前往，分别惩办，迁之雷、廉。乃未久而潜回故里，为匪如故。以后土客之衅遂成，黎人所居最深处曰黎母山。其他居琼之中，盘桓数百里，现在未经开通之处，纵横二百余里，十三州县环之。定安、会同、乐会、万州、陵水、崖州等处，皆有峒口出入。前代生黎，獉狉荒陋，为患尚轻。百年以来，熟黎与民人往来，习为狡黠。生黎渐稀，出巢益数。诸黎以儋州、临高为最驯，陵水之俸黎、歧黎为最悍，崖黎富强，亦易滋事。其出也，北路则定安当其冲，而波及于琼山；南路则万州、陵水当其冲，而旁扰于会同、乐会。从前出掠不过附近内山而已。近七八年来，客匪游勇散入其中，奉惠州客民陈钟明、陈钟青为总头目，合生黎、熟黎、客匪、游勇为一伙。名为黎而不尽真黎，遂敢离巢数百里，大肆劫杀。其军火盐米皆由客民接济。每牛一头，易枪一支。火器玩具，党羽益多。得以抗拒官兵，习为战斗，岁必出巢两三次。该处官军，未尝认真痛剿一次。不过零星分防，尾截零匪，幸其回巢，以为了事。大率客匪以黎峒为负隅，藉黎人为声势；黎匪以客匪为向导，藉游勇为附从。客黎纠结，全琼遂无安枕之日。此二十年来客黎各匪蓄毒构衅、勾结滋蔓之实在情形也。”

一八八五年，张之洞曾派总兵刘城元带领数千名官兵进琼州剿匪，但他们因地形不熟，后勤也跟不上，加上水土不服，未获成功。

一八八六年八月，张之洞下令冯子材以二十营的兵力，与总兵林长福、知府冯相华等一起去琼州剿匪。张之洞这次制定了“以黎攻黎，剿抚兼施”的方针，并要求对黎民要区别对待，只对为乱不法者进行剿捕；对那些真心悔过的或令其为向导，或令其安分谋生，或迁往他地居住；对于陈钟明一伙则要先加剿除，见机行事。

九月，冯子材、林长福进入黎山，在双溪滩与义军展开殊死搏斗，清军失利。后来又有激战发生，各有胜负。清军由于不适应气候条件，战斗力锐减。张之洞一面令冯子材为士兵治病，一面后撤了六营清军，招募当地土人补充。十二月，清军与陈钟明、胡那肥义军大战。义军利用地形优势，设下埋伏，再次将清军打败。一八八七年二月，冯子材重新策划，率全军一万余人，亲自上阵，步步进逼，将义军一气攻破。义军拼死抵抗，马岭、葛弓等地失守，陈钟明等也被残酷杀戮。最后统计，义军先后战死、被杀五百多人，八万多土人降服清军。

琼州地区得以整治后，冯子材又受命赶往崖州，剿捕生黎为乱者。一八八七年五月，冯子材率军攻克崖州稳定了整个海南岛的局势，清军也损失惨重。冯子材让士兵调养，另派非正规军，完成剿捕的收尾任务，并在各要道隘口建立据点，以便对全岛进行控制。

冯子材的孙女曾回忆说："祖父督办钦廉边防期间，海南黎民'起义'，朝廷命他前往处理。海南岛天气炎热，黎人在水里下了毒，死了几千官兵。祖父相当恼火，说：'我一打进五指山，就将黎仔统统杀光。'可是后来，祖父没有将他们杀光，只是给他们剃头，并且请先生去教他们读书，给他们每人发一套衣服，'开化'他们。"

张之洞在"客匪""黎匪"被解决后，开始了大规模的安抚、治理工作。张之洞于一八八七年二月着手制订《抚黎章程》十二条，其中有开通全岛十字大路，设立黎族土司，令黎民一如内地发式、装束，不许侵夺黎族有主田地，新开田地三年内不收税，使黎民逐渐开化，并设立"义学"教他们习诗书，命地方绅士与通晓当地语言的人告诉各处黎民这些举措。

《抚黎章程》是张之洞治理、开发海南的大致规划。使全岛汉黎各族人民安居乐业，使海南岛的经济稳定发展，这是张之洞的目的所在。张之洞在《剿抚各黎开通山路折》《请编定琼州乡会试中额折》《招徕商民赴琼州伐木垦田示》等奏折中还具体阐释了实施办法。如林木开采，凡是商人，均可集资开采琼州黎山林木。只要琼州出口的木料，为期三年，所有关税、厘金暂免，以招引投资。还有开垦荒地方面，海南岛未被开垦的肥沃荒地，何止几十万亩，所以大力鼓励当地商民开垦荒地，三年内不须纳税，三年后不纳全额税款。并制定出各种鼓励，奖励垦荒的办法。

最有价值的是，张之洞下令在琼岛开通大道十二条。海南的崎岖山路，严重阻碍了当地经济发展。一八八七年初，局势稍稍稳定，张之洞即下令开路，由冯子材负责，以清军为主，黎汉百姓协助，给予一定奖赏。要求是路宽一丈六尺，最窄处不少于八尺。一年后，全岛修成纵横大路十二条："东路三，西路三，南路、北路、东南路、东北路、西南路、西北路各一。"这基本上改变了海南岛交通闭塞的状态。

为了更好地防守琼岛，张之洞又令琼州镇总兵李先义做统测，构筑炮台，调派炮艇，巩固防守。还建了从廉州至琼州的海底电线，以方便军事联络。

一八八八年一月，海南各方面建设稍有起色，张之洞乘"广甲"兵轮进行巡视，不光勘查了各军事要塞，还与镇道等抚辑黎客，商议外商投资增建码头等事。

海南的兴旺，张之洞、冯子材功不可没。

二、外交

1. 港澳问题

自一八四二年香港被割让后，二十年来，经济日益繁盛，但华洋纠纷、交涉案件也层出不穷。由于香港没有清政府派驻的领事，因此此类交涉多有麻烦。清政府曾派出使英法大臣曾纪泽与英国外交部协商派驻领事之事，英方没有表态，拖延至今。一八八六年三月三十日，张之洞奏请催设香港领事，他在奏折中说此事不可再拖了，原因有：

一是通商。各国在香港都有领事，以作为该国的全权代理。中国反倒没有。中国在旧金山、长崎等地均设领事，这些地方，虽然比香港远，没有香港华人多，但为了通商之便才设立，所以香港应该尽快设立领事。

一是保民。香港距省城仅三百多里，物资丰富，是货物流转的要地。我国人民如在香港发生贸易纠纷，控告无门，如果尽快设立领事馆，就会解决这些事案。况且，在港华人最多，免不了受干扰，但自从前年我国加紧海防后，在港的华人无论贫富，无不协助我国探敌情，运军火，声援台湾，并年年为内地各灾区捐款捐物。说明他们未忘记自己是中国人，我国绝没有对他们弃之不顾的理由，所以应尽快设立领事，保护香港华人利益。

一是逸犯。罪犯多集中在香港，是粤省治理地方的难题。根据“中英条约”，原有找出罪犯就交出之文，而港方屡次借故推托。而且，香港情形，不为内地所了解，如去年福建船只到香港境内缉盗，几乎惹出外交争端。如设领事，则可免去不少麻烦。

一是巡缉。香港水界之内，没有捉犯人的特权，而那些匪盗却常出没水界。……若设领事，便方便多了，还可以巡私稽匪，不再繁琐。所以设领事，刻不容缓。

一是海防。省港既相邻接，安危彼此共之。港之煤硝米面十日不来，则省城困；香港与内地有着频繁的贸易往来，一旦阻塞，则广东与香港皆乱。香港的不稳定，必然牵连大陆，所以设立领事，是海防大计。

张之洞认为如果不设领事，那么香港的贸易利益就没中国的份，就会形成英国等列强的单方面受益。在张之洞的力争下，清政府总理衙门开始与英方商讨。最终中国政府在香港设立了领事馆。

澳门在明朝中叶落入葡萄牙人之手后，葡萄牙人在澳门广修战备，清朝后期又以澳门为中心对大陆蚕食鲸吞。咸丰年间占领潭仔岛，接着将三巴门至水坑尾门一带的围墙拆毁，又占领了大块土地。一八八七年，清政府对洋药输入实行关税、厘金并征，希望与澳门葡人合作，由金登干前往葡京里斯本谈判。三月二十七日订下草约四款：第一派使来华，拟议通商条约；第二葡国永驻澳门，管理一切；第三葡国不得让其地于他国；第四香港所允办法，澳门亦类推办理。

总理衙门将此事告诉了张之洞，问他的意见。他考虑过后，向清廷上奏，指出七条“可虑”之处，内容是：

查澳门为香山县管辖，距省城二百多里，交通便利，可以算是广州东部屏障。……葡人占领多年，不交租银，不守界址……如今双方交涉之时勉强同意葡方意见，已是出乎对方意料，即他国也比较吃惊。因练军要准备筹饷，乃因筹饷而先损权，这是第一条“可虑”之处。

葡萄牙租了澳门，本以围墙为界……如果葡萄牙要管理一切之权，此后主权的归属便成为问题，这是第二条“可虑”之处。

此次英葡在同一阵线上，英人倡议主事，得色尤深。葡则成效未见，已有先施。英如果能得到利益，怎么能没有报酬呢？这是第三条“可虑”之处。

如果将澳门归葡管辖，奸民将把握时机，为非作歹，葡国一定从中渔利，人民到处搬迁，没有固定住所，没了管事，这是第四条“可虑”之处。

澳门包庇盗匪，由来已久……今若换葡国管辖，更加管不了他们，即使有证据，他们也将以洋国为由……节节刁难。葡国专权越多，我国越控制不住局面，这是第五条“可虑”之处。

葡占澳门，得之无名……今若与立约，一定会有外国人来传教。定会有人乘机作乱。将来交涉教案，必有不少的麻烦。这是第六条。

葡萄牙日渐衰落，各列强都想强占澳门，现在如果改为葡萄牙管辖澳门，能保证各国不以武力劫夺澳门吗？那时澳门便成了中国的肘腋之患，此为最后一点。

张之洞强调澳门为中国疆土，凡水陆界线，必须划分清楚，暂缓批准。当年十二月一日，总理衙门大臣与葡方代表罗纱在北京签下《中葡和好通商条约》，其中仍允许葡萄牙永驻和管理澳门以及属澳之地。其中留有张之洞的意见，说：“等到界限具体勘订后，再行特立专约。其未经定界以前，一切事宜，俱照现时情形勿动，彼此均不要有增减改变之事。”应该说，这一条最后帮助中国解决了澳门问题。后两国数次会商，还是没有结果。一九二八年，中国政府表示，废除该条约。

张之洞为国家的安危，保护国家的主权，作出了巨大的贡献。

2. 华侨问题

张之洞任两广总督时，正值美国、澳大利亚及东南亚等国猛烈排华，广东是侨乡，受到不少的影响。有关华侨的一切问题，成为张之洞的重要工作。

大量掠买华工是鸦片战争后列强压榨中国的另一个方法。在十九世纪，西方各国摒弃了奴隶制度，全球面临劳动力资源枯竭的危机。西方殖民主义看准了中国，他们以不平等条约为借口，肆无忌惮地在东南海沿海掳掠华工，广东受冲击最大。

大量华工被骗掠出洋，在西方叫“苦力贸易”，广东人则叫“卖猪仔”。这些可怜的华工，往往客死异乡，连美国驻华公使伯驾也不否认：“苦力贸易原来同奴隶贸易没有任何区别”。华工被卖到海外后，不得不在种植园、工矿、铁路等处劳作。

国外的商贩们在广东沿海各口岸设立专门收买和囚禁华工的机构，在广州叫囤船，在汕头叫“客馆”，在澳门的叫巴拉坑，他们使用各种各样的卑劣手段将受害者囚禁起来，再找机会全部装运出洋。主要运出地是广州、汕头、澳门、香港、琼州。澳门的这种机构在一八五五年有五家，一八六六年猛增至近四十家。一八七三年葡萄牙、西班牙和秘鲁开设的此种机构已达三百多家，出卖苦力的多达三四万人。据调查，一八五六年至一八七八年，仅澳门出口华工就有十八万一千五百六十三人。也就是说，当时澳门的繁荣完全是靠这种机构。

掠卖华工养肥了殖民者，也确实给落后地区带来了经济繁荣。据估计，从一八五一年至一八七五年，西方殖民主义者从其中获取暴利达八千四百万元以上。至于华工所创造的利润，更是天文数字。这些可怜的华工，牺牲了自己，换来了当地经济的发展。

然而，到十九世纪八十年代，美洲、大洋洲、南洋的商品市场和劳动力市场开始饱和。殖民统治者便又用各种各样的残酷手段、驱逐华工，甚至无故殴打华人，总之手段极其残忍。一八八二年后，美国、澳大利亚等国确立“排华法案”，由此排斥、迫害、驱逐华人的气势更猛了。

一八八五年，美国怀俄明州洛士丙冷就有一起驱逐华人、杀伤华人廖臣颂等四十多人的惨案。美国其他地方也有此类事件发生。张之洞了解这些情况后，十分同情华工命运。

他认为华侨也是中国的一分子，国家不能弃之不顾。当他接到美国一连串的排华案件的消息后，立即要求美国驻华公使田贝来粤会商。张之洞表示，如果美国继续排华，广东就要以牙还牙。他还电商总理衙门，让郑藻如等与美国政府交涉，要求停止暴行。可是，清政府无法承受美国的压力，向美国妥协，限制华工赴美。广东旅美侨民再次抗议，“恳筹保护”，张之洞又致电总理衙门，要求制定出详细措施保护旅美侨民。

对于南洋华侨，清政府一直不闻不问。张之洞得知后，立即提出“议劝各埠华侨捐资购船”，从广东中派官员“巡历保护”的计划。此议得到翰林院编修钟德祥的支持。一八八六年二月，他在“条陈时务折”中建议，南洋各岛应派使臣驻守、管理。清廷却说：等刚刚上任出使美、日、秘、古大臣张荫桓前往广州与张之洞讨论后再说。

一八八六年三月，张之洞与张荫桓一起上奏，在《会筹保护侨商事宜折》中说："计划先派人到南洋各地，做详细的考察，与当地的华商、华工联络。"派出的有总兵衔、两江副将王荣和与盐运使衔余镌等。一切费用由粤海关负责。终于，得到清政府的同意。

光绪十二年七月二十七日，王荣和、余镌二人作为代表到南洋、大洋洲考察华侨事宜。在这一年里，王、余二使行程五万多里，到过吕宋、新加坡、马六甲、槟榔屿、缅甸、爪哇、大洋洲等二十多个地区。无论到哪儿，都得到当地华侨的热情接待，王、余二使亲自调研了华侨种植、开矿、经商、生活的情况与他们遭受殖民当局歧视、排斥、迫害的种种情形，分别与西班牙、英国、荷兰殖民当局进行交涉。一返回国，王、余二使便将各地华侨的生产、经营、生活及当地殖民当局的交涉情况对张之洞做了详细解说，并提出了相应的对策。

张之洞听了他们的意见，数次上奏，要求设立领事，保护中国海外华人的权益。他认为，这样一来，既保护了华侨利益，又可避免地方的不稳定。他认为："经过调查发现海外有华工数百万，中国人口日益增长，近年来多为各国所不容，他们对华工苛求毒打，使他们苦不堪言，如果全数回国，则沿海无力承受，造成不稳定因素，所以设领事保护，实际上是为我国稳定着想。"

一八八七年十一月，清廷终于委任王荣和为驻吕宋岛领事，资金筹措交给了张之洞负责。

而且，张之洞在王荣和临上任之前，让他在领事馆驻地设立书院，并且亲自捐款，购买经书，要王荣和就地选拔通达儒家经典的人，为华工子弟教授经术，使他们身在重洋而不忘故国。这样一来，感受了中国文化的海外华侨，必能忠心于国。

为了打击广东一带掠卖人口的不法行为，张之洞于一八八八年一月上奏清廷，起用"就地正法的章程"。并且派副将黄金福管带轮船七艘，搜索香港一带华界海面，缉查贩卖人口的船只，并且缉拿海盗、私枭，张之洞还请香港总督进行协助。

当时英美等国劳动力已饱和，只有荷兰殖民地印度尼西亚等地还不足。一八八八年十二月，张之洞与荷方代表到汕头谈判，洋务委员廖惟杰参与谈判，最后双方决定"华民出洋雇工章程"，规定荷方绝对不可以虐待华民。他还要求地方官在各海口加强稽查拐卖人口事件，除非自愿，否则一律查扣。

显然，张之洞一个人是不可能从根本上改变华工的命运的，但他在这样一个非常历史时期下，已经尽了自己最大努力，这种尽心尽力为华人争取权益的精神是难能可贵的。

三、理财

1. 户部支出

一八八四年六月，张之洞任两广总督时广东财政早已捉襟见肘。前任粤督张树声筹借洋款二百万两充实广东战备。张之洞接任的一年的间里，由于中法战局，不得不全力以赴开展布置省防、统筹饷械、购募军队、援台援滇援桂等一系列工作，花费了许多钱财。

在中法战争时，张之洞协拨军饷、军械总计五百万两。还有，“广东的水陆战备四百余里，又展设水陆电报，自省分连钦廉雷琼，凡线路一千余里”。据张之洞本人统计，他上任后的一年，广东共借款九百万两，其中为本省海防借银二百万两，为协助滇桂越南刘唐两军及台湾共借五百万两。起先部分军费规定由各部队原属省份支出，后来又全部认定由广东筹还。

这只是战争时期的军费开支，战争刚结束，张之洞又积极创办洋务事业，还有日常行政开支费用，广东财政状况越来越困难。

张之洞在为此事求助于朝廷时，阎敬铭和奕譞帮助了他。阎敬铭管理户部期间，使清廷财政有所好转。光绪帝在答应他“开缺”的上谕中也说道：“该大学士向来办事认真，不避嫌怨。近年整顿部务，日有起色，朝廷倚任方深。”

阎敬铭与张之洞在“为国筹谋”上比较接近，所以两人内外同心。无论张之洞在山西，还是在两广，一切户部款项阎敬铭均对其优先予以考虑。后来阎氏罢官，广东财政一度周转不开。幸好，张之洞不久后又有了奕譞的关照。他们的关系，比与阎敬铭更长久。早在张之洞还是清流健将时便与奕譞有紧密联系。张之洞在东乡案、庚辰午门案等著名大案中声名鹊起，奕譞对他青眼相加。因此，在继阎敬铭之后，奕譞对张之洞的财政请求总是大力支持。每当有人质疑粤省报销大宗款项时，奕譞就会为张之洞讲话，说“粤省报销用款不为多”，并告知户部：“如张某在粤省有亏空，可设法为之弥补，不必驳斥。”

另外，张之洞族兄张之万也是他在朝中的好帮手。广东巡抚倪文蔚与张之洞关系不佳。倪认为张之洞好大喜功，滥用藩库积财。张之洞密函向奕譞及中枢重臣告倪文蔚不称职。结果倪文蔚被调任河南巡抚，张之洞兼任广东巡抚。一八八七年，张之洞推荐吴大澂为广东巡抚。他没了后顾之忧，得以在两广一显身手。

2. 整顿税收

广东省除海关外，一切税收均由商人把持。由于广东所处的地理位置，沿海走私活动猖獗，致使大量税款流失。各地税收部门更是官商勾结，损公肥私，以致税收锐减。张之洞决定彻底整顿广东税收，以广开财源。

一八八五年，有人举报粤省肇庆潮州税厂作弊，每年收入十多万两，而报上国家的只有三万多两，并且立下众多名目剥削商人，侵蚀正税。朝廷告知了张之洞，要他负责调查，并追回国税。这个消息正中张之洞下怀，他立即派藩司萧韶、臬司于荫霖和同肇阳道员潘骏猷、候补道员李蕊、朱寿镛等赴肇庆、潮州进行调查。经过一番彻查，真相终于大白，查出不同名目的作弊方式十多种。其中的“充规”，更是恶劣。这里的“充规”，就是税厂新任书吏向税厂主管衙门上交的一大笔“承办费”。在此期间，书吏不断行贿。这些成了书吏的“投资”，他们为了自身利益，拼命搜刮，从中舞弊，肆意盘剥纳税人。

于是，张之洞在“查革肇潮两府税厂税弊折”中说道：“充规为百弊之根，每遇厂书将满之年，各色吏胥商民集股谋充，视如置产，其为朘商蠹税，势有必至，理有固然。”张之洞知道其中原因后，决定开始整顿：改承办制为官办；税厂所有办事人员均由官府派任；将胆大犯法的书吏员丁罚款后开除；至于收税手续，改行三联单制，使每年税款都有详细的记载与契约。同时，将“黑钱”“官厘头”“平水火耗”等名目取缔，并定为成规，永远遵循。

不久，张之洞又整顿梧州税关。一八八六年，他在《查革梧关积弊折》中，将梧州税关的违法行为奏明朝廷：“查梧州一区，既有例设税厂，又有厘金总局，又有经费局。一日之内，三次榷征，百金之货，完至什一，实为病商苛政。且经费一局，商民费至二十余万两，而国家并不能用其分文，尤出情理之外。况征敛愈重，商贾愈困。趋避走漏，勾串影射愈多，西省税厘大局将不可问。”并且派员整顿，将种种积弊全部消除，以保护地方经济。

经过这一番整顿，各地税收工作面目一新，商民都大为赞赏，政府的财政收入也大幅增加："仅肇庆、梧州两地每年便可额外上缴税款五万两。"张之洞奏拨了这笔款子，在省河五门海口建造炮台二十座，购备大小新炮，共花销约五六十万两。并定期用十年时间完工。在查办肇庆税厂一事中，张之洞得知该税厂书吏舞弊情况极为严重，于是罚款八万五千两，用于修筑肇庆、广州两府之间西江、北江围堤。

张之洞解决财政困难的重要途径是整顿盐务。广东向来产盐量大，尤其是电白等地。那时地方盐区实行的也是"承允包卖制"，即户部或盐运司将食盐承包给盐商专卖，有运商、场商之分。盐商有封建政府的收购、运销的专利权，近似暴利贸易。他们常巴结官府，以各种非法手段获取暴利。其次，盐商也受到官方勒索，如像"报效"之类，此外，还时常有"劝捐"之举。盐商只有进一步增加盐的利润才能应付得过来，如此一来导致私盐猖獗。

张之洞改制各项政策，对广东盐务大加整顿。在管理不善的问题上，张之洞奏请广东地方会同管理，如潮桥盐区的主管官员称潮州运司，由户部出人负责，不归广东盐运司管辖。一八八六年三月，张之洞让潮州知府兼署运同，命他整顿盐务，一年后额外加收三万两税银，第二年恢复了原有的十三万两。

至于私盐泛滥的情况，张之洞创立了河海巡缉营，筹备了海防、盐务、厘金各轮船十五艘，编为三营，还有内河轮船八艘，编为二队，分配好任务后，专门负责缉拿私枭盗匪，扼制私盐运输渠道。

经过这一改造，广东盐路畅通，盐价平稳、一切趋于良好，过去每年盐税九十万两，此后增至约一百三十万两。盐税的上升，使广东困难的财政状况有所缓解。

3. 劝办捐输

为了解决财政困难，张之洞不得不"劝办捐输"和弛禁"闱姓"。

张之洞督粤之初，粤海关监督给他送红包。张之洞很奇怪，监督连忙答复："这是惯例。"张之洞说："既然是惯例，请备公文，按月报善后局，专款储用。"各府州县每年均要办"贡例"二次，依然有人将这款子呈送督署，叫"贡余"，张之洞向来拒收。

清朝吏治腐败的表现之一便是官员私自收钱，向上送礼，而且种类繁多。好比香烛差费、练勇经费、饷差盘费等，以及规礼类的到任礼、节寿礼、季规、月费、油米柴炭费等。众多官员想靠这些升官发财，同时这些费用也让他们难以承受。因此，他们只有大肆聚敛民财，然后亏空拖欠公款，但总免不了有朝一日东窗事发。张之洞明白其中道理。

还在山西任巡抚时，张之洞就以身作则，将所有官场陋习一并革除。到广东后，他依然身体力行。但正值中法战争时期，他便将向官商劝办捐输作为一条生财之道。无奈之下，便延承此弊，积极向官绅盐商征集钱款，用以装备各缉捕部队。一八八六年至一八八八年间，捐款额达八十万两，全部充作海防经费。次年，他筹建广东枪炮厂，又下令征款，而后三年时间奉捐五十万两。

直接向官绅征款，其实是间接地盘剥百姓。张之洞将离开广东时，向朝廷上了一份《裁革州县规费加给公费津贴折》，要求裁革各级官吏规费。

在“接续劝办”官绅捐派的同时，张之洞撤除了各种苛捐杂税，在一定程度上缓解了阶级矛盾，使民心安稳。如一八八六年四月二十四日，张之洞上《停止沙田各捐折》。所谓“沙田”，指大水之后冲积而成的田地。一经耕种，便成良田，这在珠江下游是常有的事。但沙田的主人都是土豪劣绅。小民百姓虽也有一些，却要交税。张之洞的主张是免去沙田捐，折中说：“粤省沙田利息最厚，弊端最多。斥卤久熟，不肯补升，溢坦日增，终不守报。且沙田业户皆富绅大户，连阡累陌，沙田一亩，捐银二钱，捐数甚微。”接着在一八八六年“疏请颁发沙田部照，实行沙田升科，按亩纳粮奏折”中说：“……粤省地居滨海，沙坦较宽，此项退水之田，素称膏沃。获利既厚，流弊滋多。……惟查老沙新沙，皆未请给部照，民间但凭垦单县照，司照管业，其间或有遗失，或经典售，影射侵占，启争受累，均所不免。此次拟请除原额民田外，无论老沙新沙，一律换给部照……”

广东自道光二十四年（1844）开始查办沙田升科之案，次数不少，而沙田的捐额却一直未定下来，不能让人信服。直到张之洞奏请，废除沙田捐，按亩征粮，才解决了沙田捐这一沉疴痼疾，此举既缓和了阶级矛盾，又增加了财政收入。

单靠户部解决不了广东的问题，张之洞只有借助弛禁“闱姓”来暂解燃眉之急：

“闱”，通指科举考场。“闱姓”，是晚清流行于两广地区利用科考进行赌博的活动，也就是竞猜中举者的姓氏，赌输赢。道光末年始行于广东地区，光绪后期又蔓延到广西。开始只是小赌，百钱左右，后来发展到开局收票。咸丰年间为平内乱，广东巡抚郭嵩焘只让他们罚缴款项，为充军用，接着准其立案，招商承办。同治二年（1863），户部尚书罗惇衍认为这种行为有碍社会风气，奏请严禁，但是屡禁不止，且范围越来越广。

因“闱姓”赌博以小本钱就能赢得高利，所以吸引了大批人，无论贫富贵贱都想获得暴利，以致有的家破人亡，有的卖妻卖子。每年乡试，参与赌博的不下数百万人。无论如何，赌商都能从中取利。如清政府要禁止“闱姓”，赌商们便将赌场转至澳门，向葡人纳税，寻求保护。

广东历任督抚大都严加禁绝。一八七六年，粤督英翰曾一意孤行，允许“闱姓”赌商缴捐，被巡抚张兆栋参劾，结果英翰被调任他处。张树声在临去职时，奏请严禁，希望不为后任造成财政难堪。张之洞上任后，因中法战争等故，导致财政极度困难，只得接受“闱姓”捐资百余万两，这是他妥协的第一步。然而，诚信堂商人张荣贵、敬忠堂商人杨世勋等正式与他协商，以承办“闱姓”，以六年为限，共捐洋银四百四十万元，五个月先缴一百五十万元为代价，要求开禁，张之洞考虑再三，他于一八八五年六月二日呈上《筹议闱姓利害暂请弛禁折》，折中说：“闱姓弊端甚多，本应严申禁令，惟须一律禁止，不使利归他族方为上策。……光绪元年申禁以后，奸民私于澳门设局，输资葡人，澳酋作护，官力遂穷，借此巨资购船置炮，近且接济，法虏窥伺省垣。澳为粤患，中外共知，为丛驱爵，有名无实，实藉寇资盗，有损无益。现经绅商县呈，如蒙弛禁，情愿认捐巨饷。此时饷源无出，亦可藉抒目前之急。”

以后，张之洞利用“闱姓”捐资渡过了财政危机，并修复黄埔船坞，造成“广元”“广亨”“广利”“广贞”四艘兵舰，以四万两向英国订购织布机器，还包括修河堤、赈灾民等。

“闱姓”开禁，两广疯赌，不久惠州考场又发生重大舞弊案。据此，许多官员议论纷纷，清廷也命张之洞去调查，张之洞只是一味地推诿搪塞，后来没有办法，只好推卸责任了事。在醇亲王、西太后的包庇下，张之洞未受任何处分。

张之洞倒是不敢一味追求财政丰裕。后来“白鸽票”赌博也多起来。“白鸽票”又称“白鸽标花会”，赌局放飞一批信鸽，赌有多少只飞回，任何人都能买票竞猜。其危害不在“闱姓”之下，张之洞于一八八六年五月下令禁止。可是，海军衙门成立，急需用钱。粤省赌商表示：每年上交一百万两，请开白鸽票之禁。主持海军衙门的奕譞让李鸿章办理此事。李就告知广东臬司王之春，说奕譞有意答应，让张之洞照办。张之洞回信给李鸿章，“力陈其害”，愿从广东财政中拨出一百万两银子交海军衙门使用，力求始终严禁白鸽票。这大概也是张之洞的赎过之举吧！

其实对于“闱姓”赌博本身，张之洞也有克制。他在《筹议闱姓利害暂请弛禁折》中也说道：“此举原属权宜，不得不然，终必须禁绝根株，方为常经之计。以后粤防自必求强固，惟有俟我兵力渐强，船炮足备，先后移檄澳酋，约彼不得梗令庇匿，违者绝其通商，然后省澳一体通禁。护符既馁，令下风行。庶乎坐言起行，确有实际，此则臣等所竭力图之，而寤寐不敢或忘者也。”

总而言之，弛禁“闱姓”是张之洞政治生涯中的一个污点，他是讲“理”、讲“名教”、讲“纲常”的孔孟信徒，却默许这种以国家取仕选举为赌注的活动在辖区内泛滥，以致粤省赌风愈演愈烈。

4. 设立钱局

鸦片的大举侵入导致我国白银大量外流，银贵钱贱的现象对清政府的赋税、贸易等渠道带来重大打击，更使人民生产生活遇到重大阻碍。又因为外国银元的大量涌入更使得中国货币体系陷入了危机。鉴于此，林则徐一面指出：“在国内禁止外国银圆流通”，另一方面又建议自己制造本国银币，建立本国银本位的货币制度。可是，林的建议未被采纳。

后来又有不少有识之士提出这样的建议，江苏、上海、浙江还试着铸过银币。一八八二年，吉林开始用器械造币。但大规模地造币，则始于张之洞设立的广州铸钱局和银钱局。

一八八六年，张之洞学习了外国机器造币技术，当时派人到英国伯明翰喜敦厂考察。张之洞即于次年二月十六日连上“购办机器试铸制钱折”和“试铸银圆片”，提出：“惟铸币便民乃国家自有之权利，铜钱、银钱，理无二致，皆应我行我法，方为得体。”四月，刘瑞芬与喜敦厂达成协议。此刻，张之洞在广州大东门外黄华乡购地八十二亩建厂，至一八八九年五月二十五日竣工，有四名英国技师指导铸币。

在洋元大举涌入的情况下，张之洞试铸了“光绪通宝”，每文重库平一钱。这些币刚上市，就由于“制作精良、斤两十足”，相当受人民的欢迎，不仅便利经济流通，而且解决了边饷问题。张之洞说：“这次试铸是为云南、贵州等地提供经验，以备仿铸，充实军饷。”

一八九〇年，广州银钱局建成，投入生产，分一元、半元、贰毫、壹毫、五分五种。一面有“光绪元宝”四字，清文汉文合璧；一面铸蟠龙纹，有汉、洋两文，“以便在国际上流通”，又叫“龙洋”或“龙银”。

广州铸钱、银钱两局步入正轨后获得了每年三十万两的丰厚利润。一九〇〇年又开铸铜币，这在我国历史上是最早的一次。一九〇七年改名为度支部造币厂，一九一〇年再次成了度支部广州造币分厂。辛亥革命后又改成广东造币厂。经算，从一八九〇年至一九一二年，广州银钱局共铸大银一千八百八十一万枚，半元币二万六千二百二十枚，二毫币七万五千三百四十五万余枚，一毫币一万一千九百四十九万余枚，五分币二万六千二百二十枚。这些产品流通于粤津沪各口岸，抵制了帝国主义对中国的金融侵略，而且促进了我国商品经济的进一步发展，在我国近代货币史上有着重大意义。

广东财政在张之洞的苦心经营下终于日渐丰裕起来。张之洞初到粤时，“藩库存款前任张树声所借二百万两洋款剩余不及五十万，张之洞离任时还余存款正项银二百万两，书院书局杂款银五十余万两，皆存汇丰，广东省国库所存还不计算在内”。当时中外盛传张之洞在广东大肆挥霍公款，李筱泉看后，不禁对张之洞肃然起敬。

四、兴业

1. 海防事业

中法战争中一再失利的中国海军的表现，使张之洞清楚地意识到筹建现代化海军刻不容缓。

广东在张之洞调来之前已有一支初具规模的轮船水师。同治五年（1866）蒋益澧任巡抚时，向英、法购买了绥靖、澄清、安澜、飞龙、静波、镇涛等七艘轮船，用来抓捕罪犯。及同治十三年，总督瑞麟与巡抚张兆栋建议设立机器局，由委员、乡绅温子兆制造轮船，只造了十六只能用于内河往来的小轮船。因船身较小，不能远航，所以对广东海防没有起到什么作用。

十九世纪七十年代，李鸿章等考虑到海防关系重大，从英国购买了一批二三十吨的小炮艇，一八八〇年仿造成功。一经使用，发现其并不能加强海军的力量。由于船身“均系钢片镶做”，仅仅两年，“船底铁板锈蚀，机器等件间有松损”，只得返回修理。况且“只能在海口及沿海浅水处驰逐”，风大则止。自卫能力又弱，中弹即沉，被称为“蚊子船”。

张之洞在中法战争中也深切地体会到蚊子船毫无战斗力可言。所以，战争还未结束，他就拨了二十万元，派人修复、扩建黄埔船坞，加造船只，派提督方耀督办，试建浅水兵轮。他说：“在海防上，水军是不可缺少的重要环节，炮台、军舰相辅相成才能更好地发挥效应。”第二年六月，制成“广已”“广亨”“广利”“广贞”四艘，前两艘为七十八马力，后两艘为六十五马力。接着又造成“广戊”一艘。然而这些军舰也不能执行远洋作战任务，只能在广州水域巡逻。张之洞便又开始建造小型铁甲舰，两年时间共建成“广已”“广玉”“广金”三艘，分别重约七百吨，每舰可设炮八门。此外，张之洞还向福州造船厂订购了一千吨以上的“广甲”“广乙”“广丙”等铁甲舰。广东水师因此实力大增。

一八八五年十月十二日，张之洞上《筹议大治水师事宜折》，设想在中国沿海建设四支海军：“北洋为一支，旅顺、烟台、珲春属焉；南洋为一支，浙江属焉；闽洋为一支，台湾属焉；粤洋为一支，琼州属焉。所辖洋面各有专责，遇有大敌仍责令各支合力攻击，互相援应。”这与李鸿章专力筹建北洋水师的意见唱上了对台戏。张之洞竭尽全力筹办水师，在他离任时，粤省水师已颇具规模，他还建立了一支由一百艘舢板、炮划组成的“广安水军”，但是他的“大治水师”的设想没能实现。“唉，可叹啊！满朝庸庸碌碌的官员，目光短浅，竟以先办‘北洋水师’，等到军费充实再推广到全国的借口对广东水师不予支持。”

编练新军向来是张之洞的一贯主张，中法战争更坚定了他在广东编练新军的决心。一八八五年，张之洞一面着手筹办新军，一面裁撤旧式部队，他命对西洋军队武器较熟悉的总兵李先义编练“广胜军”五营，选拔精锐士卒编入新军。又高薪聘请德国军官雷芬、马驷、柏庐、欧披茨等七人前来训练，一切从实战出发，训练项目有卧枪、过山炮、安放火雷、修筑炮台、散兵阵、洋式火箭、架设行军电线等。

张之洞寄厚望于这支军队，希望一有成效便在广东全军推行，彻底将军队训练精强。广胜军“专习洋战”的编练，成了他以后编练江南自强军和湖北新军宝贵的经验。

2. 水陆学堂

重视人才是张之洞的秉性，他认为教育是培养人才的保障。他在粤省兴办洋务时，认识到国内人才的缺乏，于是开始向福州水师学堂、天津水师学堂和武备学堂学习，在广州创办水陆师学堂。

一八八〇年，当时的两广总督因培养兴办实务的人才而捐出十五万两银子在广州设立“实学馆”，分派教习，考选学生，学习西方先进的历法、数学。张之洞见后，认为这里的学生还可以继续深造，将其改名为“博学馆”。

一八八七年八月三日，张之洞上《创办水陆师学堂折》，在原“博学馆”馆址上扩建，开办了广东水陆师学堂。

招学生七十名，在博学馆中选出“通晓外国语文算法者”各三十名为“内学生”；在部队中选拔优秀士兵二十名，为“营学生”；选“业已读书史、能文章”，年纪在十六至三十之间的文生各二十名，为“外学生”。总共一百四十名。

水师学堂分管轮堂和驾驶堂，管轮堂学生学习机轮理法、制造、运用等课；驾驶堂学生学习天文、海道、驾驶、攻战等课。英语是两堂都要学习的。陆师学堂学生学习德文，分马步、枪炮、营造三项。

学堂各项规定依据天津、福建学堂的经验，结合广东当地情况变通处理。学习各国军事特点，讲求实用不务虚华。学生每天早上先读五经数刻，端正其学习态度。每当不学洋文时，便学习经史策论。允许在校生参加科举考试。

此学制为三年。水师学生毕业后，拨入练船实习，其中有练船正教习、枪炮、帆缆、测算教习各一人。一年后，选拔优秀的学生分赴外国学堂、兵船学习。陆师学生毕业后，也是挑选优秀学生分赴各国学堂、陆军练习。一年中水陆学生都是学习九个月，在船、营实习三个月。遇有外洋有事，拟照各国通例，前去观看，以增加学员实战经验。

学堂总办一职，由二品衔、补用道吴仲翔担任。他曾是福建船政局提调，是我国船政事业的创办者之一。他被调回承办水师学堂后，取得了可喜的成果。陆师学堂教习由德国军官欧披茨担任，同时教授德语、测算、操练，水师学堂正教习是福州造船厂的英员李家孜，此外还有中国教习十一人。

一八八九年十二月十日，张之洞又上《办理水陆师学堂情形折》，讲述水陆师学堂开办以来的事宜：校舍、寝舍共计一百八十多间，一切设施健全。另有机器厂、铸铁厂、演武厅、操场、帅台、码头等附设。

到一八八九年时，学生已达一百一十五名。张之洞拟将全堂分为管轮、驾驶、陆师三项，各招学生七十名，共二百一十名。水师学堂练船调“广甲”轮充用，副将刘恩荣担任练船总管，程壁光为副总管。

“驾驶头班学生十四名完成学业，年内可以参加实习练船。陆师头班学生十九名完成学业，只可以供军队使用”。学堂创办后，已有很大的收效。

张之洞在广东省陆续开办了一些洋务事业后，体会到洋务人才的缺乏。一八八七年，他开创了水陆师学堂，并将洋务局改为“办理洋务处”，以藩臬运三司、粮道充会办，命各部门广为罗致洋务人才，并用蔡锡勇、瑞璋襄办洋务。

蔡锡勇，广东人，广州同文馆毕业，做过驻美公使馆翻译。一八八四年担任了洋务局委员，负责订购冶铁和纺织机器等。洋务局改过以后，以张之洞幕僚身份办理洋务处事务。随张之洞去了武昌后，以道员衔受命筹办汉阳铁厂、湖北枪炮厂、织布局等。他为张之洞办理洋务出力颇大。

一八八八年，张之洞进口一中小型发电机，在督署内装上一百盏电灯，这是我国第一次使用电灯，离电灯发明时间不过几年。

为了解决人才问题，张之洞又在水陆师学堂内增设矿学、化学、电学、植物学、公法学并合，称作“洋务五学”，“拟各以三十名为额，五项共额一百五十名”。至于洋教习，则交由刘瑞芬联系，每“学”各招一人。

一八八七年，电报线路日益广泛，国内相应地缺乏该方面人才，张之洞又在广州设立电报学堂。

3. 军工企业

如果说张之洞在山西接受洋务是因为受到李提摩太的影响，那么，中法战争则是促使他在广东兴办洋务的直接原因。

在广东的所见所闻，让张之洞大长见识。而中法之战则教会他要振兴中华必先讲求“自强”，创办军事工业更是头等大事。

张树声曾经署任两江总督、江苏巡抚、署直隶总督，同时也是著名的洋务派健将，他目睹了多年的局势，深有感触。一八八四年十月，他在病危时还上奏说："近岁以来，士大夫渐明外交，言洋务，筹海防，中外同声矣。夫西人立国，自有本末，虽教育文化远逊中华，然驯至富强，具有体用，育才于学堂，论政于议院，君民一体，上下一心，务实而戒虚，谋定而后动，此其体也；轮船、大炮、洋枪、水雷、铁路、电线，此其用也。中国遗其体而求其用，无论竭蹶步趋，常不相及，就令铁舰成行，铁路四达，果足恃欤？"

这话在当时来讲很不寻常。西太后、李鸿章从不赞同其"育才于学堂，论政于议院"的建议，张之洞正统思想更深也不会同意。然而，实践使张之洞相信了"务实而戒虚""为国舍理而言势"的理论，便决心改志大办洋务，使怯弱的中国强大起来。

一八八五年八月五日，他在"筹议海防要策折"中说：

> 窃维自强之本，以操权在我为先，以取用不穷为贵。夫欲善其事先利其器。当时急务，首曰储人才，……次曰制器械，……次曰开地利，……斯三者相济为用，有人才而后器械精，有煤铁而后器械足，有煤铁器械而后人才得以尽其用。得之则权利操诸我，失之则取予仰于人。

他还针对粤省情形提出自己的规划："期以一年半而枪炮厂成，两年而炮台备，三年而水师立，五年而水师大成。分条并举，循序程功，自易观成。"

事实上，李鸿章等人创办的洋务军工企业也有一定的积极意义。泸宁津三局——江南制造局、金陵制造局、天津机器局实现了武器装备的现代化。张之洞虽然是清流党人员，但他明白太平天国起义和捻军起义失败在国内产生的消极影响，而解决这些的是洋枪洋炮的输入和制造，同时洋枪洋炮的使用还有御外侮的积极作用。于是他从清流党向洋务派转化，逐步感受到必须创办独立的、适用的军工企业的必要性。

中法战争爆发，中国军工企业规模弱小的缺点日益暴露，虽然李鸿章曾说："法军常扬言北上，但北方关卡海口众多，各处虽已倍加驻防，但军械一时难以接济。"但是，身兼数职的张之洞心里却别有一种滋味。一八八五年二月，清廷电旨："闻谅山之失事，……著饬各军力将该城攻克，以分敌势。滇粤各军、台湾枪械，断不可缺，著赶紧速解。"正是枪械问题困扰着他。写《张文襄公年谱》的胡钧记述道："是时，筹饷尚可措手，筹械最难。粤省枪炮子弹均购自香港英商，而驻使曾惠敏纪泽诘英商，以接济法国军火，不守中立，英遂并粤省采办而禁之，公电饬曾纪泽等设法，谓此为战事紧要关键。”张之洞也诉苦说：去年筹备省防以来，以数百万两购买军火，结果所购军火质量参差不齐，西方列强又坐地起价，处处为难，这样下去并不是长久之计。

这种对列强进口武器的依赖状况，坚定了张之洞创办自己的军工企业的决心，一八八五年四月，战争刚刚结束，张之洞就从外洋订购机器运抵粤省，因为广西防务的日益重要，所以他想在南宁设立制造枪弹局。他与护理广西巡抚李秉衡讨论过这件事，可是李秉衡却回电说“设局靡费”，所以事情没有成功。张之洞只得将随机器运来的一批新式机枪发往关前防军，将旧枪放在龙州，“发安分团练应用”。

从这时开始，张之洞便全身心地投入到广东的洋务事业中去。

中法战争以前，广东还没有那种大型洋务企业，但作为首先接受西方影响的地区，这里的近代工业已有些起色。中国的近代化企业一般是先有洋务企业，后有民营企业。而广东则是先有民营企业再有洋务企业，与外界接触较多的华侨率先投资近代资本主义企业。一八七二年，陈启源在南海县建成我国第一家民族资本主义工业厂——继昌隆缫丝厂。不久建起了裕厚昌缫丝厂。一八七九年，华侨卫省轩在佛山开设了巧明火柴厂。一八八二年，商人钟星溪在南海开办了造纸股份公司。一八七九年，汕头有了第一家豆饼厂。

一八七三年，两广总督瑞麟开办的广州机器局，是广东第一家洋务企业。

广州机器局是同治十二年由两广总督瑞麟倡办，温子绍为总办。一八七四年瑞麟去世，署理总督张兆栋在广州城西购地，创办军火局，由温子绍兼任总办，各项开支七十余万两。一八七六年，刘坤一任两广总督，整顿防务，对广州机器局也较重视。虽然刘坤一很注重塞防，但两广的地理形势迫使他不得不重视海防，而且这也是光绪初年清廷的战略防御特点，刘坤一很明白这一点。他只好顺应潮流，积极筹办海防。因此他一上任，就十分支持李鸿章、沈葆桢筹办新式海军，还要用广东财政收入作为新式海军建设的经济后盾。答应以广东海关税支援北洋海军建设，而且截留厘金为本省海防经费。尽管清廷不同意他的看法，但是他仍坚持不懈，以八万两银子买下黄埔船坞，用作附属的造船厂。一八七九年，他向英国买得一只蚊子船，并进行仿造。第二年完工，耗银八万四千两。

广州机器局创建了十年，总计开销四十七万八千多两。制造出的机器并不出色。由于是官办企业，因此腐败现象层出不穷。一八八五年，张之洞开始对其查办、整顿，将总办温子绍革职并罚款两万两，还将其纳入军火局，改名为制造东局。原址改成了广雅书局。

制造东局以臬司瑞璋兼督办，仿神机营和上海江南制造局章程，核定各项规章制度，严格要求，奖惩分明，生产略见起色。

一八八六年，张之洞在城北二十里外的石井墟购地三十一亩，创办枪弹厂。从一八八六年十月动工，到次年六月建成投产，耗资近六万两，该厂能生产毛瑟、马梯尼等六种型号的枪弹，开始每天产子弹二千至八千粒，慢慢地有二万颗。张之洞还要求黄荔丹任造船厂总办，造出“广戊”等兵船，后来又有“广己”“广玉”“广金”等小型铁甲舰造成，枪弹厂被称作制造西局。

一九〇四年，时任粤督的岑春煊于制造西局附近购地，创办石井机枪厂，因此石井枪弹厂改为黑药弹厂和炮械厂。

广州机器局是洋务运动“求强”的结晶，也是张之洞兴办军工企业的开始。历经三十多年，它已成为出色的军工厂，尽管它还有很多不尽如人意的地方，但毕竟对广东近代工业的发展起了巨大的推动作用。

张之洞以石井枪弹厂为试验，待工艺成熟和资金完备时再开始筹备建立一座新式枪炮厂。他在《筹建枪炮厂折》中说：

> 广东地方，边防海防，胥关紧要，枪炮一项，最为急需。……查水陆各军需用枪炮，概系购自外洋，不但耗蚀中国财用，漏卮难塞，且订购需时，运送遥远，办理诸多周折；设遇缓急，则洋埠禁售，敌船封口，更有无处可购、无处可运之虑。况所购之械，种式不一，精粗各别，弹码各异，仓卒尤易误事。详筹时势，必须设厂自铸枪炮，方免受制于人，庶为自强持久之计。

他调查知晓，以前各省购办的马梯尼、毛瑟、哈乞开等新式单响、连响洋枪等武器，种类繁多，良莠不齐，其中德国的毛瑟枪使用率最高。据说，德国试制成的连珠十响毛瑟枪，是当时世界上最先进的枪械，还未在各国军队中推广。而纯钢后膛炮，以德国之克虏伯、英国之阿模士庄两种为最精良。而克虏伯厂以泥罐炼钢，后膛横门坚固，尤其精良。于是张之洞要买这种全套机器。新筹建的兵工厂位于广州西北四十里的石门地方，后依山麓，前临北洋，非常适合建厂。一切费用来自粤省官商捐款。机器、工匠等事项，均由洪钧在德国代为办理。

一八八九年五月，张之洞向海军衙门提出请求，一得同意，广东便即刻汇银购机。八月四日，张正式上折具奏此事。可没几天张之洞被调任湖广总督，广州枪炮厂建厂之事只好作罢。张之洞到湖北后，与海军衙门、李鸿章据理力争，将原订机器运往湖北，创办了湖北枪炮厂。

与此同时，张之洞又想办炼铁厂。广东从前便以炼铁业出名。明正德、景泰以后，佛山一带冶铁业迅速发展，铁器行销全国，“居民大部分从事冶铁业”。

可是，鸦片战争后，由于洋铁的冲击加上清政府“铁禁”，使佛山冶铁业走向衰弱，同时由于兵轮、枪炮制造规模扩大，钢铁日渐不足。为了不靠外国的铁，并且反抗列强的经济侵略，张之洞决定建设自己的炼铁厂。他在与刘瑞芬和驻德公使洪钧多次议论后，在英国订购两座炼铁炉、炼钢炉及“相关设备”等设备，总计价值八万三千多英镑。

一开始，为了配合炼铁厂的建立，张之洞开办了矿务局，制定《矿务条例》，建议开放“铁禁”，鼓励民间投资开矿，民族资本家申请开矿之风日益兴盛，如一八八八年，何昆山先后在从化开采铁矿和铅矿，以及在阳山开采金矿。一八八九年，何又用十万元，在香山开办天华银矿。张之洞这边又开采佛山铁矿，来提供炼铁厂的原料。

一八八九年九月，张之洞上《筹设炼铁厂折》，建议开设炼铁厂，他说：

> 窃以今日自强之端，首在开辟利源，杜绝外耗。……两广地方产铁素多，而广东铁质尤良。前因洋铁充斥，有碍土铁，经臣叠次奏请，开除铁禁，暂免税厘，复奏免炉饷，请准任便煽铸，以轻成本而敌侵销。多方以图，无非欲收已失之利，还之于民。

他在折中提到这一创办形式是“官倡民办”，具体方法是“官方先垫款开办，等到稍见成效后招商人募股，归还官方本金，交由商人管理，此事须从速办理，以便速来集资”。

与广州枪炮厂有一样的命运，在张之洞调鄂后，广州炼铁厂一事搁置下来。因为炼铁厂投资大收效慢，李鸿章愿将已订机器运往湖北。

4. 民用企业

中国自然经济的瓦解，可以说与中国半殖民地半封建社会的加深有着必然的联系。广州开埠早，自然经济瓦解也较快，加上列强的经济侵略，市场上到处是洋纱洋布。出于此，张之洞决定在开办一系列军工企业的同时再开办一系列民用企业。他认为，洋纱洋布的倾销，使得国内纺织工业严重萎缩，长此以往，中国百姓将无纺织之利可图！如今洋纱、洋布蜂拥而入，只有改善自己的纺织工具，提高纺织质量才能与之抗衡，保护自己的权利。

广东早在一八七二年就出现了我国第一家使用机器的民族资本主义企业——继昌隆缫丝厂。但官办的民用机器工业一直都没用。

十九世纪七八十年代，洋务运动也开始由“求强”向“求富”转化。一八七六年，李鸿章在黎兆棠建议下，让魏纶先去上海“出头承办”织布局事宜。后又交给彭汝琮接办，一直没有成功，直到一八九〇年才成功。一八八一年该局转为官督商办，郑观应向李鸿章申请专利权：以后上海无论何人想办纺织工业，只能与该局合办。此后，郑又以防止“洋商仿造”为理由，要求以十年或十五年为期限，“通商各口无论华人、洋人均不得于限内另自纺织”。李鸿章据以奏准“酌定十年内只准华商附股搭办，不准另行设局”。这种局面对于民族纺织工业的发展有压制的影响，同时也影响了其他地方的官办纺织工业。为了避免和上海机器织布局的冲突，张之洞与李鸿章多次商量，最终得到了在广东办局的权利。

以后，张之洞一方面让刘瑞芬去外查询新式织布、纺纱机器，另一方面派人做广州的市场调查，查出六种最畅销的布，即原色扣布、原色上等次等布、白色上等次等布、竹布、斜纹布和提色花布。随后，他将六种样品寄给刘瑞芬，要求以国棉为原料在英国试织。在一八八九年八月致电刘瑞芬，让他订购织布机一千张，照配纺纱、染纱、轧花、提花各项机器及各种配件，需款八万四千八百三十二镑，运输和保险费用总共要国银四十余万两。张之洞想聘用外国技术人员十名，这些人员必须通晓建厂工程，能安装机器。

厂设在广州南岸，所用原棉购于江浙一带，还有一部分美棉。一八九〇年，机器运抵广州，张这时已在湖广总督任上。与炼铁、枪炮制造相同，这些织布、纺纱机器也运抵了湖北。

第七章　开创之功

一、创建铁厂

1. 初具规模

早在光绪六年（1880），赋闲居家的刘铭传再度重新被起用时，上奏了《筹造铁路以图自强折》，提议修造以北京为中心的三条干线。清廷要求各封疆重臣商议后复奏，被清流党所反对，没有成功。后几经挫折，一八八五年才修成津沽铁路。粤商陈承德想承办天津至通州铁路，总理衙门已经批准，可很多人“对此事百般阻挠”，过后很久，许多地方官还在为此事争论。

本来，张之洞在粤督任内干得正好，可他一八八九年初上了一道《请缓造津通铁路改建腹省干路折》的奏章，提到了缓办津通路，改办从卢沟桥起经河南达于汉口的芦汉路，并分析出“七大利”。清廷认为张之洞所奏各节“都是当务之要”，有意促成，因此他也就“由粤移鄂”。

由粤移鄂，也正是因为他奏办芦汉铁路得到了清廷的肯定。由于当时中国的近代钢铁工业一无所成，要修建那么长的铁路干线，少不了大量的钢轨。在购买洋轨和建造自己的炼铁厂之间，张之洞选择了后者。他还在任山西巡抚时，就有这个念头，直到督粤，他更是把开采铁矿与筹办炼铁厂紧紧联系在一起，想创建一座近代化的炼铁厂，并说：“财政虽然困难，但每年二百万还是筹得到的，中国的钢铁虽然质量差，但绝没有炼不出好铁的道理。中国产铁之处众多，必能适应建设需要，只要坚持不懈，十年、十余年中国必能将这条铁路建好。”于是，他在一八八九年十月，向海军衙门建议：“储铁宜急，勘路宜缓，开工宜迟，竣工宜速。”也就是先准备开矿办铁厂，再一步一步一气呵成。李鸿章认为这实现不了，必须靠外国钢轨。他告诉张之洞：“炼铁制成钢轨、铁桥、机车，实非易事，日本铁路日增，至今工料皆用土产，只有钢轨需要不断从外国进口。”但张之洞主意已下，誓要成功。

一八八九年八月八日，清朝下旨：“张之洞著调补湖广总督，即赴调任，毋庸来京请训。”同年十一月十四日，张交卸粤督篆务，十九日交卸抚篆，当天就离开广州，中间经过香港、上海，于十二月十七日到达武昌，十八日正式接任。

一八九〇年一月，刚刚上任的张之洞就派员赶到湖北、湖南各州县及川黔山陕诸省查勘炼铁各矿。二月，他又在武昌三佛阁设立矿务局，后又改叫铁政局，以蔡锡勇为负责人，英人贺伯生为监工，约翰生做工程师，大挑知县王廷珍为总监工，开始创建汉阳炼铁厂。

铁矿对炼铁来说至关重要，张之洞急需专业人才，他聘请了洋员白乃富、毕盎希、巴庚生等进入铁政局工作。一切准备就绪后，便率领员工分赴各地探矿，预备开采大冶铁矿。

其次，煤矿也十分必要。要是发现大煤矿，自然在那附近设厂比较好，但大冶铁矿的勘探比较顺利，煤矿就难说了，补救手段只有采买湘煤。

至此，在何处建铁厂成了急需解决的问题。著名洋务分子、曾派人勘探大冶铁矿的盛宣怀，建议把厂设在大冶北面的黄石港。张之洞根据黄石港的地形“地平者洼，高而窄”及运费、管理费等问题不赞同这个建议。他认为应在武汉附近设厂，经过一番调查，初步决定在武昌城东南二十多里外汤生湖边的金鸡垸设厂。但经仔细勘察，发现那儿有河阻隔，交通不便，不适合开厂。直至一八九〇年九月，定下汉阳大别山下的一块地方建厂，此地“襟江带汉，山麓平地宽广”，长约二千米，宽为五百米，很有气势。张之洞发现那儿有“六便”：

贸迁繁盛，商贩争趋，货多值钱，其便一；钢铁炼成亦须上运汉口销售，并须运至枪炮厂制造。今炼成出售，如取如携，省重运之费，其便二；……铁厂、枪炮厂并设一处，矿学、化学各学堂俱附其中，布厂亦在对江，皆可通融任使，其便三；……设在对江，督察甚易，其便四；督抚、司道等皆可亲往察看，百闻不如一见，其便五；矿渣、煤渣每年约出三万余吨，除填筑本厂地基外，兼可运往汉口后湖，填筑湖身，……其便六。

选好设厂地点，户部应张之洞之请拨银一百万两。一八九〇年底，汉阳铁厂开始动土。工程浩大，用了土石九万方，王延令做指挥，民工三千多人，在几个月内竣工。为了方便运输起见，又在河边修建码头，安装起重器械，铺设铁轨，与厂区相连。为防水灾，修筑了坚固的堤防，堤基宽十五米多，堤顶宽六米有余。

早在选厂址时，张之洞就和新任出使英、法、义、比四国大臣的薛福成讨论过买机器的事情。发电设备是从英国兰开夏公司和百利摩科姆公司买来的。炼铁炉则购自英国谐塞特公司铁厂。此前，张之洞向刘瑞芬订购的机器还有炼铁大炉二座，日出生铁一百吨，并炼熟铁、炼钢各炉和各种配备设备，薛福成把能炼贝色麻钢和西门士钢的炼钢炉和制轨设备发运中国，并且还发运了其他配套机器，同时聘有关外国技师。

张之洞在粤督任上就和驻外使臣刘瑞芬、洪钧讨论过向英德购买机器之事。但后因调往湖北，此事便没有了结果。李鸿章认为铁厂的投资大而收效慢，有赔钱的可能，所以他不想让新上任的哥哥背上一个大包袱。李瀚章向来循规蹈矩，以种种借口推托办厂之事，阻碍炼铁厂的兴建。此时，李鸿章便电商张之洞，将订购的炼铁厂机器设备转移到湖北，张之洞马上同意了。不久后接到海军衙门的消息，芦汉路每年需经费二百万。

一八九三年十月，汉阳铁厂正式建成，共分十厂。其中贝色麻钢厂有两座八吨炼钢炉，西门士钢厂有一座十吨马丁炉，炼生铁厂有两座一百吨炼铁炉。整个厂共有十六座烟囱，最高的有二十丈，其中十二座由耐火砖砌筑，其余四座是铁铸的。铁铸烟囱在我国历史上还是第一次。

一八九三年十一月二十八日，张之洞奏上《炼铁全厂告成折》。

一八九〇年四月，各路委员、矿师先后返回武昌。经过考虑，张之洞将目光锁定大冶铁矿。一八九三年初炼铁厂告成。各种配套设施也陆续建成，汉阳炼铁厂的铁矿石供应从此有了良好的保证。

在汉阳炼铁厂的建设中，预算煤的日消耗量为六十至七十万斤，同一时间开办的湖北枪炮厂、湖北织布局等企业对煤的消耗也不少，小煤窑不可能承受如此大的用煤量。以张之洞的科技文化知识不可能十分科学地筹办炼铁厂。向外洋订购炼铁、采煤机器时，不知“煤在何处，筹划不周”，以至造成了目前能源紧缺的后果。一直到抵达湖北才急忙派人调查，并提倡私人投资煤矿，宣布只要产品优良，无论产量多少张之洞照单全收。但是，响应的人并不多。他不得不用国家的资金来建设大冶王三石煤矿和江夏马鞍山煤矿。

一八九四年六月，炼铁厂开始运作，张之洞亲自入厂察看。他自豪地说，炼铁厂炼炉宏大精巧，不知超过当地土炼法多少倍，并说湖北建厂炼铁可谓中国第一家。

汉阳炼铁厂包含了“采矿、炼铁、开煤”三大端，是我国第一家近代钢铁联合企业，其规模也是亚洲第一。汉阳炼铁厂的开炼，是我国钢铁业的重大事件，出使日本的大臣汪凤藻曾告诉张之洞：日本也要设立相似的炼铁厂，打算派人来参观学习汉阳铁厂的经验。随后又有驻汉口美国领事查尔德说：“这个企业乃中国历史上以制造武器、钢轨、机器为目的最进步的运动，这个工厂优秀无缺，而且规模宏大，即便简单观看也要几个钟头。”

以至于在后来，有些西方人士认为它威胁到欧美二洲的钢铁企业。中国的汉阳铁厂，气势恢宏，前途远大。中国的铁将行销世界，与欧美钢铁工业相竞争。它重大的意义在于，预示着中国的觉醒。

这样看来，汉阳炼铁厂是中国近代工业的新形象的象征，同时对增强国家实力和民族自信心有着巨大的积极影响。

2. 遭受弹劾

张之洞一门心思在汉阳铁厂的相关事宜上，不料，飞来横祸。大理寺卿徐致祥指责张之洞“辜恩负职”。两江总督刘坤一、两广总督李瀚章受命调查张之洞。

徐致祥给张之洞定罪为：在两广任内，懒见僚属，重用小人，举居无节，号令不时，借端苛罚，恣意挥霍，在粤五年，亏耗款项不下数千万两。藩司王之春培克聚敛，被他竭力保奏；知州赵凤昌声名甚秽，因善逢迎，也被倚为心腹。

创议兴办芦汉铁路，是明知不成，故用大言耸动朝廷，以示立异。

移督湖广未允办路，则又议办煤铁；乞留巨款，浪掷正供，迄无成效。复又多方搜索弥缝，一如在粤故技。

设电杆，毁通桥，众怒莫遏，几酿巨患。凡此之类，指不胜屈。

臣统观该督生平，谋国似忠，任事似勇，秉性似刚，运筹似远，实则志大而言夸，力小而任重，色厉而内荏，有初而鲜终。徒传虚名，无裨实际。

方今诸臣章奏，议论之妙，无有过于张之洞者；做事之乖，设心之巧，亦无有过于张之洞者。此人外不宜封疆，内不宜于政地。惟衡文校艺，谈经征典，是其所长。

昨岁该督祝大学士李鸿章寿文，极意谬颂。末有自述语云："度德量力，地小不足以回旋。"夫以两湖幅员之广，毕力经营，犹恐不足。而顾嫌其地小，夷然不屑为耶。何其狂诞谬妄若此之甚也！中外臣工对张所为早有微词，只因其兄张之万久居内阁，大家投鼠忌器，才没有向圣上陈奏。今采诸公评，事理昭彰，谅张之万亦不能再为他曲为庇护。

这些指责都关系到张之洞近年来所办实事，朝廷对此也没有明确的态度，只好下令彻查。做官的碰上这种事，实在是不幸。那么张之洞是怎么惹祸上身的呢？这全在为人不够谨慎。

徐致祥和代徐拟折的周锡恩，都与张之洞关系非常。徐致祥咸丰十年（1860）会试，仿抄张之洞八年前中乡试解元的文章，成绩优异，考中了第一名。张之洞的文章，徐致祥早就烂熟于心。这一下露了马脚儿，因为第一名的文章要公开，所以徐致祥被骂得一塌糊涂。张之洞也曾讽刺他说："徐致祥做了自己的门生！"徐致祥对此耿耿于怀。

周锡恩曾是张之洞的得意门生。张之洞做湖广总督后，周锡恩便跟着住在武昌。只要遇上游宴，张之洞定会请周，很欣赏他的才学。张之洞五十五岁寿辰时，有人让周锡恩作篇寿文。周锡恩挥洒自如，通体用骈文，典丽堂皇，得到众人赞赏，张之洞更是喜欢，赞誉为寿文第　。

事后赵凤昌对他说："周锡恩的寿文，有仿龚定庵给阮元的寿序之嫌。"张之洞查阅《定庵文集》，果然如此。张之洞很生气地说："我那么赏识他，他却如此欺骗。人们岂不都笑我不读书？他辜负了我，这种文痞实在可恨！如果不是提醒，我还蒙在鼓里。凤昌对我还是真诚啊！"

从此他不再理会周锡恩，几乎不愿见他。周锡恩因此记恨在心。

那么徐、周两人为何在这个时候告他一状呢？原来，张之洞的清流同党、御史李慈铭，参奏军机大臣孙毓汶，慈禧太后也持相同意见但又没有合适的人顶替其工作，思考多时说："没有办法，只有让张之洞补任了。"消息慢慢传开。那些平时与张之洞不合的人当然不甘心。当时，赵凤昌等人都劝张之洞做一番解释，但张之洞认为调查为实，没什么好辩解的。他甚至以《留侯论》为自己辩解：凡非凡之人，必能忍常人之不能忍，刘坤一、李瀚章既然调查我，朝廷必能给我一个公道。

原来张之洞性情乖僻，作息时间与常人不相同，一般在下午两点才睡，晚上十点才起床办公。总文案李文石每天办公时间皆在晚十时以后。与张之洞商洽公务，一般在第二天清晨。藩臬两司于上午谒见，正是他犯困的时候，在门厅坐候，经常一等就是数小时之久。道府以下属官等了多日都见不着他。有时与客人谈话未已，他忽然小睡一会儿，将客人置之不理。客人不敢作声，只有离开。这就致使大理寺卿徐致祥便以"兴居无节，号令无时"指责了他。

刘坤一、李瀚章受谕令查明具奏。李瀚章因张之洞离任时财政管理得好，自己继任时得到了好处，心存感激。所以就以张之洞勤于公事，常至深夜不眠为由，为其搪塞过去。

"浪掷正供"一节，刘坤一奏明张之洞开煤、采铁、购机、造厂、修路、用人等等辛苦，认为他并没有滥用公款，款款有着落。但当款项不足的时候，只有借挪暂用省内其他款项。所以，刘坤一认为："浪掷正供是空穴来风。"

"设电杆，毁通桥，几酿巨患"一节，是指架设湖南沙市经沣州、益阳、长沙至湘潭的电话线，沣州乡民视为怪事，将电杆一律焚毁，后经地方官妥善处理。武昌望山门外有木桥一座，使轮船行驶不便。张之洞下令拆除，议设铁桥，以使水路畅通，而当地人觉得这样一来就破坏了地方风水，群起反对。张之洞只好作罢，民情已安。

刘坤一在复奏中说：

> 该督臣系怀时局，力任其难，将以炼钢开生财之源，保自有之利，造端闳远，用款诚不免稍多。然揆其本心，实为图富强、规远大起见。果能办有成效，洵足资利用而塞漏卮。现在铁路一应事宜，规制虽未大备，而始基既立，实未可废于半途。该督臣谋国公忠，励精图治，上思朝廷倚畀之重，下念同朝责望之殷，必能张弛合宜，始终其事。相应请旨饬下张之洞督率承办各员共体时限，力求撙节，妥办经理，以竟全功。

朝廷明了此案真相后，安慰勉励张之洞，说他：向来办事认真，以后更要尽心竭力，为朝廷做事。

张之洞对此事的处理，很多人会认为是消极的，其实不然。张之洞这是以静制动，是更好的方法，可算得上他的“挺经”了。

3. 官督商办

钢铁工业的成功开办不仅和煤铁矿的勘探与开采、原料与产品的运输紧密相关，而且关系到运用新的生产技术和掌握市场销售情况等多个重要环节。

说焦炭是炼铁的必要物资，但必须从日本或湖南南部等地运来，而且运输困难，时常有碍生产。另外，西方企业的焦炭每吨只需银六两，使炼铁成本大大降低，所以焦炭便成了影响汉阳铁厂发展的大问题。张之洞也承认，目前远运焦炭，……恐钢价要略高于外国。汉阳铁厂的一、二号化铁炉，须消耗一点一吨的焦炭，才能炼出一吨生铁。可是生铁每吨不过值银二十两左右，无不亏本；熟铁钢件，皆由生铁转造，更无不亏本。于是，在光绪二十年（1894）五月下旬投产的一个化铁炉，在十月便被迫停炉不炼。由于焦炭等原料价昂，以致炼铁厂收不到成效，反而产生巨大亏损。

张之洞在广东与驻德使臣电商购买炼铁设备时，洪钧就告诉他：“炼钢二法曰‘别色麻’，曰‘托麦旅’，以铁中所含磷的多少来区分，炼制方法与工具也不相同。”然而，张之洞没有充分重视，以致在购机时，他只要求将机器运到，根本不担心有没有合适的煤铁。当正要投入生产时，才发现大冶铁矿的铁，只适用丁其中的 座，即马丁炉。因此只能用一炉开炼，白白浪费了一个铁炉。仅开一炉，不能完成生产任务。

张之洞此时致电主持修筑关东铁路的李鸿章，希望建路的钢轨向汉阳铁厂定购。但李鸿章回电说：“鄂轨桥料等件，俱照洋价照章试验，自无不用之理。已饬局核复。惟造路专任洋匠，彼以华厂试造不如洋厂精熟可靠。”果然，汉阳铁厂开始生产后，造成的钢轨不符合标准。因煤炭原料质差而且量不足，铁厂严重亏损，在市场上更无法与西方钢铁企业抗衡。而且酸式贝色麻钢炉开炼后，也有同样的问题。

汉阳炼铁厂的开办经费原在芦汉铁路款下支出，但在铁厂筹办之初，因俄国有侵略朝鲜之意，海军衙门、总理衙门决定先造关东铁路。关东铁路由营口至珲春，购洋轨应用，所以令湖北方面筹办煤铁，同时又降低了经费，要求保证各厂矿部门的正常运作，包括添购设备、扩大生产等，这些都少不了大量的资金。

也正当此时，醇亲王奕譞于一八九一年底病逝，张之洞在朝中失去了一个帮手。时户部尚书翁同龢思想保守，认为张之洞滥用国库，不愿继续帮他筹措资金。以致张之洞申请筹拨款项，总是像在恳求他："度支艰难，节用为亟，计相苦衷，亦能深喻，特以补牢治牖，用费实多，铁政枪炮诸局，既发其端，不能不竟其绪。今幸已具规模，不能不完此全局，伏望范围曲成，以开风气。"

户部支援不继，张之洞不得不到处筹集。他不得不截留京饷、截留关东铁路的协款，以及《马关条约》带来的摊派赔款，或者向其他兄弟省份等地借款，有时又请求在各种税收中拨用，还有劝谕官商捐输报效，简直用尽了方法。即便到他一八九四年年底接署两江总督后，他还在想办法为炼铁厂筹款。

长此以往，汉阳炼铁厂必然陷入了困境。张之洞在炼铁炉久置后哀叹："炼铁炉不开，每月也要贴补铁厂七八万两银子，今所需款项也无着落，以前欠款更无望归还，实在没有颜面再要求朝廷拨款，也无法面对别人的指责反驳，现在又修建铁路，朝廷若要铁厂提供铁轨该怎么办呀？"

此时，正值中日甲午战争爆发。一八九五年，中国被逼订立《马关条约》，其中一条是赔偿日本军费银二亿两。清政府的财政早已出现赤字。无奈，户部尚书翁同龢竭力主张"节用"，清政府也无力支援铁厂了。于是褚成博上疏清廷，认为官办企业浪费国有资产、不著成效，应由官办改为商办。他说："中国各地的制造局为数不少，每年需耗费大量资金，而一旦开战，还是需进口武器，各地制造局不能生产，而且耗费巨大，不如改由商办。"他的话不无道理，清政府经仔细思考，认为要救款项之急、免官办局厂之累，只有靠商办了，于是朝廷在一八九五年八月二日发布上谕："中国原有局厂经营累岁，所费不赀，办理并无大效，亟应从速变计，招商承办，方不致有名无实。南洋各岛暨新旧金山等处，中国富商在彼侨寄者甚众，劝令集股，必多乐从。……商总其事，官为保护。若商力稍有不足，亦可借官款维持。"

这道上谕实际上救了张之洞，但他认为南洋华商诸多条件不足，便致电蔡锡勇称"铁厂一切经费拟包于外人"。蔡接电后，先联系盛宣怀的侄子盛春颐，询问盛的意见。张之洞得知后又立即致电蔡锡勇："铁厂还是由外国铁厂兼并为宜，请立即致电比利时、德国各大厂派人前来估价。"但这次他却受到很多人的怀疑和反对。光绪二十一年十二月十六日，湖南巡抚陈宝箴致张之洞电称："衡州湘潭均有佳煤可炼焦炭，正拟开采，供铁厂之用，忽闻铁政将与洋商合办，极用怅然。我公此举原为铁路、枪炮及塞漏卮而设，诚中国第一大政，我公生平第一盛业。今需用正急，忽与外人共之，与公初意大不符合。且此端一开，将无事不趋此便宜之路，彼赀日增，我力难继，必至喧宾夺主，甚为中国惜之。”

“与外人共之，与公初意大不符合”，这一句话说到了要点，使张之洞受到了很大的震动。他早先就曾说过：“铁厂是自强的根本，中国一定要有自己的铁厂，以免受洋人牵制。”现在如果将铁厂交给别人，就难免“受制于人”。张之洞也不愿这样。

与此同时，数年前即有意承办铁厂的盛宣怀来到武昌与张之洞会谈。盛宣怀作为著名的洋务买办，曾经协助李鸿章管理过轮船招商局、中国电报局、华盛纺织总厂等企业。在汉阳铁厂低谷时期，清政府希望他承办芦汉铁路。他认为，如果汉阳炼铁厂所出钢铁，可以为之所用的话，那么用汉阳铁厂的铁修芦汉铁路，自产自销一定能挽回经济危机。在与张之洞细谈后，一八九六年五月十四日，正式督办铁厂，所有厂内厂外凡关涉铁厂之铁山、煤矿、运道、码头、轮舶各船，以及应用委员司事、华洋工匠人等都一应承包给盛宣怀。

一八九六年，张之洞在汉阳设铁路局，为芦汉铁路开建做准备，需要大量焦炭。于是他开始调查湖南、江西、安徽等地煤矿情形，最后发现了江西萍乡煤田，这时的汉阳炼铁厂已改成官督商办了。马鞍山煤矿也是如此，因矿井水患严重，还曾有过三次大火，加上其他一些原因，苦撑至宣统二年（1910），马鞍山煤矿宣告停产，抵兑了一切物件，作为工人的遣散费。

铁厂商办后，因为招集商股少而借债多，同时产量上不去，于是继续亏本。尽管一八九八年的江西萍乡煤矿的发现，保证了铁厂的燃料供应，但由于官督商办的局限性，并无什么成效，以致其面临倒闭的危险。

从一九〇三年起，盛宣怀以厂、矿作抵押，向日方借款多次。以生铁和铁砂廉价抵偿，日资侵入我国。一九〇八年，盛宣怀促成“汉冶萍煤铁厂矿公司”从北洋时期到南京国民政府，一直向日贷款，日方逐步掌握了该公司。抗战后国民政府接收后便停产了。

对汉冶萍公司表示不满的叶景蔡曾评价，如果张之洞在建厂前详加勘察，周密筹划完全可以事半功倍，但当时国家民风闭塞，而张之洞努力开创洋务，若不是此举，恐怕湖南的煤矿至今也不会开挖。对张之洞可谓毁誉参半。

二、制造枪炮

张之洞在粤督任时，经过中法战争，考虑到海防形势，决意创办独立的军工企业。他在一八八七年曾请求创办广州枪弹厂，从外国买来两套机器，能够造出“毛瑟”等四种型号的枪支，但由于经费紧张，所以只做实验性生产。一八八九年八月四日，张之洞向清廷上《筹建枪炮厂折》，申请创办广州枪炮厂，他说：“查水陆各军，需用枪炮，概系购自外洋，不但耗蚀中国财用，漏卮难塞，且请购需时，运送遥远，办理诸多周折；设遇缓急，则洋埠禁售，敌船封口，更有无处可购、无处可运之虑。况所购之械，种式不一，精粗各别，弹码各异，仓卒尤易误事，详筹时势，必须设厂自铸枪炮，方免受制于人，庶为自强持久之计。”那时，他与出使德国的大臣洪钧多次商谈，以“官商合股建厂”，向德国力佛兵工厂订购制造十响连珠快枪和克虏伯大炮的机器。但年底张之洞调任湖北总督，没能继续下去。

继任粤督的李瀚章，只会当官，办不了什么事，与炼铁厂一样，他怕负责不了。而张之洞一离开粤省，老谋深算的李鸿章就盯上了广州枪炮厂设备。他在一八九〇年一月二十日致电李瀚章称：“若春夏机器陆续运到，应由粤暂行派员照合同点收妥储……再筹运北为妥。”李鸿章完全是为了壮大北洋自身的实力。同时，李瀚章立即致电海军衙门：“今枪炮厂所需经费出自筹捐，仅足敷开厂之用，此外常年经费为数甚巨，并无专款可指，难免脱节之虞。……且地基尚未购成，厂屋尤未经始，明年春夏机器运到，无从安设。即使迟之又久，勉强落成，不但广东铁矿无多，难供铸造，且僻在海隅，即欲协济各省，亦多不便。现在海疆安谧，巨料简军实核计，所存精械足敷各营之用……臣再三审度，惟于直隶天津，通州等处择地建厂，由直隶督臣派员就近经理，将来枪炮造成，可供京师、直隶各营操防之用。”

当消息传至张之洞处后，他立即致电海军衙门与李鸿章阐述了在湖北建厂的可行性：“湖北地处南北要冲，交通便利，煤铁资源丰富，所产枪械可方便地转运全国各地。”负责海军衙门的奕譞，与李鸿章不合，他不希望让其掌管这个先进企业，而且他与张之洞私交甚好，便让张之洞主持其事。一八九〇年一月三十日，海军衙门致李鸿章电称：“愿移鄂就铁，盖仍是创购原意，似一手经理较辗转变计为愈。”李鸿章对此也无可奈何。

一八九〇年三月十九日，海军衙门与户部会奏《议覆广东枪炮厂改移鄂省折》，由张之洞在湖北择地建造枪炮厂。在准备时张之洞得知原订机器并不是最先进的，便要求使德大臣许景澄改订。后来改订了更新设备——七九式，也就是汉阳造七九步枪。一八九二年四月，又订购新式快炮及制造炮架、炮弹的全套设备。

一八九二年，湖北枪炮厂破土动工，张之洞委任湖北补用道、汉阳铁厂总办蔡锡勇负责。一八九四年六月，完工。七月三日，张之洞去那儿视察。七月十三日，枪炮厂发生火灾，损失二十五万镑以上。次年改用铁制梁柱。

一八九四年十一月，张之洞申请设炮架、炮弹、枪弹三厂，到一八九六年六、七月间，各厂设备、厂房陆续修建安装完毕，“时价合银二百七十四万一千余两，建厂连铁料三十五万余两，碰火机约八万两，总共需银三百一十七万余两”。此时，湖北枪炮厂共有枪机三十四种共三百六十四副，枪弹机四十四种共七十三副，炮弹机十四种共四十副，炮架机二十种四十六副，加上炮厂、枪厂、炮架、炮弹、枪弹、无烟火药、翻砂以及六个分厂，共需要工人五百九十名，由于当时人数不足，张之洞便去上海招工来鄂。次年，“以装炼枪管钢及无烟枪药之目的”，设立钢药厂于汉阳赫山。湖北枪炮厂发展起来后，一九〇四年，张之洞建议将厂名改为湖北兵工厂，也就是后来的汉阳兵工厂。

随着规模的扩大，湖北兵工厂的枪炮弹药产量日益增多。张之洞在一九〇七年九月在“湖北兵工厂制造卓有成效在事出力人员恳请给奖以示鼓励折”中，将工厂开办十余年的产量做了先后对比：一开始，每日所出七点九密里口径毛瑟快枪不过十余支，而今每日造五十余支。枪弹一项，过去日造数千颗，现在有五万余颗。所造三点七生格鲁森快炮，从头至尾，共得六十五尊；嗣于二十五年，改造57毫米过山快炮，每年自六十余尊至九十余尊。开花炮弹，由五万余颗增加到七万余颗，所造各种枪炮子弹，和国外的质量一样，“计自开机日起，截至三十二年年底止，共造成马步快枪十万一千六百九十支，枪弹四千三百四十三万七千九百三十一颗，各种快炮七百三十尊，前膛车炮一百三十五尊，各种开花炮弹六十三万一千七百零五颗，前弹炮弹六万零八百六十颗”。

湖北枪炮厂是大型近代化兵工企业，由于各种花费惊人，因此一直以来都有很大的困难。张之洞在筹办广州枪炮厂之时，所用费用是广东文武官绅和盐埠商捐，年约二十五万两，订购机器用了十九万两。到其在湖北正式筹建枪炮厂时，广州捐款还没有到，只有先用芦汉铁路的常用经费二百万两。海署起初并不同意，最终还是同意了，但要另立账目，粤省捐款到后，马上偿还。

无奈之下，张之洞想起了劝捐的方法，他得知黄冈县在籍记名提督刘维桢曾在光绪十年捐助海防饷需及创设湖北机器局二十万两时，立刻派员婉切劝捐，最后又捐了二十万两，分三年缴足。可需要的钱太多，这点只是杯水车薪。一八九一年四月二十六日，张之洞上《妥筹枪炮厂常年经费折》，请求朝廷批准以湖北省的土药税、盐厘加价用作常年经费。本来鄂省土药税每年只有几万两，张之洞到任后，加强税收监管，广开税源，使该项税收每年达二十万两。至于盐厘加价，本来用作江防，张之洞在整治的同时，从中抽出十万两拨解。他将这两项税收每年共三十万两作为枪炮厂常年经费，户部允准了这一请求。然而，枪炮厂此时的常年经费约四十万两，还是资金不足，张之洞又于一八九二年十一月二日，提出将鄂省淮盐江防加抽一款用作常年经费。

张之洞为枪炮厂的发展可谓处心积虑，四处筹钱。可惜，由于清政府对枪炮厂产品无偿调拨各省使用，且没有固定经费支持，导致枪炮厂陷入危机。据《时报》记载："鄂省兵工厂支销浩繁……综计光绪三十三年份兵工厂共欠汉口华洋商款五百余万，至年终竟至无可归还，由善后局设法拨出二百余万发还商款，其支绌可见一斑。"

除了资金问题，工厂内部的管理混乱也是导致其生产困难的原因之一。不光有那场火灾，一九〇一年四月一日还有爆炸事故。原因是"军需方亟"，近代著名化工专家徐建寅进行火药实验，机器被磨热发生爆炸，在场的十四人被炸死。贪污、浪费现象也常因管理不善而发生。管理不善造成的机械质量低下问题更是层出不穷。北京的《京华日报》曾报道："湖北枪炮厂，所造枪弹，很有毛病。大小多不一样，也不够合膛，这还是显而易见的。最可恨的是药力不足，放了出去，子弹不等到靶上，半路就落下来，若是对敌，怎能取胜？更有一桩可恨的事是药力单薄，不能送出弹丸，兵不留心，再装第二弹必要炸裂，势必伤害了自己的士兵。"《中华报》也做过这样的报道。清廷练兵处表示，要求湖北方面加紧提高枪炮质量的进度。但是，问题始终难以解决，如一九一五年七月，陆军第二师用其枪炮进行实弹射击，多支炸裂，由统率办事处移交陆军部和有关部门及技术人员查处此事。

一九〇〇年后，张之洞多次在德国高林洋行欠下债务，并请德国人做工程师，工厂大权逐步落入其手中。五年后，张之洞在吉田推荐下，将日本陆军炮兵大佐栗山胜三、本庄道三等请到湖北，作为枪炮厂制造顾问，日本势力又逐渐渗入了。

比起江南制造局、金陵机器局等，湖北枪炮厂创办得较迟，但在张之洞的苦心经营下，因其设备先进、规模大、枪炮弹药造量多，所以地位较高。从一八九六年至一九二八年，该厂下属汉阳兵工厂共生产步枪六十八万七千多支，一千余架机枪，不同样式的炮约两千余尊。子弹差不多有四亿发，炮弹大概有十余万枚，除此以外还有枪弹药、炮弹药、炸药、酸料等产品。

这一工厂建于晚清，是一家新式军工企业，它的建成与发展对中国近代战争史、军事工业史有着重大的意义。

三、经营丝布

张之洞调任湖北后，其精力主要投入汉阳炼铁厂、湖北枪炮厂的建设上。可是，由于铁厂、枪炮厂经费紧张，张之洞开始在湖北筹建湖北织布官局，希望其盈利，以解炼铁厂和枪炮厂的燃眉之急，三个厂局“互相支援”，用“求富”来扶持“自强”。一八九三年织布局开始运行，他又在接下来的四年时间里陆续建成纺纱、缫丝、制麻三局，合在一起叫“湖北布纱丝麻四局”。

一八九三年初，华中地区首家新型的近代纺织企业——湖北织布官局在武昌建成。据《捷报》报道：“织布局共有纱锭三万枚，布机一千张。发动机两架，一千匹马力，可开足至二千匹马力，系购自英国的喜克哈葛里甫公司。全厂照明都用电灯，共安装了一千一百四十盏。开工需要工人一千二百名，但局中计划雇用训练好了的工人二千五百名，以便昼夜开工。现在每天只开工十小时，但不久即将延长至十二小时，将来则拟二十四小时全部开工。”建厂初期，厂中只有男工及童工，工作时间长，报酬低。

由于工人年纪都较大，听不懂外国技工的讲解，所以掌握技术较慢，张之洞只得聘任更多外国技工。

即使这样，织布局一开始便有良好的势头。

一八九三年，张之洞认为织布局的盈利，不够铁政局、枪炮厂的经费用度，便添建利润尤厚的纺织厂。

早在广东时，张之洞就了解到上海、广东等地一般都以机器缫丝，专门做出口用，获利甚丰。海军衙门也让广东省当局查明办理，可出于某些变故，张之洞在粤省放弃了办缫丝厂。当他转督湖广后，开始细心询问，得知湖北是产丝大省，但还没有推广机器缫丝之法，如果在全境推广，必能造福一方。

于是，张之洞决定在湖北提倡、支持这项事业。一八九四年初，张之洞命刘保林前往上海考察有关事宜。随之将湖北蚕茧寄往上海，经过实验，果然得到了满意的效果。这坚定了张之洞开办缫丝局的决心。

年底，湖北缫丝局开始兴建，机器由德商瑞记洋行负责。于一八九六年初开始生产。全厂厂屋、机器，茧本总价值约有八万两。内有缫丝锅三百盆，蒸汽机三百马力，员工总共四百七十人，多为上海来的熟练女工。

由于缫丝局建成之时，花销过大，没有流动资金，张之洞、盛春颐希望黄佐卿投资，以官督商办的体制建厂。但由于双方意见不合，黄只与其合作了一年时间，不愿再继续下去，丝厂又得暂时停业。蔡锡勇和张之洞又力邀上海“义昌成”号老板樊时勋商量合作之事。

川、鄂是多产苎麻的地方，仅湖北一地，十九世纪末年，最多曾产出三十万担，但因为没有先进的制造工艺，只得低价出售给外国，外国加工成布匹后返销中国，获利颇多。张之洞决定购买德国制麻机器，在一八九四年奏请成立制麻局。

由于他当时要务太多，制麻局一直到一八九七年才准备开办，预计设在武昌平湖门外一块空地上。订购机器之事由王秉恩与上海德商瑞记洋行商人兰格两人合作处理。但由于技术原因，工厂直至一九〇六年才完全完工，张之洞聘用日本技师、技工做技术辅导，共花费白银八十万两。

制麻局面积有四十四亩，分一、二两个工厂。其中又设了纺纱、织布、提花、漂染、锅炉、发电等部门，共有动力六百九十马力，员工四百五十余人。产出各式缎匹、各式细纹、斜纹麻布、柿色军衣麻布、新式花色大小麻织台布、麻袋布及粗细各项麻纱、衬里等。日产量三百斤，麻纺织品五百码，是我国第一家大型机器制麻企业。

在一八九〇至一八九八年间，张之洞冲破重重困难，建成了湖北布纱丝麻四局。但该局主要还是由日本技师织细麻布和麻袋，对日本技师依赖非常大，导致日本技师走后，技术人员只能织出粗麻袋。丝局规模本来就小，再加上技术和市场的限制，很快就停产了。只剩下布纱二局，由于全部的生产过程由英商负责，工厂的八名工人跟班学习，英方技师一走，工人就不知如何操作，加上管理不善，所出产品多不合格，亏损严重。时人记载道："自纺织厂开办以来，投资巨大，时开时停，均不能获利。"张之洞迫不得已，于一九〇二年将四局租给了粤商韦应南。

湖北布纱丝麻四局，创建在晚清中国社会的非常时期，外国资本主义的全面入侵，加上清政府的怯懦，使得官办企业日益亏损萎缩。湖北布纱丝麻四局在一九〇二年以后发展良好，这是由于封建专制和军阀统治不复存在，促进了中华民族资本主义的发展。显然张之洞的开创之功，是值得赞赏的，他在湖北织布局还题词"布衣兴国，褴褛开疆"，他为之所付出的心血，是值得颂扬的。

四、争取路权

晚清，清政府食古不化，把修筑铁路视为洪水猛兽。光绪元年（1875），英商怡和洋行未经允许修筑了上海至吴淞的一段铁路，清政府花费二十八万五千两白银的代价"赎回"并拆毁。光绪六年，开平矿务局考虑到运输问题，修筑了唐山至胥各庄的铁路，这是中国第一次自己修筑铁路。

一八八〇年十二月，刘铭传上《筹造铁路以图自强折》，他阐明了铁路对于漕务、赈务、商务、矿务、裁撤厘卡等方面的巨大作用，还讲到在用兵上的重要作用。他提出修筑铁路的建议：由京师东通盛京，西达甘肃一条；由江苏清江经山东到达北京一条；由汉口经河南、直隶到达北京一条。他说，一旦朝廷颁发修路诏令，便能显露自强之机，则气势立振。但这个建议遭到了众多顽固派的反对，最终未被采纳。

中法战争期间，中方由于交通运输的问题，一再错失良机，清政府这才将修筑铁路的事宜提上日程。一八八四年，醇亲王奕譞执掌中枢，他不再顽固保守，热心于洋务。一八八五年，成立海军衙门，由奕譞全权负责，西太后将有关铁路的事宜交给了海军衙门。中法和议后，李鸿章、左宗棠都建议兴建铁路。一八八七年，朝廷同意修造津沽铁路及其支线，一八八八年，奕譞又提出了修建铁路刻不容缓的建议，李鸿章建议在通州与天津之间修筑铁路。

这一提议，立刻引发顽固派的群起反对，在他们看来，铁路修成后，就没有险要的关口了，会严重影响到国家安危。至于通州更是不能修筑铁路，“从北京到天津塘沽，本来关卡不多，再修铁路，无异于门户洞开，由塘沽赶到北京只用半天，使北京朝不保夕”。

对于这种谬论，那些有识之士和洋务派极力反驳，还提出在山东、德州、济宁之间修路，以通运河，江苏布政使黄彭年还提议先在边防各地、漕路上试修，然后推广至北京附近。刘铭传则认为应该边海内陆同时并举。

张之洞那时在抗法战争的前线，体会到修筑铁路的重要性。面对修路之争，他认为一方面要避开顽固派反对，一方面要能让清政府同意，修筑一条大干线，促进铁路事业的发展。经过一番考虑，他于一八八九年四月十二日递上一道《请缓造津通铁路改建腹省干路折》就是这道奏折使他调任湖广，也意味着他开始了与中国近代铁路事业的密切联系。

张之洞“腹省干路”的奏折分析了当今中国修路之“急”和“利”：“窃以为今日铁路之用，尤以开通土货为急……苟有铁路，则机器可入，笨货可出，本轻费省，土货旺销，则可大减出口税厘以鼓舞之，于是山乡边郡之产，悉可致诸江岸海壖而流行于九洲（州）四瀛之外。销路畅则利商，制造繁则利工。山农、泽农之种植，牧竖、女红之所成，皆可行远，得价则利农。内开未尽之地宝，外收已亏之利权，是铁路之利，首在利民。民之利既见，而国之利因之。”关于修路的先后问题，张之洞提出了缓造津通路的五条理由以及修建腹省干路的“七大利”。

张之洞联系了清政府的实际状况，提出分段修筑的具体方案，即从卢沟桥至正定作第一段，正定至黄河北岸作第二段，黄河南岸至信阳是第三段，信阳至汉口是最后一段。预计每段花两年时间，八年的经费总计一千六百万两。他还提出了如何筹款、炼铁以及制轨工程等详细建议。

清政府同意张之洞的意见，计划“先从两头试办”，派李鸿章、张之洞会同海军衙门，将一切应行事宜妥善安排。不久后，张之洞由粤督调为鄂督，海军衙门按他的要求拨给常年经费二百万两。张之洞一上任，就兴建了汉阳炼铁厂，以备修路用铁。

李鸿章与张之洞都热衷于洋务，且为其发展出力不浅，可是因某些方面的限制，他们也常争得不可开交。

李鸿章很早就倡议中国修筑铁路，但顽固派对洋人的技术始终不予接受，以致李鸿章的倡议不能得以实施。

李鸿章只有变换手法，先得到奕譞的支持，接着在光绪十二年，他们共同提出从胥各庄起接造，以运煤为借口，避开梗议者的反对。其后，李鸿章授意开平煤矿将铁路从胥各庄接造至阎庄，长六十五里，创建开平铁路公司。年底，李鸿章加紧与醇亲王反复商讨，最后由海军衙门公开奏明，由阎庄接修到大沽和天津。

光绪十三年二月二十二日，海军衙门在醇亲王奕譞的带领下，和诸位大臣一起奏请兴造大沽至天津的铁路，并做出详细的解说：光绪七年造开平矿务局铁路二十里长，以后又因兵舰运煤不便，接造六十五里到南部的蓟州运河边阎庄为止。现如果向北接至山海关，南接至大沽北岸，则提督盛波部万余人在此数百里间可以往来驰援，抵数万人之用。如果害怕工程浩大，不易集资，可请先将阎庄至大沽北岸八十里铁路接成，然后再造大沽至天津百里的铁路。津沽铁路造成后，再造开平至山海关铁路。具体办法也想得很周全，拟派开平矿务局一手经理，并派周馥督率官商办理。

光绪十四年的九月初，工程完工。九月初五日，开始验收，成果喜人。九月初九日，李鸿章建议醇亲王，继续修造津通铁路，接连到北京附近的通州。此事得以上奏，终于得以批准。

李鸿章的筑路事业顺利进行之时，却冒出一个张之洞。三月初五日，张之洞提出从卢沟桥起，中经河南，至湖北汉口修筑铁路，就是芦汉铁路。工程分为四段，工期八年。

西太后又为张之洞的计划所打动，转而支持张之洞，实际上是出于扬张抑李的目的。

醇亲王无奈之下让李鸿章写出缓办奏稿。李鸿章十分不满。十月初八日，写信给张之洞，称："通津通铁路，如果成效显著再推广到各地去，这是一般的成例，而芦汉铁路工程浩大，难以完成。"

四月，清廷决定采用张之洞的意见。李鸿章深有感触地说："我已经老了，没有机会报国了！即使事事顺手，还能办多少事呀？希望当权的权贵们，脚踏实地地为朝廷做事，不要贪图虚名，这就是我大清之幸了！”

当时有许多人同情他。如郭嵩焘，就对张之洞的计划十分不满，他表示，张之洞只是纸上谈兵，目前我国还不具备兴建如此庞大工程的能力。

当然，李鸿章也不认输，竭力阻挠张之洞的“远大”计划。他拿关东事紧为由，奏请缓办芦汉铁路。

一八九〇年春，沙俄加紧修筑西伯利亚大铁路“窥探中朝”。清廷决定缓修芦汉铁路，先修关东铁路，铁轨从国外购买，并且把对芦汉铁路的拨款转拨关东。

如此，张之洞的洋务事业就更加困难了。芦汉铁路只在进行路线勘探阶段，其余工作都还没有开展。甲午战争后，中国的惨痛失败，触动了那些有知觉的中国人，张之洞上了一道《吁请修备储才折》，提出了“自强救国的几条主张”，其中之一便是“亟造铁路”。他还说，如国内力量不够，可以租给外商，利益均分，过上几年再行收回。

一八九五年十二月六日，清廷上谕宣称：“铁路为通商惠工之要务，朝廷定议，必欲举行，各省富商可以集股设立铁路公司，事归商办，一切赢绌官不与闻。如成效可观，必当加以奖励。”

清政府决定先修津芦、芦汉两路，津芦铁路由官办，芦汉铁路因工程浩大，由商办，各省富商如有能集资千万两以上者，着准其设立公司，实力兴筑。一切事宜均由商办，官府并不插手，如工程质量好，则加以奖励。至于外国资金，不在清政府考虑范围之内。

一般来说，商办铁路是中国铁路事业发展的趋势，而且显而易见官办与官督商办的企业弊端。但是，此上谕颁布后，由于国内投资不足，资本雄厚的富商并不多见，而且铁路商办到底成效如何，谁也无法预料，故响应者为数不多，铁路商办无从下手。清政府也没有什么资金，无力拿出巨款。无奈，铁路总公司只能是官办公司，如此一来要修芦汉铁路，只有向国外借钱。

一听说清政府想借款，美、英、法、德等列强蠢蠢欲动，积极钻营，希望拥有贷款权。盛宣怀有意“先商英德”，清政府则认为，大国势大，一不小心就会被其控制，所以不能借大国，只能借小国。一八九七年三月，比利时驻汉口领事与张之洞会面，张之洞通过办汉阳炼铁厂，对其略知一二，比如该国的钢铁、机械工业发达，所以在借债之事上倾向于比国。但是，张之洞疏忽了当时的国际关系，比利时身后有法、俄两个大国。法国资本入股比国公司，使法国对比利时影响巨大，而俄国是法国的盟国。法俄借其手，可间接控制芦汉铁路，从而使势力渗透全中国。

一八九六年底芦汉铁路开建。次年五月，中比《芦汉铁路借款草合同》订立，芦汉铁路有望修成。一八九八年初，清政府有修筑粤汉铁路的想法，粤湘鄂三省绅商很感兴趣。同时，比、法、英、美等国都希望争得贷款权。

在资金问题上，张之洞主张外借，只有暂借外债，而后陆续筹股，逐渐归还外债。在施工中，以借洋债为主。在粤汉铁路问题上，他主张芦汉、粤汉铁路统一集股、借款修筑，由官督商办，此主张得以批准。

清政府知道，比利时受法俄支配，既然得到芦汉铁路贷款权，就不可以再让其他势力南下。英国强占了香港，要防止他向粤向北扩张。而国美还没有在我国租占地方，也未对华贷款，所以危险性不大。

一八九八年四月，驻美公使伍廷芳、铁路总公司督办盛宣怀，与美国美华合兴公司代理人柏许在华盛顿订立《粤汉铁路借款合同》，两年后又订立《粤汉铁路借款续约》。约中提到，中国向合兴公司借款四千万美元，作为粤汉铁路的建造资金，年息五厘，九折，为期五十年。

美华合兴公司的成立，是出于争夺对华铁路投资权。而中国为修筑粤汉路，不得不筹集资金，扩大实力。但其创办人赖士在订好合同后就死了，致使公司陷入困境。义和团运动、八国联军侵华，造成中国局势一片混乱，美国投资者开始怀疑粤汉铁路能否修成，为免造成股票滞销，合兴公司只得转向欧洲招股。比利时这个时候大力购买，逐渐掌握了该公司大半的股权。至一九〇四年初，合兴公司完全被比利时控制。粤汉铁路的修建者，开始转变。合兴公司向比人大量抛售股票，这是违反中美两国协约的。

美方的一系列违约做法，激起了粤、湘、鄂三省绅商及留日学生的极大不满，他们纷纷要求废除合同，收回路权，由三省绅商自己集金进行修建。张之洞此时已熟悉了国际形势，很明显，合兴公司将大部分股票售与比国，无异于将路权拱手让于俄法。俄国修了东三省铁路，又修了芦汉铁路，若再占粤汉铁路，肯定会进一步推动他们的侵略渗透计划，于是他要求清廷收回粤汉铁路自办。由于美方违约，清政府的愿望已经落空，为防止从北京直至广州的铁路又被比利时控制，清廷便命张之洞废除合约。

张之洞一边向各有关方面电争，一边用“补偿废约”之法，即缴纳大量毁约赔款，一九〇五年，美国强迫清政府继续执行有关歧视旅美华侨的条约，引起了中国民众的强烈抗议，爆发了抵制美货运动。面对反美浪潮，考虑到美国在华的长远利益，再加上张之洞的方案有厚利可图，合兴公司只有同意。

中国新任驻美公使梁诚出席了废约谈判。一九〇五年八月二十九日，订立《收回粤汉铁路美国合兴公司售让合同》。合同规定，原中美间关于粤汉铁路的两个借款合同作废，中方赔偿六百七十五万美元。中国资金困难，港英当局为打击美国势力，愿意以较优惠的条件向中国贷款。张之洞无奈之下，只得于九月九日与英国订立《粤汉铁路借款合同》。内容是，港英当局借给中方一百一十万英镑，年息四点五厘，无扣，借贷十年，以鄂、湘、粤三省的烟土税抵押作为保证。如果以后中国再要修粤汉铁路，那么英国有贷款及出售铁路材料的优先权。

一九〇五年十一月，中国还清了债务，从美华合兴公司手中将粤汉铁路权收回了。张之洞立即召开三省代表会议，摒弃外债，改为三省各自筹款，各修各的铁路。向英国借款，三省按境内线路的长度分配，本息分作七份，湘、粤各为三份，鄂省为一份。粤汉路很难修筑，三省自顾自地，财力分散，加上还债，使得铁路迟迟无法完工，无奈之下清政府只有实行铁路干路国有政策。

对于鄂路，清政府只允许官督商办。张之洞一向主张官办，立即交湖北官钱局代办。一九〇七年，成立了官办湖北铁路总局，总办是冯启钧，一九〇七年四月，粤汉路鄂段于武昌徐家棚开工，一直没有什么进度。

由于湘鄂两省绅商商办铁路不被张之洞支持，所以他们不再积极修路，以致两省路工毫无进展。而且一九〇七年，张之洞指出，等商办铁路通车三十年之后，一律由官备价拥有一半路权。邮传部也很反对，认为商办铁路本是我国路政发达之基础。

一九〇八年，清政府借口“立宪”，以加强中央集权，任命张之洞为粤汉铁路督办大臣，并命他兼督鄂境川汉铁路。张之洞又开始重申：“路权问题，……”

针对这一不良状况，张之洞加快了借洋债的步伐。一九〇八年十二月，张与英国公司洽谈借款，以援津浦路借款成例为条件，英商不同意。张在鄂办汉阳炼铁厂、大冶铁矿时，曾与德商有过往来，便又与德华银行谈判。德国企图借机渗透自己的势力，同意贷款。英国不能坐视，便由汇丰银行连同法国东方汇理银行，强烈要求借款。一九〇九年六月，张与三国订立《湖广铁路借款草合同》，共贷款五百五十万英镑。

张之洞要收商办铁路为国有的说法遭到了粤湘川鄂绅商的反对，他随后的借款举动，更引发了各省人民的强烈不满，湖南绅商学界组织“湘路拒款会”等组织，议员八百二十人致电张之洞称：“铁道借款，湘人决不承认。”随着张之洞去世，这件事交给了邮传部办理。他在临终之际，仍牵挂着修路之事，他遗言中写道：“此次粤汉铁路、鄂境川汉铁路关系繁重，必须官为主持，俾得早日观成，并准本省商民永远附股一半，籍为利用厚生之资，此尤臣弥留之际不能不披沥上陈者也。”张之洞没有亲临那里修筑好铁路，但他为此做出的贡献，尤其是支持三省绅商收回路权一事，在中国铁路史上有举足轻重的地位。

五、重视民营

张之洞在湖北期间，不仅重视官营实业，而且非常重视民营工商业，积极对其扶助提携，他认为：中国终当以经济立国，所以才在湖北大力提倡民间工商业，以期强国富民，挽回过去所丧失的一切权利。他提出的工商业政策，使武汉迅速成为全国第二大民营产业中心与商埠。

大型企业自然受到张之洞的重视，而那些中小型企业，张之洞也不忽视。他在白沙洲办湖北造纸厂，在汉阳赫山办湖北针钉厂、湖北官砖厂，在下新河办湖北毡呢厂，在兰陵街办武昌皮革厂，在汉口办湖北模范工厂、贫民大工厂等等，不仅如此，他还曾鼓励和出钱帮助宋炜臣创办燮昌火柴厂和创办民营的汉口既济水电公司。

为了民营工业的稳步发展，张之洞和当地的富商保持密切联系。比如巨商宋炜臣，他本来是上海某杂货店职员，于光绪二十二年（1896），创建了燮昌火柴厂。两人交往甚密，张之洞欣赏宋的经营才干，并为他多方面提供便利，如批准燮昌火柴厂获得十年专利权，在完税厘方面实行优惠等等。光绪三十三年，宋炜臣与王予坊、万伯等十一人，共投资三百万元，预备创办汉口既济水电公司。张之洞很是赞成，且拨官款三十万元帮助他们。该厂于光绪三十四年建成送电，其装机容量一千五百千瓦，排位全国第三，水厂于第二年也投入送水，汉口最先用上了自来水。宣统元年，程祖投资了三十万两，想在黄石附近台子港开办水泥厂，还说三十年后机器厂物全部交公。张之洞批示，“本人意在提倡实业，畅销湖北土货，此条应毋庸议”。

由于张之洞对工商政策的良好把握，武汉地区民营工矿得以发展。据统计，仅二十二年时间，武汉地区的民营企业就已发展到二十八家，仅次于上海，总资产一千七百二十四万元，其各方面都居全国第二。

张之洞为了兴办民营商业，采取如下措施：一是开办汉口商务公所。他颁布札文：“今日阜民之道，自以通商惠工为要策，……兹拟于汉口设立商务公所，……此系仿照外洋劝工场办法，既所以兴商业，亦所以勉工艺，其应如何相机推广，筹本集股，购置运销，统由商人自筹自办，官不预闻。”张之洞发现了市场规律，“官不能劝工，惟商乃能劝工耳，若此一货销路快、运商多，则业此工者日多，制此货者日精，故必商学既博则工艺自盛”。这个汉口商务公所，应该就是最早的湖北土产博览交易会。

二是设立汉口商务局。目的是启发商智，联络商情，以候补道王秉恩、程仪洛全权负责，并聘用了一些积极的商人参与其中。一切开销，由当地政府筹集。这就是汉口商务总会的前身。

三是劝设商学商会。为方便考察货物制法、销路，并且方便其广交联络，互通信息，张之洞于光绪二十八年饬商务局劝集商款于汉口，开设商务学堂和商会公所，并积极发行《湖北商务报》，进一步发展商业。

四是创办两湖劝业场。光绪二十八年，在兰陵街创办两湖劝业场。内分三所，一曰内品劝业场，摆放的是本省商品；二曰外品商业场，摆放的是外省、外国各种货物、机器；三曰天产内品场，摆放的是两湖各种天然矿产、建筑材料，及其他谷果麻茶竹木药材皮革等物，给人参观购买。内有摊位四十二处，凡入场营业者，交纳一定租金，按照规定，专售国货，明码标价。

五是设置电话。张之洞觉得电话、电报是商务发展的必要因素。他开通湖北境内有线电报，光绪二十六年又在武昌、汉口开设电话。光绪二十八年，要扩建电话局，资金不足，他下令商人集股经营，由房产地皮商刘歆生担任商办电话公司董事。这是全国第一家商营电话企业。

张之洞督鄂期间，武汉三镇经济稳步提高。汉口经济实力几乎与上海持平，被誉为“东方芝加哥”。

第八章　鄂政事绩

一、查办教案

张之洞生活在日益腐朽没落的晚清时期，当时天灾人祸、内忧外患一起压向摇摇欲坠的清王朝。

晚清时期，教案激化了中外矛盾。鸦片战争后，兴起了宗教侵略，传教士蜂拥而来，目的无非是颠覆中国。全国上下，一时间布满了各国的传教士。他们依靠教堂和封建官府，加上本国外交、武力，利用治外法权，为非作歹，肆无忌惮，霸占房地产，无恶不作，为害乡里，其教民欺压百姓无人敢过问，引发了无数起晚清教案冲突。尽管一些教民是为了逃避封建势力压迫的善良百姓，但也有一部分不法之徒进入教会，藏身于教堂，他们倚仗教徒的身份，无恶不作，横行霸道。总理衙门也承认众多不法教徒为非作歹，引起民众反对的事实。因此，这些作恶多端的教民教士成为反洋教斗争的主要斗争对象。

张之洞到湖北后，发生许多教案。他身负重任，处理了多起教案。

1. 武穴教案和宜昌教案

一八九一年五月发生的芜湖教案，迅速在长江中下游一带掀起一股风潮。六月，武穴教案发生。

武穴位于鄂赣交界，属湖北黄州府广济县管辖，一八七六年改叫寄航港，清政府在此设立洋关，雇用外国海关检查人员长期驻扎。接着，外国传教士也在武穴安营扎寨。

六月五日晚，广济县天主教徒欧阳理然挑着四个孩子从武穴街上走过，让郭六寿看见，问其缘由。则说："幼孩系从广济县附近收来，将送往九江法国天主教堂。"当时长江中下游一带盛传教堂"迷拐幼孩，残害幼儿"，郭六寿便把欧阳理然送到了官府。

他背的这四名幼孩中，一个有病死去，传说他会被送入武穴卫斯理循道会福音堂。一时引起公愤，成千上万的人聚于该福音堂前，向堂内投掷石块。两教士分赴外地有事，只留下了家人、孩子。所扔的石头击中堂内燃烧的煤油灯，引起火灾。家人逃跑。前来救火的武穴海关人员柯林还有一个专门传教的英国金教士都被击毙。此后，法舰、美舰自九江驶往武穴附近江面。

传教士的家属在武黄同知顾允昌等保护下在第二天被送上路过的"太古"洋行"德兴"轮。"德兴"轮抵达汉口后，便向英国驻汉口领事处诉说了整件事情。英国领事嘉托玛立刻要见张之洞，要求"惩凶"。很快，英国政府也表示，如不尽快对此事做出令英方满意的处理的话，便要与法、德两国一起办理此事。张之洞收到了武穴地方官府的禀报及与英国领事照会后，立即抽调水陆勇营"弹压"，并且要江汉关道派轮驶往武穴，将金教士、柯林的尸体运回安置。接着，又派候补知府裕庚去查实。严令有关水陆各营严加防范，以免再生事端，并告知各教堂"暂时不要收养婴儿"。

武穴教案过后，广济知县抓了二十三个嫌疑犯。裕庚驰赴广济后，就开始审查工作，郭六寿、戴鲶鱼二人被判"正法"，从犯六人分别"监禁枷示"。

尽管张之洞向英方明确表示"尽力保护外国人的安全，并缉拿凶手"，而且他也这么做了，然而英方得寸进尺。这使张之洞大为不满。

由于英国政府威胁，总理衙门要张之洞抓紧了结此案，以免夜长梦多。最后，协议：郭六寿、戴鲶鱼正法，胡东儿充军，胡视生等三人各杖二百，流三千里，田福儿等四人各处流、徒、杖刑；署马口司巡检陈培周因"保护不力"被撤职；柯、金二人各给恤银一万两，教堂由官修复，赔偿损失二万五千两，合银四万五千余两。

事后才两月，鄂西重镇宜昌又出现同类事件。

芜湖、丹阳、武穴等地相继出了事，宜昌情况最为危急。反洋教的海报比比皆是。张之洞要地方军政官员严加防范。

九月一日，宜昌一饭铺老板丢了幼子，千寻万找，没有消息。后来一位在法国天主教圣母堂的雇工说，他的幼子现在该堂，第二天他就带人前往圣母堂，果然找到了他孩子。此时，堂外已聚集很多民众，声讨教堂拐卖幼童，一时群情激愤，修女急忙派人报官。此时，有十多个人持械呼喊冲入圣母堂，寻找那些被拐幼童。忽然，旁边美国圣公会教堂中的一位教士开枪，打中一人，众人转而闯入圣公会，开枪的人仓皇逃走。圣公会被焚烧了，圣母堂也遭同等命运，堂中七名修女及巴姓教士（分属法、德、英三国）也受了伤。还有不远处的河街教堂也难逃厄运，宜昌的英教士、英侨住宅及正在兴建的英国领事馆等七八处建筑均遭焚烧洗劫。

一出事，宜昌镇总兵罗搢绅、知府逢润古等就赶去镇压，将洋人救上轮船，并安置受伤修女、教士。同时对各洋行、税务司、领事馆及传教士、外侨住宅进行监视保护。

张之洞急忙告知逢润古等一定要把带头闹事的人抓住。逢润古等极力掩盖，回电说：此案系民人找寻幼童、洋人开枪伤人而发，圣公会、圣母堂及洋人住宅系洋人理亏心虚、纵火自焚的。张之洞要他核查，一定要汇报真实情况，并派候补知府裕庚协助查办。当张之洞得知真相后，电责逢润古等人虚报情况，又派人前去调查。他说：“此案关系重大，不能等闲视之，如果一味推脱、掩饰只能贻误大事。”

九月十日，德国公使巴兰德联合英、法、美、意、比、俄、日、西等九国公使照会总理衙门，要求解决这件事，英法两国还动用了军队。英国领事以湖南全省通商之事威胁张之洞。张之洞不同意，但他又怕挑起战争。他马上命令恭钊、裕庚等人查明凶手，说：“如果抓不到凶手，就追究地方官员的责任。”在紧迫的形势下，一共抓获十二人，分别“徒流充军有差”。十日，商讨赔款问题，最终结果是赔偿法国教堂银十万两，英、美各六万六千余两。

2. 查处反洋教宣传案

反洋教斗争中，有一个关键人物，叫周汉。张之洞说：“各地教案发生都是由各地广为张贴的海报引起，这种海报宣传教会残害婴儿，图文并茂，使广大百姓信以为真。”他认为，周汉颇有血性而不达事理，必须妥善解决。

周汉，字铁真，晚号铁道人，湖南宁乡人。年轻时颇有才气。一八六〇年参军，随左宗棠在陕甘、西宁、新疆等地镇压起义。一八七七年他的祖母病故，他也回了家乡。一八八二年经钦差大臣、督办新疆军务刘锦棠奏准，周汉又去到新疆，两年后，其弟周洋去世，便请假回湖南。当时家乡多灾多难，刘锦棠派人在长沙开宝善堂出版善书，周汉则与其合作。

中法战争后，外国教会势力强大起来。周汉目睹其许多卑劣行为，痛心疾首。从一八九〇年起，他便以驱逐教士为己任，制作了三十多种反洋教宣传品，许多是一八九二年前刊印的。

周汉的作品，图文并茂，简单明了。如《谨遵圣谕辟邪全图》之一《打鬼烧书图》，上方画了几个壮汉一人拿着一根棍棒打两个教士，老的指挥，年轻的人呐喊助威，左下角一火盆正烧毁传教的书，另有一人挑着一担书靠近，边上四人都捂住了嘴巴和鼻子。图边配了诗："猪精邪教自洋传，欺天地，灭祖宗，万箭千刀难抵罪。狗屁妖书如粪臭，谤圣贤，毁仙佛，九州四海切同仇。"长沙所有的墙上，差不多都是这些漫画。大街小巷，到处是画，上自达官显贵，下至平民百姓，家喻户晓。

《鬼叫该死》则是一本白话说唱集，比较系统地讲述了其黜邪崇正、反教卫道的思想。说到各位先圣"传下六经四书，认为后代子孙学习的经典"，儒、道、释"三教是正，再未有第四教了"。接着他严厉批评洋教：各国鬼王想谋中国江山，特制鸦片烟来剥中国银钱，害中国人的性命……鬼王又想出奸计，假说是劝人行善，要到中国来起鬼堂，行鬼叫。中国中了奸计，欠了一着提防。鬼王分派一伙鬼叫头，名色不一，到处煽惑。无非煽惑人里应外合，图谋中国的江山。这本书印了八十万册，普及全国，在当时流传最广。

周汉的这一思想，让外国人惊恐不安。一八九一年长江教案发生，各国使臣常常照会总理衙门，说各地教案均由周汉刻书而发生，要求惩罚周汉。又请通商湖南，作为威胁的条件。清廷颁布上谕称："倘有匿名揭帖造言惑众，即行严密查拿，从重治罪。"八月，各国公使又照会总理衙门，对中国政府查办教案不力，提出了强烈的抗议。九月，英国传教士杨格非在湖北黄陂县看了《鬼叫该死》两册及周汉写给湖北巡抚谭继询函的副本，即"请求释放因散发反教宣传品而被捕下狱的汤弼臣——自己承认自己是反洋教宣传品的主要责任人"。杨格非立即将此话告诉了嘉托玛，要求中方关闭宝善堂，罢黜周汉等人。

十一月中旬，嘉托玛召开各国领事会议，通过了一份发给湖广总督的抗议书，内容有"不管犯下这种罪行的人是谁，都要严惩"。当时，张之洞及两湖当局并没有采取任何阻止手段。英、德等国不停地施加压力。

一八九一年底至一八九二年初，总理衙门致电张之洞，要求惩处周汉和他的作品。但因为周汉在湖南颇具声望，如果马上逮捕，怕激起民变，张就回电称："该道自以宗正黜邪为名，以杀身报国为词，若加参办，既于政体有妨，且湘省无知之人，必为激愤……后患难弭。"同时迁延不办。

一八九二年三月，驻英公使薛福成暗中告知总理衙门：周汉的宣传品已被英国政府看到。七日，总理衙门又通知张之洞：令立即严办周汉。这时，张之洞才派出湖北督粮道恽祖翼赶往湖南查办。

恽氏到达后，就立即投身于此案，审问书商邓懋华、陈聚德及周汉胞侄周德之等人。他们以周汉是疯子为由搪塞调查。恽、吕没办法，只在长沙查到了一些违禁宣传品的海报。

张之洞听了他们的回报，电奏清廷称：周汉平日专以扶乩为事，或于鬼神，言语荒诞，迹类疯狂。……以致匪徒假托其名，伪造公文，造言煽惑，……相应请旨将在籍花翎、陕西补用（道）周汉暂行革职，查传到籍，交地方官严加管束。三家书铺被封，邓懋华等被判杖枷之刑。那些书版，在各领事面前被销毁。虽然各国对此举并不满意，但此事也就此了结了。

周汉并未因此而泄气。一八九八年八月，吴大澂调任湘抚，法国领事也说要去。周汉知道了，印作了《湖南通省公议》的揭帖，号召湘民阻止他，杀其人，烧其船，吓住了法国领事。一八九五年后，英国欲将岳州变成商埠，周汉又写文章反对，"肆行布散"。一八九七年底，德国占胶州湾，俄国瞄准了旅顺，瓜分中国风潮开始，周汉大量刊印《大清臣子周孔徒遗嘱》，提倡"悉将妖巢妖书妖器焚烧，……严防妖灰再燃，妖根再发"。英领事又照会湘抚陈宝箴，要把周汉"拿押究办"。当时清廷也表示过要保护教堂教士，陈宝箴只有逮捕周汉。

一八九八年三月，周汉被抓了。此事引起湖南士绅的强烈反对。陈宝箴顺水推舟，将周汉交给湖北处理。张之洞知道其中的不易，复称不便。陈宝箴又借口湖南"民情激昂，不便处置"，请示如何办理。张之洞说："监禁最省事而合例。"最后，湘省当局以"疯癫成性，煽惑人心"的罪名，将周汉长期监禁。

晚清时期国势日衰，而来自列强、传教士的侵辱日甚一日。张之洞在处理教案时，对教案的起因都有比较清醒的认识，对引发教案的教士、教民及事发后前来交涉的领事和外国公使，有着不小的抗争。但对于反洋教的群众，张之洞则严厉惩处，严厉镇压。如果说张之洞在抚晋、督粤时是站在纯粹的反侵略立场来处理教案，那么，如今他在这一方面，最终还是用惩凶、赔款等妥协方式。这一点表明了他镇压人民的反动性和外交立场的软弱性。

二、甲午战争

1. 积极备战

日本对中国早已垂涎三尺。明治时代，日本就表示要先征服朝鲜和中国台湾，进而征服中国以至世界。一八七四年，日本倚仗美国势力侵占台湾。随后，又依靠美国成功入侵朝鲜。一八七六年，日本以武力胁迫朝鲜订立了《江华条约》。一八八五年，李鸿章和日本首相伊藤博文在天津签订了有关朝鲜的条约，宣布凡遇有重大事件，谁若要派兵，必彼此通知。一八九四年一月，朝鲜国内掀起“东学党”的农民起义活动。朝鲜向清政府提出援助要求。日本认为这是入侵朝鲜和中国的大好机会，一面诱惑清政府出兵朝鲜，一面设立大本营，暗中下令，积极备战。

张之洞对此十分关注。一八九四年五、六月间，中日之间关系变幻莫测。朝鲜政府在东学党起义中镇压失利，请清政府出兵，日本决定利用这一机会与中国开战。

六月二日，日本内阁决定攻打朝鲜，立即派出陆战队进驻汉城，五日设立战时大本营，不久又借口保护侨民，急剧增兵万余人，控制战略要地。此时此刻，日本还在极力劝说清政府尽快出兵，援助朝鲜战乱，并保证自己“必无他意”。六月六日，清政府正式照会日本，中国答应出兵朝鲜。总兵聂士成、提督叶志超相继率兵共计二千人进驻朝鲜牙山。这时，东学党起义已平息，朝鲜国内局势渐静。清政府建议中日双方一起撤军，被日本政府拒绝，日本反而提出干涉朝鲜内政之“改革”方案，继续增兵朝鲜。中日双方矛盾日趋激化。

清政府内以李鸿章为首的一批“后党”人物一再表示妥协。翁同龢等“帝党”人物则持强硬立场。礼部右侍郎志锐更主张针锋相对。他上奏主战，先批评李鸿章一味避战求和。主张急治军旅，否则将导致严重后果。我愈退，则彼愈进；我愈让，则彼益骄。滋长他们的势力，以致今日，他们气焰嚣张，贪得无厌，一误再误，则我中国从此将永不得安宁，怎么能不担忧呢？张之洞也未放松警惕，七月，他“严檄水陆诸军严防”积极备战。

七月二十五日，日舰在牙山口外丰岛海面对中国运兵船展开突然攻击。二十九日，陆路侵朝日军开始攻击驻守牙山的清军。八月一日，中日开战。朝廷下令“数省江防联为一气”。张之洞派遣湖北按察使陈宝箴赴江宁和刘坤一一起商讨如何防守。八月十三日，张之洞坐船到下游鄂省门户田家镇亲自布置视察防御工事。那里有炮台十四座，招募士兵驻防，名叫“武胜营”。返回后，张之洞又奏派提督吴凤柱带马勇三营赶往天津，接着被调派驻守山海关。张之洞又派去四个营，由湖北提供粮饷。

与此同时，武汉属“九省通衢”，南方各军必须经过那里才能到前线，他便积极为他们筹备军械。开战后，两广军队比较精锐，张之洞建议请调其中的张春发、潘瀛部率军北上。又告知广东省调拨枪弹送往湖北。

九月一日，自请带兵助战的湖南巡抚吴大澂率大军到达武昌，张之洞给了他们二万两军饷。又将余虎恩振字营三营调往北上，又给了他们六万两军饷。不久魏光焘部到此，张之洞给了二万两。九、十月间，山海关以外陆路局势紧张，张之洞急调熊铁生率五营连同吴元恺炮队四营一起到山海关，资助了三个月军饷，均归吴大澂调度。由于大部分部队的枪械陈旧，鄂省已周转不过来了，张之洞只有花费四十二万两银子，从国外订购快枪九千五百余支，七百余万发子弹，三十尊大炮，近一万五千发炮弹以备使用。

开战后，李鸿章仍保守避退，使清军丧失了战争的主动权。九月初，日本陆军大将山县有朋率领万余人，进逼平壤。经两日奋战，平壤被攻占。十七日，日本海军中将伊东祐亨率领联合舰队在黄海海面和丁汝昌的军舰会战，经过五个多小时的激战，两败俱伤。李鸿章立刻下令北洋舰队退守威海卫基地，日军攻占了朝鲜并掌握了黄海、渤海制海权，开始直逼中国国门。九月下旬，大山岩担任侵华第二司令。一个月后，侵华日军第一军入侵中国，占领了九连城，以及安东，径直攻进辽东腹地；第二军登陆，直接侵犯金州，向南袭击辽东半岛。十一月七日，攻入大连，二十一日旅顺沦陷。

一八九四年九、十月间，清军接连战败，局势严峻。此前，张之洞积极筹饷筹械筹防、调军赶赴前线，并多次提出军事建议，清廷召张之洞进京陛见，但张之洞为了筹集军饷而病倒，无法入京。由于屡次战败，朝中已无大将，只有任命年迈的湘军宿将刘坤一北上。

十一月三日，清政府召刘坤一进京陛见，张之洞接任两江总督。十一月八日，张之洞到达江宁，听说“旅顺孤危”，日兵侵占了金州、大连湾，便上奏了“应急之策”。又请任彭楚汉署长江水师提督陈凤楼留防徐州，李先义募粤勇六营至江南。因清军海战失利，张之洞建议拨款购置战舰，但清廷中枢对此不予理会。

十一月十三日，张之洞上任做了两江总督。

刘坤一北上时带走了当地部队中的大量精锐，造成了江南防务的空虚，为此，张之洞立刻规划：

（一）筹借款项。先奏准向两淮盐商劝捐助饷一百万两，接着奏准向江南息借商款共二百三十一万两，最后向德商瑞记洋行、英国麦加利银行借洋款二百万英镑。

（二）在扬州、清江、宿迁、徐州等地设立北上诸军转运局，筹济饷械。又购、租商船，从海路运送辎重。

（三）架设通海、淮扬、川沙、金山、乍浦各路电线。

（四）饬令徐州镇道督剿起事的“幅党”，到第二年春，获首要各犯，尽法惩治，以平匪患。

（五）加强防务，派冯子材募粤勇十营来江南办理吴淞沿海等处防务。并调广东副将林保等招募六营由冯子材掌管。当时日、英暗中约定，日军不侵犯上海租界，不入长江。因江南制造局不在租界内，南汇、川沙、金山卫一带又方便登岸，于是张之洞调派粤勇“为沿海游击之师”。张之洞还很重视白茅沙、任家港、浒浦一带的防守。十二月初，张之洞带学员出省巡视各炮台十余日，凡不符规格的都严令修改。回省后，将两江沿江沿海炮台加以修固，增加了不少新式火炮。经过张之洞的整改，两江防务进步颇大。

由于日本的得寸进尺，清政府的腐败无能，张之洞等主战派的努力也改变不了局势，至一八九四年底，中国再也不能挽回败局。十月下旬日军侵占了中国东北，接连占领了辽东、辽南的重镇九连城、安东、凤凰城、岫岩、金州、大连和北洋海军基地旅顺口，一连串的打击，使清政府主战派心灰意冷，主和派的呼声更为强烈。于是他们又积极议和，十一月三十日，总理衙门邀请英、美、德、俄、法五国驻华公使联合调停中日战争。同时向各国公使提出请求，希望他们能说服日本进行和谈。英国外交大臣金伯雷的意思是“英、日不方便谈及停战的事”；德国政府的看法是“现在讲和于事无补”。

十二月二日，刘坤一受命为钦差大臣，暂时接任李鸿章带领山海关内外所有军队，同时由湖南巡抚吴大澂和四川提督宋庆襄办军务。

2. 力阻割台

清政府见求助各国无望，又开始另寻其他办法。李鸿章认为应直接派人赴日求和。

一八九五年一月五日，清政府以西太后名义特降谕旨命张荫桓、邵友濂为全权大臣，去日本与之商谈停战之事。

张之洞不同意议和，他致电清政府驻英使臣龚照瑗：“倭寇无故开衅，妄肆要求，传闻所索数条，贪狠狂悖，实堪发指，若许之则中国不能立国矣。目前和议，断不能成。”

他刚到江宁时，就提出向智利、巴西购快船打击倭匪，后又意欲向美国购舰队一支，一万洋兵，攻打东京。但北洋海军全军覆没，淮军、湘军及湖北等省军队在陆路战场上也一败涂地。吴大澂虽属“自请从军”，但却是个外行，最终因战备不整，协调不力，指挥无方，接连失利。

面对如此状况，张之洞提出了“以英制倭”的办法。当时西太后、李鸿章等人有“联俄制倭”之议，而俄国当时不能单独出面干涉，任何事都得和各国驻华公使协商后再行办理。亲英派、礼部侍郎志锐主张：“联英伐倭，以二三千万两银子做酬劳。”张之洞认为他的办法可行。

张之洞筹划“联英”，只是其一厢情愿，没有什么结果。

张荫桓、邵友濂到达日本，对方认为中国代表规格太低，要求“更添一爵位最崇之人，会同定约，可以更快地达成协议”。意思是应该来的是奕䜣或李鸿章。同时日本又开始新的攻势，于一八九五年二、三月间连陷中庄、营口、田庄台，辽东半岛也难逃一劫，引起了北京地区的骚乱。

日方要求割台，张之洞表示台湾万不可弃，否则，中国将永无宁日，而且中国的海上交通也将被其牵制。三日，澎湖失守，台湾危在旦夕，张之洞拨枪一千六百余支、子弹一百万发和一些饷银送往台湾。台湾守将唐景崧和总兵刘永福意见不合，张之洞又得从中调和。

二月十八日，清廷封李鸿章为“头等全权大臣，与日本商定和约”。四月十七日，中日订立《马关条约》，其中规定：中国承认朝鲜独立；中国割让辽东半岛、台湾全岛及所属岛屿、澎湖列岛；赔偿军费二万万两；增辟通商口岸，日本可在中国开设工厂等等条款。《马关条约》严重损害了中国领土主权。

条约签订后，全国上下都强烈反对。张之洞于四月二十日致电总理衙门，详细列举了“马约”之害并愤怒指责李鸿章“冒天下之大不韪”，将他比作宋朝的秦桧、明朝的仇鸾，“大约稍有心肝之人皆必不肯为之”。

但是，《马关条约》已订立，五月八日，双方换约。一时间台湾人民如遭晴天霹雳，奔走相告，在大街上聚众痛哭。在京当官的台湾人一起上书都察院称：“数千百万生灵皆北向恸哭，闾巷妇孺莫不欲食倭人之肉，各怀不共戴天之仇。”表示“与其生为降虏，不如死为义民”“虽肝脑涂地而无后悔”。台湾人民布告中外，不管什么人，只要遇见李鸿章这个乱臣贼子，都应该人人得而诛之，以谢天地祖宗。

割台成了事实，台湾人民和爱国士绅都强烈反对。台湾士绅丘逢甲等写了血书说：“桑梓之地义与存亡，愿与抚臣誓死守御。”五月二十五日，他们创立“台湾民主国”，唐景崧为大总统，刘坤一为大将军。五月二十七日，桦山资纪率领日本近卫师团进攻台湾。清政府命令唐景崧：尽快在二十天内将台湾交给日本人。台湾百姓愿回内地的回内地，不愿回的即成为日本人。十年前积极抗法的唐景崧，此时却软弱无能。六月三日，日军占领基隆。唐景崧率领官员部队逃回厦门，并将库银席卷而去。丘逢甲悲痛万分地说：“误我台民，一至此极！景崧之肉其足食乎？”

唐景崧逃跑后，刘永福明确表示：“誓与土地共存亡，抗不奉诏。”并说：“自问年将六十，万死不辞……愿合众志成城，制挺胜敌。”桦山资纪劝其投降，并许以重金，刘永福报以《驳降书》，宣称“义当与台湾共存亡”。整个保台的斗争中，他忠肝义胆，一心保护台湾……以旧部桂越等处之兵，每战必不顾生死。义兵亦受到激励，增强了全军士气。

张之洞从头至尾，都不曾停止向台湾运送战略物资。可是清廷命令沿海督抚停止援台。张之洞不得不于五月二十五日停止援台。

为了争取国内官民对台湾抗战的支持和援助，克服兵员不足和粮饷器械紧缺的困难，刘永福屡屡派人内渡，向张之洞等大臣求援，张之洞、谭钟麟等也在暗中协济。张之洞私下写信给刘永福让他仍扼守各处关隘，粮饷兵械随后便送往台湾，并济助一百万两到上海，再转汇台湾，但被李鸿章中途拦下。尽管张之洞等人还在想方设法，可日本、李鸿章及清政府极力阻挠，张之洞只能告诉刘永福称："或去或留，请阁下自酌，鄙人不敢与闻，至协济饷械，奉谕严禁，万不敢违，愧歉万分，务祈原谅。"他还向闽浙总督边宝泉致电："刘镇悬军孤岛，系念之至。……碍难再拨。渠忠勇可敬，孤危可忧。然事已至此，只可任其为之，成则为郑成功，败则为田横，皆不失为奇男子。听之于天，听之于数而已。"

刘永福与台湾义军竭尽了全力，还是没有抵挡得了日寇的铁蹄。刘永福见财政困难，再也筹集不到军饷，内地已经不可能再援助了，日寇又日益进逼，知道失败是必然的。最后他悲泣道："内地诸公误我，我误台民。"

二月十九日晚，日军侵占了台南，刘永福乘英船"多利士"号内渡。二十一日，台湾全岛被日本所占。

三、倡新权变

1. 变通陈法

一八九五年四月，甲午战争结束，五月二日，康有为联同各省应试举人一千多人，公车上书，反对《马关条约》。当时，都察院门外，各界人士，不分日夜，聚集在一起，抨击时政。康有为等提出四项解决办法：下诏，迁都，练兵，变法。这次"公车上书"标志着维新派初露头角。维新变法随之在中国兴起。

统治阶级内部也有不少人提出变法，如顺天府尹胡燏芬在一八九五年七月上奏《条陈变法自强事宜折》中说："日本一弹丸岛国耳，自明治维新以来，力行西法，亦仅三十余年，而其工作之巧，出奇之多，矿政、邮政、商政之兴旺，国家岁入租赋，共八千余万元，此以西法致富之明效也。……纵观世运，抚念时艰，诚恐朝野上下，高谈理学者，狃于清议，鄙功利为不足言。……今日即孔孟复生，舍富强外亦无治国之道，而舍仿行西法一途，更无致富强之术。"

张之洞受甲午战争的影响，从统治阶级立场出发，要求“变法”。他说“凡我国民众，遭此国家危难之际，都应同仇敌忾，正可变通陈法，以期清朝的长治久安。不能过于守旧，要一改陈规旧俗，定可以报仇雪耻。”

一八九五年七月十九日，张之洞上《吁请修备储才折》，谈到甲午战争的教训与《马关条约》的危害：“此次和约，其割地驻兵之害，如猛虎在门，动思吞噬；赔款之害，如人受重伤，气血大捐；通商之害，如鸩酒止渴，毒在脏腑。及今力求补救，夜以继日，犹恐失之。若再因循游移，以后大局何堪设想？”他断言：“朝廷虽有守约之信，窃料倭人断无永好之心，且西洋各大国从此尽窥中国虚实，更将肆意要挟。……故今日事势侥幸，无事者或以为可以偷旦夕之安；而愚臣独以为不久即将有眉睫之患。”并且提出了九条应对之策：

一曰“宜亟练陆军”。

二曰“宜亟练海军”。

三曰“宜亟造铁路”。

四曰“宜分设枪炮厂”。

五曰“宜广开学堂”。

六曰“宜速讲商务”。

七曰“宜讲求工政”。

八曰“宜多派游历人员”。

九曰“宜预备巡幸之所”。

“宜亟练海军”尤为重要，表明他将编练新军放在极为重要的地位。一八九五年初，他曾奏请“借洋款，购军舰，重整海军；用洋将，练重兵于徐州，备中原缓急”。清廷复称：“张之洞向来办事实心，近览迭次电奏，于料敌筹备事宜，亦多可采。现在军事方殷，务当不分畛域，统筹大局，将筹款购械选将筹兵等事设法办妥。”但至于“练兵”一事，从不提起。五、六月间，《马关条约》刚刚签订，张之洞就筹练自强军。他看到日本军队聘请德国军官训练士兵而强大，就效仿德国军队建制，练马步炮工各军一万人，还聘请有实战经验的德国军官为教习，称之为“江南自强军”。

下半年，他招募十六岁以上、二十岁以下，体气精壮、行为没有不法之处的二千八百人，并请了三十五名德国军官加以训练。

自强军的建制是：步兵二百五十人每营，下分五哨；炮兵每营二百人，分为四哨；骑兵营一百八十人，分三哨；一百人工程营。一军包括了步、马、炮、工，并效仿德国军制。先练二千八百人，计十三营半，每年军费四十四万两。因经费限制，决定先练一军，半年以后，再练一军。他的建军思想很明确，编练期间选拔优秀士兵为副营官，选天津、广东两地武备学堂出身之学生为副哨官。外国教官负责技术操练，中国教官负责军纪。等到练成一年后，以华将带之，让外国将官教授带兵方法。

新编练军的待遇较旧军优厚，正勇的饷银每人给官铸银元五元，合库平银三两六钱。级别越高，饷银越多，此外，饭食衣履都不用个人操心。发饷时，洋教习同委员当场数发，避免了克扣军饷的弊端。

为了配合自强军，张之洞又创办南京陆师学堂，培养新式军官。他认为“学堂学生，易于领会外国教官的教授，进步非常快”。

一八九六年一月，上谕命刘坤一回两江总督本任，张之洞回湖广总督本任。刘坤一继续练兵，作为修补巩固。尽管训练时间不长，可自强军的军容风貌已相当出色了，前来参观自强军操练的人评价自强军，只训练了八个月，便成为精锐之师，连西方人都交口称赞。

军中的洋教习三十五名，各种兵员编制齐全。江南自强军是中国第二支真正的新式军队。

2. 与维新派的关系

一八九五年至一八九八年的变法运动时期，张之洞与“变法”及维新派密切相关。

他在《吁请修备储才折》中提出了他自己的变法主张，如拒和迁都、编练新式陆海军、办学堂、兴商务、求工政等等。

继公车上书后，维新派利用各种方法宣传变法。一八九五年八月，维新派在北京创办《中外纪闻》和强学会，陈炽、丁立钧、张孝谦、沈曾植为总董，其会员有杨锐、梁启超、徐世昌、袁世凯、汪大燮及外国传教士李提摩太、李佳白等数十人。康有为在《强学会叙》一文中痛陈中国现有的严峻局势并期望成立学会以挽救时局。其他还有翁同龢、孙家鼐、张荫桓、刘坤一、王文韶、张之洞、聂士成、宋庆等朝廷要员都参与了强学会的活动。

《马关条约》签订后，变法运动兴起，张之洞积极支持，并且上《吁请修备储才折》，说明修备储才的重要性，并为北京强学会捐银五千两。他是一位手握重权、拥护“新法”的重臣，康有为很重视他，且康有为把张之洞推崇的丁立钧推为强学会总董之一。在强学会略有眉目之后，他立刻启程南下，赶往张之洞处活动。

康有为到达南京，住了二十多天。他后来说“昔者薄游秣陵，过承縶维，为平原十日之欢，效孟公投辖之雅，隔日张宴，申旦高谈，共开强学，窃图共心”。但是张之洞在本质上却与维新派背道而驰，关键是他不相信康有为的《孔子改制考》，并多次劝他不要再谈这件事，而康有为对此却态度坚决，他坚持认为“孔子改制”才是真正的出路。这为张之洞与康有为决裂埋下了伏笔。

康有为十一月初到上海，同行的还有张之洞幕僚梁鼎芬、黄绍箕等人，在跑马场西首王家沙一号，康有为做主持，成立了上海强学会，张之洞捐银一千五百两。强学会章程称“专为中国自强而立，求中国自强之学，联人心，讲学术，以保卫中国，也就是要讲求维新，推动变法”。

随后，创办《强学报》，康有为作序，提倡“学则强，群则强”，主要以“强学”为主，转载上谕，鼓吹立会办报，打击科举制度，提出变法当知本源，主张开议院使民情得以上达。

强学会成立时的各方面情况表明，改良派首先是学习西方资本主义国家的自然科学与先进技术，还要求学习西方的社会政治学说，两方面一起发展以改变中国积贫积弱的现状。但康有为等人的西化却是以托古改制的形式出现的。尽管他们也讲变革、讲改制，不同于封建儒学，但这一理论还是软弱无力。张之洞多次劝他不要以此为宣传，但康有为固执己见，不曾改变主旨。

上海强学会刚成立，康有为因“母寿须归”，无法继续主持会务。其实一开始梁鼎芬、黄绍箕赴沪筹办强学会，就是为了对其监视、控制。这次康有为回广东为母亲祝寿，张之洞便令他们在上海、广州各办一会，并急调旧僚汪康年主持上海的会务企图达到“康主粤，汪主沪”的目的。康有为偏偏与他们唱对台戏，离开上海之前让弟子徐勤、何树龄在上海办《强学报》。

一八九六年一月，康有为的弟子们创办《强学报》，第一期的封面上写着“孔子卒后二千三百七十三年”，置于“光绪二十一年”之前。同时还有《孔子纪年说》，宣传孔子纪年，同时还有“光大维新”“昌言新法”之类的言论，黄绍箕、梁鼎芬急忙与他们交涉，想让他们更正。

同一时刻，北京强学会被查封。李鸿章在北京强学会成立时也曾捐过三千两。而他由于甲午战争时主和、订立《马关条约》，败坏了名声，国中臣民都对他恨之入骨。于是他的捐款被拒绝，李鸿章耿耿于怀。在他奉命出使俄国时，主使其亲家杨崇伊弹劾强学会。

杨崇伊上奏劾称“强学会私立会党，将开处士横议之风”，“专门贩卖西学书籍，并抄录各馆新闻报，刊印《中外纪闻》，按户销售。犹复借口公费，函索外省各大员，以毁誉为要挟，请饬严禁”，京师强学会果然被封。张之洞向上海各报宣布“强学会报章私自刻印廷寄及孔子卒后一条，都属违禁文章，应立刻停刊，遣散人员”。

张之洞与维新派的关系并未就此终止。由于变法风潮未息，所以彼此还存在着共同点。不久后，张之洞让汪康年在上海创办《时务报》，并给予了不少支持。

汪康年，字穰卿，浙江钱塘人。光绪进士。是张之洞幕僚，同时担任两湖书院史学斋分教，经过甲午战争，便萌发了变法图强的志向。一八九六年八月，汪康年与黄遵宪在上海创办《时务报》，他自己任经理，由梁启超任主笔，麦孟华、徐勤、欧榘甲及章太炎等分任撰述。这批维新健将词锋犀利，大力宣扬维新变法、救亡图存。汪康年注重资产阶级民权思想，积极争取中国应申民权，重公理，崇尚创新，反对求安适闲逸，提倡改革反对守旧。

《时务报》的论说新颖，文笔流畅，数月之内，就已十分出名，其销量达一万七千多份，这在中国报界是前所未见的。

《时务报》的畅销，与张之洞等官员的“提倡”密不可分。同时，这也使维新派的声望和地位得以提升，他们的言行说服了光绪帝。甲午、乙未之战，清政府的主权与尊严荡然无存。光绪帝日夜忧愤，越来越明白中国衰败的原因，若不变法图强，最后必将导致亡国的下场。恽毓鼎在《崇陵传信录》中也说：“甲午辽东丧师，上愤外难日迫，国势阽危，锐欲革新庶政致富强。”光绪帝这时的心情与维新派有着共通之处，所以他对维新派的主张日益信服。如此一来，张之洞不自觉地加强了同维新派的联系，并希望将声誉鹊起的梁启超招罗至自己的幕中。

一八九六年八月，张之洞邀请梁启超于当年中秋前来湖北游玩，有要事与其商讨。对于维新派，尽管上海强学会、《强学报》停办，但他们并没有对张之洞失望。同时加大了对地方大吏的拉拢，于是梁启超答应来鄂。一八九六年底，梁启超去广东筹办《知新报》，次年初，梁抵武昌。

他们见面那天，正值张之洞侄儿娶亲，贺客盈门。张之洞不顾宾客来见他，当天晚上设宴招待梁启超，还有梁鼎芬、钱恂作陪。谈话中，张之洞希望梁担任两湖时务院长，并在署中办事。酬金一千二百两。年纪轻轻的梁启超受到如此厚待，很是不安心，所以一向以学生自称。其实，张之洞是要把梁调离上海《时务报》，转为控制，“入我范围，以供驱使”。张之洞害怕时间长了梁启超等人的议论招致祸患，可梁启超没有答应：“沪上实不能离，鄂事没有我可以办的，我不能留下。”同年三月，“固辞”返回上海。

梁氏言论一直在维护倡导维新变法、孔子改制及“通三统、张三世”等康有为学说，这必然使张之洞、汪康年等人猜疑。

张之洞的“变法”，是和改良派不同的，他对康有为的“孔子改制”更是强烈不满。在《时务报》风靡全国时，张顺水推舟，下令大家订阅。梁启超笔锋犀利，难免有些过激的话，张之洞只有让报馆经理汪康年加以限制。汪、梁之间自然产生了裂缝。梁启超的议论越来越激烈，张之洞终于无法宽容。

一八九七年六月，《时务报》第四十册上有梁启超的一篇《知耻学会序》，对封建官僚、军队、买办严厉指责：“官惟无耻，故不学军旅，而敢于掌兵；不谙会计，而敢于理财；不习法律，而敢于司李；瞽聋跛疾，老而不死；年逾耄颐，忧恋栈豆；接见西官，栗栗变色，听言若闻雷，睹颜若谈虎。……商惟无耻，故不讲制造，不务转运，攘窃于室内，授利于渔人。其甚者，习言语为奏承西商之地，入学堂为操练买办之才；充犬马之役，则耀于乡闾；假狐虎之威，乃轹其同族。兵惟无耻，故老弱羸病，苟且充额，力不能胜匹雏，耳未闻谈战事。以养兵十年之蓄，饮酒看花；距前敌百里而遥，望风弃甲。”

这篇《知耻学会序》，张之洞看后，认为有悖事实，命令湖南巡抚陈宝箴等，将此册截留勿发。湘鄂两省，都是由官檄行，通省阅看，今报中竟有这样激烈的言论，必须赶快补救。湖南省不送，而湖北省境内，更不许发送。同时，张之洞暗中排挤梁启超。张之洞对于康派人物如徐勤、麦孟华等人的过激文章也表现出了不满。甚至连汪康年也发表《论中国参用民权之利益》一文，张之洞转告汪康年：不要写这种文章，并责其“民权”字眼与封建道德相违背。随着张之洞、梁鼎芬等人的压制，汪康年逐渐保守，并因争夺报馆权利，与梁启超冲突重重。此时正值湖南省在创办时务学堂，黄遵宪推荐梁启超任中文总教习，梁启超马上便答应了。

一八九七至一八九八年间，湖南的维新变法气氛最为浓烈。巡抚陈宝箴、按察使黄遵宪、学政江标及学政徐仁铸等都积极参与了变法运动。一时间维新志士谭嗣同、唐才常、梁启超、易鼐、樊锥、皮锡瑞等会集湖湘，他们开学堂、创学会、办报纸、倡导变法。湖南渐渐成为又一个变法维新的策源地。

一八九七年四月，《湘学新报》在长沙创立，江标、徐仁铸先后任督办，总理蔡钟濬，唐才常、易鼐等为主编，主要介绍西方自然科学，宣传变法维新。陈宝箴令各级政府订阅，以期阅读者能够眼界大开，为变法维新作贡献。随之而来的各个学堂、学会纷纷建立。一八九八年三月，谭嗣同、唐才常等创办《湘报》，由熊希龄、唐才常任主编，该报的宗旨为“开风气、拓见闻”，简单明了，通俗易懂，以适应更广泛的读者群，极力反对浮夸虚饰。该报除了刊登有关西学与变法的文章，更宣扬民主思想。

对此，张之洞也表示支持，他说“《湘学报》大概都是讲求经济时务之法”“有益于读书人，自宜广为传布”，让人们都去看，并让学院的学生阅读。一八九八年四、五月间，变法势头高涨，湘省报上的“改制”“设议会”等文章，又使张之洞心神不安。同年五月十一日，张之洞电告徐仁铸“奇怪议论，较去年更甚，或推尊摩西，或主张民权，或以公法比《春秋》。……以后不敢代为传播矣”“以前报资，还饬善后局发给，以后请饬即日截止，毋庸续寄”。

在张之洞阻挠下，湖南维新运动的发展道路并没有一帆风顺。

3. 戊戌政变

受维新派的影响，光绪帝终于在一八九八年六月十一日颁布了《明定国是诏》，开始了变法革新。明白宣示，“嗣后中外大小诸臣，自王公以及士庶，各宜努力向上，发愤为雄，以圣贤义理之学，植其根本，又须博采西学之切于时务者，实力讲求，以救空疏迂谬之弊。专心致志，精益求精，毋徒袭其皮毛，毋竟腾其口说，总期化无用为有用，以成通经济变之才”。接下来，新政诏书接连不断，“百日维新”登上历史舞台。

这个时候，张之洞也不甘寂寞。一八九四年七月四日，他上《妥议科举新章折》，表示同意废除八股、改试策论，认为选拔人才制度的改革是当务之急。另外，他以维护“圣道”为宗旨，反复宣扬封建伦理思想。

但是顽固派的奋力反击，致使维新派以失败告终。九月二十一日，西太后回紫禁城，将光绪帝软禁了起来，又一次“训政”，同时通缉康、梁，逮捕了谭嗣同、杨锐、刘光第等人。此事传到武昌，张之洞立刻倒向西太后，开始压制两湖地区的维新变法运动。他首先将湖南的南学会解散，改保卫局为保甲局。

南学会是一八九八年二月成立的、有名的维新团体，以广开民智为宗旨，分会遍布湖南各地。保卫局则是一个公益性团体。《湘报》曾介绍，“保卫局自开办以来，各局员绅倍极勤慎，日夜严饬巡丁，梭巡街市，城中无赖痞徒，渐皆敛迹”。同年十月七日，张之洞致电陈宝箴、俞廉三说“湖南省城所设南学会、保卫局等名目，和一类组织，应立即取消。会中所有文件，一律销毁，彻底杜绝”。《湘报》于十月十五日停刊了。

张之洞还对四川的维新变法运动加以干涉。他致电给尊经书院的学生、四川维新主将宋育仁说：“《蜀学报》第五册《封列国以保中国论》，又第八册《五月学会讲义》，违背事实，骇人听闻，应赶快进行删除或改正。”

张之洞不但镇压维新运动，对其大肆攻击，还为了取悦西太后，主动抓捕康、梁等人。清廷在康、梁逃往日本后，电告驻日公使李盛铎，叫他秘密捉拿二人，并派人借口考察商务赴日行刺。张之洞见了日本领事小田切，请求他协助缉捕。张之洞的要求没有得到日方的同意，于是张之洞想派张斯洵去行刺，引起日本政府抗议。

梁鼎芬也到处活动，协助张之洞镇压维新党人。发生政变后，梁鼎芬为张之洞百般遮掩。张之洞游镇江焦山时，题长歌于松寥阁，诗中有赞成变法之意。梁鼎芬连夜乘小兵轮索回题诗并销毁。

张之洞在戊戌政变时期的这种做法，极大地破坏了自己的声誉。但是，他却曾为营救自己的“得意门生”杨锐而不辞奔波。九月二十一日，慈禧再次“训政”。二十四日，杨锐被逮捕，关在了刑部大牢。张之洞知道后，立刻电告盛宣怀，请顺天府尹陈夔龙及户部尚书、协理大学士王文韶营救杨锐。

同时他致电时在北京的湖北按察使，提出杨锐是由湖南巡抚陈宝箴保荐的，与康没有关系，给瞿鸿禨的电文中，请他找王文韶、刚毅帮忙。在二十七日晚，他还致电在天津的荣禄，表示要亲自为杨锐作保。但是，刚毅由于杨锐曾说他昏庸无知，而且阻挠变法等话，不但没有帮忙，反而在慈禧面前鼓煽：“此辈多杀几个何惜？”西太后异常厌恶变法，与“康党”势不两立。二十八日，她就将被捕的谭嗣同、康广仁、刘光第、林旭、杨锐、杨深秀六人在北京菜市口处死，史称“戊戌六君子”。张之洞听到这个消息，数日悲痛。

四、内忧外患

1. 义和团兴起

甲午战争，加速了帝国主义列强对中国的侵略，列强肆意掠夺内地路矿资源和权益，暗中策划瓜分中国，这时的外国传教士也逐渐深入中国。民族危机进一步加深了。

戊戌变法刚刚结束不到两年时间里，义和团运动接连兴起。

义和团由山东发端，逐步延伸到华北、东北等地区。“义和团，起山东，不到仨月遍地红”。义和团原是义和拳、梅花拳和大刀会等民间秘密组织，最先流行于山东、直隶等地，其口号是设坛练拳“保卫身家，防御盗贼”，广大农民群众多有参加。一八九六年以后，山东曹州等地大刀会，德州一带以朱红灯为首领的义和拳，都曾有反洋教斗争的事迹。一八九九年下半年，义和拳改名为义和团，山东义和团首先提出“扶清灭洋”的口号，得到各地义和团的响应，越来越多的农民参与，京津一带闹得最红火。他们迷信中国传统文化中的神仙、英雄，对外来文化一概采取排斥态度，一切与洋人文化有关的人和事物也必遭义和团攻击。一份义和团揭帖说：“兵法易，助学拳，要摈鬼子不犯难。挑铁道，把线砍，旋再毁坏大轮船。大法国，心胆寒，英吉俄罗势萧然。”义和团无情地斩杀“洋毛子”，不惜以自己的血肉之躯去抵抗八国联军的炮弹，他们的英勇悲壮，令人赞叹。但是，他们又带有强烈的迷信、愚昧色彩。总而言之，他们希望扫除一切与洋人有关的事物，恢复旧中国自给自足的旧式生产模式，这与封建顽固派“闭关而治，复我太平”的愿望相同。慈禧等人曾一度利用义和团运动，也是为此。除此以外，自然还有其政治用意。

当时光绪帝虽然完全被西太后所控制，但帝、后两党的斗争却没结束。如果慈禧死去，政权自然属于光绪，这是后党担心害怕的。因此，慈禧及其后党抓紧时间，想废了光绪帝，以端郡王之子溥儁为嗣。此事震动了朝廷。列强站在自己的立场，干预立储之事。沙俄支持后党，而英、美、日等国则相反，因为他们要和沙俄争夺在华利益，所以他们坚决反对另立皇储。后党对此深恶痛绝，于是后党利用义和团的爱国之心，以求打击列强。

清廷决策层自然各有倾向，与列强有着各种联系的洋务派封疆大吏们，如两广总督李鸿章，与义和团势不两立。在清廷内部有许景澄、袁昶、徐用仪、联元、荣禄、王文韶等人以及地方督抚刘坤一、袁世凯及张之洞等人，他们都反对与列强开战，极力主张剿灭义和团。如总理衙门大臣、吏部侍郎许景澄和太常寺卿袁昶要荣禄首先铲除义和团，多次上书提出"治乱国用重典"的镇压政策，让清廷给荣禄更多的权力以便见机行事，对团民务求斩草除根。

张之洞的态度是坚决镇压。他的看法是："扶清灭洋"只是义和团的借口，以往各地的乱党都用类似旗号蒙蔽百姓，对他们毁铁路、电线更是深恶痛绝。他致电荣禄，敦请他严剿义和团。

义和团的发展，让西太后顽固派尤为关注。而且光绪帝被囚禁，为避免麻烦，西太后要废了光绪帝。首先伪造光绪的病历，制造光绪患病的假象，这让国内外舆论一片哗然，又借光绪"春秋已盛，不能诞育"之名，西太后又于一九〇〇年一月决定以"端郡王载漪之子溥儁继承穆宗毅皇帝为子"，让他将来继承皇位。上谕颁布后，中外震动。上海、湖北等地绅商士庶议论纷纷，强烈反对这种"名为立嗣，实则废立"的阴谋。而且，英、日、美等国驻华公使也表示反对。清廷举行立"大阿哥"仪式，许多外国公使不去庆祝。八国联军入侵时，"大阿哥"溥儁之父载漪假制了"请太后归政、废大阿哥"的"外交团照会"，惹恼了西太后，她对外国干预中国的废立大事而深感恼怒！西太后等封建顽固派对洋人的仇恨越来越深，和义和团有了相同之处。西太后开始利用义和团，眨眼间义和团成了"奉旨义和团"。

2. 江南互保

一九〇〇年六月中旬，列强以"护馆""护侨""平定暴乱"为名义，组成八国联军侵入京津、华北地区。

张之洞并不同意清廷对外宣战，要求"剿灭"义和团，并且对湖北地方发生"动乱"的地区进行镇压。六月中旬，"出示晓谕商民并饬荆州道府缉匪，保护医院、教堂""饬各属严禁匪徒造谣生事""饬江汉关道照会各国领事力任保护"。英国驻汉口领事要张之洞镇压义和团，张之洞立即下令"各地应对义和团严加剿捕”，认真保护洋人。他还表示，湖北已添重兵，出告示饬州县禁谣捉拿动乱分子，如有惹是生非的人，立即正法。对所有洋商教士，要全力保护。

六月二十一日，西太后以光绪帝名义发布了宣战上谕。京城开始备战。张之洞、刘坤一、盛宣怀等人却相反，在东南地区达成了“东南互保”协议，刘坤一、张之洞在长江流域与洋人订约以求“和平”，并希望尽快得到英国方面的支持，不惜代价采取有力措施。

于是，刘坤一、张之洞、盛宣怀及上海道余联沅等人与驻沪、宁、汉的英国领事、英籍税务司来往颇多，众人一起商量措施，英国决定派兵保护长江流域的英方利益。在长江一带从事实业的绅商们出于自身的利益，对于“秩序”的稳定格外关心。所以一直围绕刘、张两人，前后奔走。

六月二十二日，张之洞又致电清政府驻英、美、日三国公使，要其分别转告：最近长江沿海一带，各督抚全力负责保护诸国洋人，可以不用担心。

在他们密商“互保”时，清廷决定“宣战”，盛宣怀害怕“互保”失败，便电告各电报局“凡机要文传只密报督抚，勿声张”。

刘坤一、张之洞见到“宣战上谕”，感觉“互保”有逆旨之嫌，很是犹豫。

在武昌，沈曾植等人劝说张之洞，而张之洞却认为“思虑固密”，议决与刘坤一等按原计划行事。他又一次要求盛宣怀尽快促成此事。刘坤一也电令余联沅在上海与各国领事会晤。

六月二十六日，余联沅与各国驻沪领事会晤。刘坤一、张之洞以及江苏、安徽、江西、湖北、湖南等巡抚的代表或委托人都到了会，盛宣怀作为“三江两湖”地区“公请”的代表，是其中的重要角色。会中，古纳曾问：“今日订约，如果你们大皇帝又令你们开战，你们怎么办？”余联沅在盛宣怀、福开森指示下说谎：“今日订约，皇上是知道的。”消除“误解”后，继而议定《东南保护约款》九条、《保护上海城厢内外章程》十条。其主要说：长江及苏杭内地，包括各国商民、教士产业，由督抚切实保护；各口岸的外国兵舰照常停泊；上海制造局等处军火，只限于“剿匪”和保护中外商民之用，等等。而《章程》为：上海租界由各国共同保护，上海道则添募巡捕，在城厢内外昼夜巡逻等。

“东南互保”有利于列强，当然使他们感到满意。二十七日，上海领事团即致函余联沅，对盛宣怀、刘坤一、张之洞等人的雅意致以“最高的赞美”。

此后的第三天，“宣战上谕”在上海公布于众，上海人人震动，因为这与东南互保的协议有诸多相反之处。盛宣怀怕“互保”失败，致电刘坤一、张之洞，要求其坚持原议，“切实电示”各领事，让他们相信。刘、张均表示：无论怎么样，依然遵守东南互保协议。驻沪各国领事明确了刘坤一、张之洞的态度后，与余联沅会谈表示维持原议。

为了扩大“互保”范围，张之洞、刘坤一紧接着分别致电其他东南各省督抚大吏。此前，与其看法不同的是江苏巡抚鹿传霖和巡阅长江水师大臣李秉衡。刘坤一致电鹿传霖称：“目前只有全力保护，稳住各国，暂保长江地区安全，战事一旦有转机，再做打算。若再鲁莽从事，各国兵舰转舵南攻，到时连东南半壁也难以保全。现与各国领事密商，使其互相牵制，以免其反戈相向。”几天后鹿就奉命出兵北上护驾。

两广总督李鸿章、山东巡抚袁世凯等也拥护“东南互保”，闽浙总督许应骙也表示同意“东南互保”协议。他还与俄、英、美、日等六国根据《东南保护约款》，订立《福建互保协定》。不久，川、陕、豫等省督抚明确支持，“互保”范围渐广。

张之洞、刘坤一、盛宣怀等人之所以这么大胆，因其知道西太后的“宣战”“招抚”不过是暂时的。议定“互保约款”的当天，刘坤一、张之洞等就一起叩请西太后改变想法，要不然，后果不堪设想，所以必须得采取以妥协求生存的方法，全力维护列强权益，这样才能保存疆土。

果然，“宣战”还没超过三天，西太后就赞扬李鸿章、刘坤一、张之洞等人“老成谋国”。对他们事先不奏明、擅自行动的行为，不但没有批评，而且表示“意见正复相同”。

3. 共议和谈

不久，八国联军进京，太后逃往西安，张之洞在湖北专设转运局，转送各省的粮饷去西安，还派军队到西安保护西太后，并且派人呈进天生野秫两种、历代史鉴名臣奏议文集和关于治理国家方面的书十二种，还送去了陕西少见的服食所需各物十四种，好让太后享用和考览之用，真是细致周到到了极点。

这时，西太后听从刘坤一、张之洞的建议，调李鸿章为直隶总督兼北洋大臣，负责议和之事。

张之洞与刘坤一成了“会同办理议和大臣”，一起负责与西方列强有关的议和事宜。

各国公使那时表示：必须将祸首端王载漪等十一人惩处后再进行和谈，并请太后和光绪帝早日回北京。李鸿章唯命是从，请太后速定回京日期。

张之洞则认为西太后还是暂时驻西安为好，他认为联军不退，太后就不可回去。张之洞在看到刘坤一草拟的会衔奏稿时，特别是看见“伏愿附听全权大臣之言”这句话时特别恼火，致电刘坤一：“会奏万不可发，洞断不敢列衔。请岘帅亦不必发。十一人全未拟减，太重难行，一也；洞断不请回銮，全权所奏正与鄙见相反，二也；前两日令杨使（杨儒）商减，又不候复，三也。奏尾云请俯听全权，大不妥！”

两人从此就意见不合了。与列强经过协商，订立了议和大纲，最主要的是赔款，此外还有：

一、中国对德使被害一事，派亲王专使赴德谢罪，并于德使被害处树立铭碑；

二、严惩祸首，凡戕害凌虐洋人的城镇，五年内停止科考；

三、中国纪念日本书记生被害一事，需用优荣之典，以谢日本政府；

四、于污渎发掘洋人坟墓处，建立碣碑；

五、军火及专为制造军火的各种器料，不准运入中国；

六、赔补洋人及为洋人办事的华人身家财产所受的损失；

七、各国驻兵保卫使馆，使馆所在界内不准华人居住；

八、北京到海边须留出畅行通道，大沽等炮台一律削平；

九、各国驻兵留守通道；

十、张贴永禁军民等仇视各国的谕旨；凡官员弹压不善，即行革职永不叙用；

十一、修改通商行船各约；

十二、改变总理各国事务衙门和各国公使觐见礼节。

李鸿章电奏朝廷，说各国已下定决心，条款已改不了了，宗庙陵寝都被他人掌握，任何改动，都将破坏现在的和平，存亡之机，正是关键时刻，必须遵行。

张之洞对此很不满，认为李鸿章这么做，无异于卖国，于是，他对议和大纲提出了异议，告知朝廷和李鸿章。

慈禧太后深为触动，电谕照转奕劻、李鸿章再与各国使节会谈。特别是去除“遵奉内廷谕旨”一句，西太后也是这么认为，这其实是为她自己解脱责任！太后诏谕两位全权大臣：“此句含义颇深，争取解释清楚以删除为妥。”

李鸿章接到了西太后的谕旨，十分恼火。于是回奏，逐条批驳了张之洞的看法，并说“如果再要修改，必将导致和谈破裂”。关于“删除遵奉内廷谕旨”一语，李鸿章写道：“查客使围困日久，但借此空文泄愤，当面并未挑过。我若于字句间求之，未免自生枝节。不料张督在外多年，稍有阅历，仍是二十年前在京书生之习，盖局外论事易也。臣等只有遵旨办理。刘、张相距已远，情形未能周知，若随时电商，恐误事机。”

张之洞得知李的反驳，对“书生之习”四字耿耿于怀，致电刘坤一称：“李鸿章称我书生习气，不过想来书生习气好过中堂习气！……没想到李鸿章比洋人更苛刻。李鸿章电称‘不与刘张相商’一语非常令人气愤！”

但一切如李鸿章所言，列强订立的协定，不可能被轻易更改。张之洞的一番苦心最后只能成为泡影。

接着，他们在处理中俄关系上也发生了争执。八国联军入侵中国时，俄国强占了东三省。中国与八国联军协议后，俄国理应归还东三省。但俄国却制定苛刻的条件，要求中国政府就范，否则，就不撤军。于是，李鸿章主张答应俄国的要求，并在协议上画押，张之洞与刘坤一则表示反对。李鸿章随即给军机处去电，“今春江鄂督被日本愚弄了，力阻画押，而今突然要俄国撤兵，俄国肯定不听，没想到力阻画押者做出这种事来”。张之洞听说了马上严厉反击：“李相开始主张画押，或者因恐决裂而被俄国愚弄。现时间到了都还不画，俄国竟然不吭声，自然应该悔悟急改，而坚持不肯照会，怎能一直为俄所愚？难道是别有成见？放着国家的命运不闻不问，不管同僚在水深火热之中，大臣举动，不应是这样。”对于这些纷争，清廷下旨加以调解：二月间中外诸臣佥言，俄约一成，即启瓜分之祸。朝廷熟思利害，不得不为停画，此事势之当然，本无所容其成见。乃自是之后，李鸿章误以为画押为刘坤一、张之洞所阻，至有江鄂为日人所愚之言；刘坤一、张之洞又以李鸿章为偏执己见，亦有全权为俄人所愚之言。彼此积疑，负气争论，究于国事何补？……平心而论，李鸿章身处其难，原多委曲，然时有不受商量之失；刘坤一、张之洞虑事固深，而发言太易，亦未免责人无已。要之，俄约自难全废，终当设法改订。在中国如此危难的时刻，李、张二人还是意气用事，一点也不为中国人的命运考虑，实在可悲。

不管张之洞抱何等想法，“东南互保”毕竟避免了长江流域的战祸，使列强们可以全力对付北方义和团民众和慈禧集团。而慈禧集团并不希望与列强彻底决裂，完全是借义和团打击一下洋人的气焰罢了。所以，慈禧在逃离北京之后，便下令屠杀义和团以献媚于列强，并以出卖主权为代价换取自己一时的苟且，保住傀儡朝廷。光绪二十七年初，慈禧“回京”前夕，发布《议和大纲》，竟不知廉耻地声称“量中华之物力，结与国之欢心。既有悔祸之机，宜颁自责之诏”。并且屈服于列强压力，查办那些当初主张“宣战”的“祸首”“罪魁”，对其加以严惩。而张之洞、刘坤一等，则受到嘉奖，刘坤一赐予太子太保衔，张之洞赐予太子少保衔。直至张之洞死后，清廷上谕仍称赞他“庚子之变，顾全大局，保障东南，厥功甚伟”。

大局已定，慈禧召见张之洞，称其“疾风知劲草，国难见忠臣”，并表彰其与刘坤一保障东南之功。

张之洞又规劝慈禧变通旧法，以图自强。

张之洞又建议以改革取士制度为变法的首要任务，请求尽快实行。慈禧迫于当时的内外形势也表示赞同。张之洞站在封建统治阶级的角度上，向慈禧提出了变通陈法的建议，并得到慈禧的批准，这更坚定了张之洞变法的信心。

五、抵制革命

1. 镇压“自立军”

光绪二十六年（1900），确实出了不少事。这一年，北方义和团运动方兴未艾，长江流域的“东南互保”搞得正热火朝天，鄂、湘、皖等地的“自立军”运动也渐渐成为清廷隐患。

“自立军”运动是康有为“保皇派”与孙中山革命派合作的产物。运动的主要领导人是保皇党与革命派之间的唐才常。

唐才常，字绂丞，后改佛尘，自号洴澼子，湖南浏阳县人。他承家学，性颖悟，一八八六年，以“小三元”中秀才，然后进了长沙岳麓书院、校经书院读书。一八九一年，他被聘为学署阅卷及校读，第二年返浏阳，在同邑著名学者欧阳中鹄家做老师。这时唐才常的生活和思想还是保守的。

一八九四年，他考入武昌两湖书院。那是张之洞亲自创办的一所著名学堂。比其他旧式书院有更多可供汲取的西学新知。这时又恰逢中日甲午之战，仅仅六个月时间，中国一败涂地，《马关条约》的议订，使他深受刺激。订立条约时，张之洞严厉批判李鸿章，甚至要求杀李鸿章。唐才常对敢怒敢言的张之洞崇敬有加。

在两湖书院，唐才常与同邑旧友谭嗣同相见，他们一同经历了甲午战败，并在思想、志趣方面十分相似，两人都支持变法维新，又同时扮演了重要角色。

一八九六年，他返回长沙，积极开展变法活动。当时湖南省主要官员陈宝箴、黄遵宪、江标、徐仁铸等均要求变法，长沙成了变法中心。一八九七年，《湘学新报》创刊又改名《湘学报》，唐才常任总撰述，特地写文章讲述各国政治外交情况，崇尚今文经学，大力鼓吹康有为“托古改制”之说，并全心宣传变法维新思想。该报与上海《时务报》，一同风行国内。除此以外，他还积极参与创立学会。一八九七年，他与谭嗣同在浏阳创建算学馆，宣扬新学，讲授变法。次年，又办南学会、群萌学会，广泛传播西学，大力提倡维新。那年夏秋间，维新风气极盛，北京的谭嗣同来电邀请他进京，参与新政。

他壮志满怀，欣然北上。刚到达汉口，“戊戌政变”发生，谭嗣同等“六君子”遇难，这对他来说，无疑是晴天霹雳。他只好从汉口返湘，简单准备了一番，就去了上海，开始奔走各地，联络同志。

戊戌政变后，康、梁逃去了日本，为光绪的“保皇”活动尽心尽力，而孙中山正在海外推行革命，双方对于慈禧集团有共同的反感。光绪二十五年（1899）夏，孙中山计划在广东惠州发动起义，那时康有为派唐才常在日本会见孙中山，共同商讨有关起义的事。他们订下“殊途同归之约”“一起谋划起义”。孙中山委派吴禄贞、傅慈祥等和唐才常一起以武汉为中心，于长江中游各省发动武装起义。光绪二十五年底，这些人返国，孙中山、梁启超亲自为他们送行，孙还将容星桥在汉口的地址透露给唐、林，以帮助起义。

唐才常一回国就创立“正气会”，后叫“自立会”，并联络“大刀会”等反清会党，在清军中也发展了一部分会员，仿会党方式建富有山堂，发行富有票，并做了大量的反清宣传工作。同时在上海、汉口等地设立秘密机关，组建了“自立军”，分前、后、中、左、右以及总会亲军、先锋营七军，在鄂湘、皖等地伺机起事。

唐才常之所以选中武汉为举事中心，主要原因是：

一，武汉有重要的地理位置，是中国南北枢纽，工商业发达，地方官僚疏于防范，所以便于攻占，以此为根据地可以再图中原。

二，武汉为长江中游的重要枢纽，那是英国势力范围。英国政府要为自己权益考虑，还是会支持帝党。此时正值“东南互保”，英国想在扬子江流域建立特权地区，以求在那里不仅占领导地位，并且排除其他列强，希望“重建”一个听话的“中华帝国”。唐才常就是考虑到英国势力的“保护”。

三，他本人曾求学于张之洞所办两湖书院，与张有“师生之谊”，而张之洞向来以爱护学生而著称，他更是仗着张之洞与他有师生之谊想以勤王大义说服他，以利用张之洞。

唐才常、傅慈祥及林圭、田邦璿、蔡钟浩等都回到了上海。不久，林圭等经汉口返回湖南，成立了哥老会中央本部，并且办报纸、办学堂，林圭还告诉了张之洞，希望得到他的支持，张之洞这才知道唐才常的活动踪迹。

一九〇〇年初，唐才常反对西太后立溥儁为大阿哥，为此他积极奔走。一月二十七日，叶翰、沈荩、蔡元培、章太炎、唐才常等一千余人联名通电光绪帝“力疾临御，勿存退位之思”，此举震动了全国，唐才常更广泛地开展起活动。

同年春，唐才常成立正气会，该会主要是联络会党，东至苏浙，北至河陕，西南至巴蜀、两粤，大家都积极参与，加入正气会。

此会成立不久，就改成了自立会，分军事、政治两部，组建自立军，筹备以“勤王”为名的起义。重要会员为留日学生及国内学生，凡各省来上海的头目、革命志士，都聚集于此。该会一面有康、梁指导，一面又拥护孙中山。自立会效法会党，建立“富有山堂”，发行富有票。

自立会及其富有山堂虽不紧密，但组织庞大，许多省份的会党首领都加入在内，康党及革命派的许多重要人物也都参与其中，还包括张之洞所编练的新军军官辜人杰等。没多久，会党、新军、农民、知识分子等各阶层人士纷纷赶来，加入其中。有史料说："会员一度达到十余万，分为五部分，广布于鄂、皖、赣、湘各重要地区。"

一九〇〇年夏，义和团运动高涨，国内震荡不安。七月，唐才常在上海召开"中国国会"，推容闳、严复为正副会长，唐才常任总干事。并且提出三点宗旨：保全中国自立之权，创造新自立国；决不承认清政府有统治中国之权；请光绪帝复辟。由此可见其主张的自相矛盾。章太炎对"一面排满，一面勤王"的主张当场予以批驳。

为了便于内地军事行动的展开，唐才常建立了自立军。由林圭、傅慈祥负责，拟"集兵二万，分七军四十营"，总会亲军十营，中、左、右、前、后五军，各五营，自立先锋军五营。中军是其本部，会聚在武汉，由林圭、傅慈祥统领，李虎村为总文案，汪楚珍为粮台；前军统率秦力山、吴禄贞，集于安徽大通；后军由田邦璿统领，在安庆；左军统领陈犹龙，在湖南常德；右军统领沈荩，驻湖北新堤。总会亲军与先锋军都会聚在武汉，唐才常直接指挥，并担任自立军总粮台，负责各军的节制。

自立军的构成是新军和会党。湖北新军各营兵勇及长江水师有很多人参与其中。

张之洞对自立军的活动早已知根知底，对于湖北新军官兵及部属吏员参与"自立会"一事，也知晓一二，但他并不知道风传自立军将挟持他宣布湖广独立的事。光绪二十六年三月时，张之洞就在札文中称"长江一带会匪素多，因之造为各种揭帖，公然纠众谋逆，实堪发指，亟应遵旨严禁"。他之所以对其不加干涉，是想密切监视唐才常他们的动向。为加强防备，他额外招募了两千人兵勇，还设置了特殊的江河巡逻。

光绪二十六年（1900）七月，八国联军入京，慈禧太后仓皇西逃，唐才常认为"时机已到，万不可失"，于是从上海赶赴汉口，准备于七月十五日指挥各路自立军于鄂、湘、皖等地同时起义，但由于所需款项均未到位，所以起义日期一拖再拖。吴禄贞等没有得到延期通知，独自在安徽大通起义，由于孤掌难鸣，很快被刘坤一击败。

自立军总机关设在汉口英租界附近的李慎德堂楼上，还有一处是前花楼街宝顺里四号，唐才常、林圭就住在那儿。大通事发，武汉立刻有了动静，到处流传张之洞将逮捕康有为的支持者的流言，唐才常只好定于八月二十二日先夺汉阳兵工厂，“作为军资”，再率军渡江，抓捕鄂省军政要员。如果一切顺利，便挥师西安，迎回光绪帝。再拟就《讨义和团檄文》《告全国民众书》《通告友邦书》等布告、文件。其后的日子里，唐才常、林圭、甲斐靖等人抓紧布置，武装起义即将爆发。然而，张之洞却先下手为强了。

清政府、英美列强及自立军都在想以张之洞为己用。清政府抵御义和团、八国联军，笼络地方督抚很自然，英国“想在扬子江上游建立特权地区”，所以得扶植刘坤一，并试图推动武汉的张之洞独立于清政府之外。张、刘等人曾经反对清廷决策层，所以谋划“东南互保”，并相约“凡二十四日以后之上谕概不奉行”。傅慈祥于四、五月间又一次赴日，并组织了“回国请愿团”，求见了刘坤一和张之洞，希望他们摆脱朝廷“自立”。张之洞态度含糊，刘坤一则严词拒绝。张之洞表示他需要做更详细的观察、掂量。

八月中旬，联军攻占了北京，清政府尚存一息。唐才常抵汉口后加紧活动，张之洞便于八月二十一日与英国驻汉口总领事爱德华·傅磊斯达成协议，还从傅磊斯那里获得在英租界抓自立军领袖的许可证。

就这样，张之洞于七月二十八日派兵包围了李慎德堂的自立军总机关，搜捕了前花楼街宝顺里四号，捕获自立军首领唐才常等三十多人到案，其供认不讳。唐才常写下“湖南丁酉拔贡唐才常，谋救皇上复辟，机事不密，请死”等二十一字。张之洞对他说：“你的文才很好，何为作此？”唐才常斥责他：“你读书却不明理，这是忘君臣之义而背君附贼。”张之洞在第二天将唐才常、林圭、傅慈祥等处决。

康有为见张之洞镇压自立军、捕杀唐才常就写信给他：“唐才常哀恸中国，思救圣主，以日本覆幕之举，出于义士胁迫强藩之为，乃欲以此望之执事，此其事不可谓不义，其意不可谓不厚矣。而执事怙恃威力，屠戮忠良，先杀者三十余人，后诛者千余众，逮捕帝党，弥围海上，凡少有言维新者，皆将加诛矣。残酷之毒，比之戊戌之淫威，殆有过之。执事上不顾君，中不顾国，下不顾民，惟知媚那拉后而保己身，恐分裂之祸，即在今日，而追原罪魁，皆执事附和贼之故。千秋万世，安能逃责？”

张之洞镇压自立军、捕杀唐才常，竭尽全力使用政治权术，所以他在政局大动荡中屹然不倒。然而这一事却使诸多知识分子与进步人士从中吸取了经验教训。《清议报》指出：“中国自戊戌以前，无所谓流血变法者也，六君子之后，而流血之宗旨定矣。及唐继起，三十余志士同日死义，流风所披，遍于国中，人人有舍身救国之志、独立不惧之慨。事之成就虽有迟速，而其所以激励民心、提振士气者，固足以易天下矣。”越来越多的人倾向于革命党，这是张之洞所意想不到的。

2. 迫害革命党人

戊戌变法失败，可见温和改良并不能解决中国的问题。孙中山决意发动民众，武力推翻清政府。光绪二十六年，惠州起义失败，但革命的火种却已传遍了中国各地。

随着革命思想的深入人心，清王朝的统治岌岌可危。张之洞仍顽强地抵制革命，以挽救清王朝的灭亡。

日本在二十世纪初是孙中山革命派的根据地。中国留日学生是其骨干力量。张之洞一贯主张游学，而两湖籍留学生在革命党中所占比例却最大。这显然和张之洞的初衷大相径庭。参与辛亥革命的老人回忆说，张之洞派人出去留学，本来是想解除革命危机，没料却加速了革命的进程。光绪二十八年，湖北留日学生尹援一、窦燕石等在东京创办《湖北学生界》杂志，揭露帝国主义的侵华罪行，宣扬反清革命。张之洞看后，十分气愤，他命令湖北巡抚端方以后尽量少派留学生出洋，并将《湖北学生界》的主要撰稿者刘成禺、张继煦等电调回国，又命令驻日公使蔡钧对留学生严加管束，如不听命，应即停给学费，与日方会商将该生送回国。

同时，张之洞还直接迫害革命党人。光绪二十七（1901）年，他与刘坤一及江苏巡抚恩寿密谋逮捕时在苏州东吴大学任教的著名革命党人章太炎。章太炎后来逃往日本。光绪二十八年（1902），上海《苏报》成为中国教育会和爱国学社的机关报，章士钊为主笔，章太炎、蔡元培等为撰稿人，其中有一个“学界风潮”专栏，专门报道各地学生爱国运动的消息，还刊登过邹容的《革命军序》以及章士钊等人的评论《革命军》的文章。《革命军序》写道：“夫中国吞噬于逆胡，二百六十年矣。宰割之酷，诈暴之工，人人所身受，当无不昌言革命。”章士钊在《读〈革命军〉》一文中大声疾呼：“卓哉！邹氏之《革命军》也，以国民主义为干，以仇满为用，挦扯往事，根极公理，驱以犀利之笔，达以浅直之词。虽顽懦之夫，目睹其事，耳闻其语，则罔不面，赤耳热心跳肺张，作拔剑砍地奋身入海之状。”对于康有为“中国只可立宪，不可革命”的谬论，章太炎在《苏报》上发表了《驳康有为论革命书》予以反驳：“公理之未明，即以革命明之；旧俗之俱在，即以革命去之。革命非天雄、大黄之猛剂，而实补泻兼备之良药矣！”他的语言犀利无比，而且很有煽动性。清政府恼羞成怒，于是串通上海公共租界工部局，抓了章太炎，封闭《苏报》。邹容自动投案。章、邹二人誓死不渝，于公审会上还宣扬革命，并以绝食表示抗议。清政府决定不惜一切代价除掉这两个人，清政府提出“引渡”章、邹二人，但被各国拒绝。这就是轰动全国的“苏报案”。

那时在北京厘定学堂的张之洞也起了不少的作用。他建议军机处命令魏光焘，对章、邹二人加以严惩，又建议端方派湖北巡警局总办金鼎去上海，与各国商谈引渡事宜。

金鼎到上海后，以沪宁铁路路权为代价并出巨资十万两，想引渡章、邹二人。但各国租界当局一方面要保证租界治外特权，一方面又怕激起民愤，拒绝了这项请求。谈判一度僵滞，张之洞表示：虽然有特权，但中国人民仍要由中国政府管辖。他暗示魏光焘、金鼎等以维护国家主权为名，劝说各国引渡章、邹。而此时，北京发生刑部鞭毙革命党人沈荩一事，中外一片哗然，这使张之洞的苦心经营毁于一旦。张之洞仍不放弃，又拿“只以监禁了事，决不办死罪”为条件，诱使租界交出二人，但还是没有成功。

光绪三十年，原两湖书院学生、著名革命党人、湖南籍留日学生黄兴归国开始进行革命活动，他从上海到武昌发表反清革命演说，还曾散发《革命军》《猛回头》等革命书刊数千册。张之洞下令将黄兴驱逐出境，并严厉查禁“逆书”。

第九章　南方北斗

一、承前启后

十九世纪六十年代，随着西方列强侵略铁蹄的踏入，中国的传统教育体制也濒临崩溃，不少有识之士纷纷提出改革教育。同治元年（1862），贡生黎庶昌建议开设绝学之科，同治九年，闽浙总督英柱等建议增加算学科，光绪元年，（1875）李鸿章提议加考自然、算义，光绪十年，潘衍桐建议开艺学科，包括制造、算学、舆图等。六七十年代，各种新式学堂如雨后春笋般出现在京、津、沪等地区。而张之洞却仍然食古不化，他创办的一些书院还都属旧式书院。八十年代以后，他在督鄂与暂署两江期间大规模地兴办洋务事业，同时他感到中国旧式教育的落后与新式人才的缺乏，从而开始拥护改革旧的教育制度，发展全新的近代教育事业并付诸实践。一八九五年，他在《吁请修备储才折》中称："人皆知外洋各国之强由于兵，而不知外洋之强由于学。夫立国出于人才，人才出于立学，此古今中外不易之理。不蓄而求，岂可幸致。"

督粤期间，他创办了广东水陆师学堂，转督湖广以后，更是大力兴办新学。十年时间，在湖北地区建立了比较完整的近代教育体系。

张之洞督鄂期间兴办教育事业分以下三个阶段：

第一阶段：光绪十六年（1890）至二十二年（1896）为"书院时期"，面对当时空疏虚妄的学风，他开始改造经心书院，创办了两湖书院，同时也兴建了一批新式学堂，并且分门别类，讲求务实与技术。

第二阶段：光绪二十三年（1897）至二十六年（1900）为"书院改革时

期”，中西学术齐头并进，在经学、史学、文学这些原有科目之外，增设了舆地、算学、格致、体操等新科目，还兴建了一批专业学堂，由外国人任教习。

第三阶段：光绪二十八年（1902）以后为“新学制时期”，成立了一系列近代学校，有普通教育、军事教育、师范教育、实业教育等门类，并且鼓励私立学堂兴起。那时废除了自由研究，改为计日功课，清除空泛的理论，转为细致、系统的学习。

1. 书院的变革

书院在我国的封建时代是重要的办学形式，始于唐朝而在宋朝兴盛。由宿学名儒主持，在山林名胜之地开办，儒学经籍是主要研习内容。个别钻研、相互问答、集体讲解相结合是其重要的教学方法。书院制度在晚清时期上升到重要地位，但当时的书院太多，大部分有名无实，所以那些有识之士纷纷要求改革。张之洞改革旧的书院体制、课程设置和授课方式，这是他改革创新、发展近代教育的第一步。

①经心书院和两湖书院

经心书院由张之洞任湖北学政时所创建，经历任学政修葺，规模宏大。书院刚成立时，由山长任理事，山长一般由地方官员挑选学问渊博、威望较高的人担任。但在一八九〇年后，张之洞将其改名为监督。监督以下是提调，负责管理学生及院中一切事务；监院三名，负责督促学生守规则、讲卫生，并且记录学生请假及旷课事宜，另外各学科设分教一名。

经心书院名额为八十个学生，全是秀才或廪、增生中的优异者。学生在书院，每人分住斋舍一间，每月发伙食费若干。统一着装，而学习用品，由书院按需分配。另外每月按考试成绩发给奖金，超等八元，特等六元，平等四元。

经心书院在教学方面，开始重视研究古学，分为注解、史论、诗赋、杂著四种，每人选修一种或两种。各科设有分教，不集中授课，只个别答疑，一八九七年，甲午战争失败，张之洞感到不变法不足以图强，于是改革书院，开始注重科学学习，将旧学的一些学习科目去掉了。

一八九八年四月，他在《两湖、经心两书院改造学堂办法片》中说：“经心书院分习外政、天文、格致、制造四门，每门亦各设分教，诸生于四门皆须兼通，四门分年轮习，无论所习何门，均兼算学。分教中即有通晓西文者，诸生若自愿兼习西文，亦听其便。另设院长、总司整饬学规，专讲《四书》义理、中国政治，其考分数而不仅取空文，亦与两湖书院同……入院之生，皆选择年在二十五岁以下者，以五年为满。”

书院随后建了天文台，购置仪器，以观测天气。并增购了新的科学书籍，给师生阅览。实行班级教学统一授课，每过十天休息一天，除节假日外，严禁旷课。这逐渐形成了学堂形式。

有些改前的科目，不是容易学习得好的，像格致、制造之类，后来改成了天文、舆地、兵法、算学四科，开始时还是每二十人各学一门，每天都得按时到堂听课，后来改成了公共课。

一九〇三年，经心书院并入两湖书院。

在改旧创新的同时，张之洞还是存在读经存古的思想。一九〇七年经心书院旧址得到改造，一开始叫成勤学堂，后又改为存古学堂，招收中学较优秀之员生入学，名额为二百四十人，规定主要学科有经学、史学、词章三个专门，各选一门，张之洞称之“救时局，存书种并行不悖也”。还有算学、舆地、外国史、博物、理化、法律、财政、警察、农业、工商等方面的课程，用以选修。学制七年。

张之洞一手创办的两湖书院的发展史，正是中国当时旧式教育向新式教育转变的缩影。

一八九〇年，张之洞一方面整顿经心书院，一方面又在都司湖创立两湖书院，所需地皮均由江夏县绅陈庆溥捐赠，办学经费来自南北茶捐。汉口八大行商负责认捐，交官生息，一月一付作为书院的日常经费。书院因此给了商家子弟几个名额。

书院分南北两斋。北斋在后面，前面的是南斋，每斋十栋房。西面分给了商家子弟，分亥、戌二斋，每斋二十栋房。每栋分前后两间，前一间是书房，后一间是寝室，正学堂是朔望习礼的地方，往后是楚贤祠，再往后是水榭，张之洞经常在那里宴请宾客。南北两个书库，收藏图书。前后两湖，结构严谨。

书院本来开设了经、史、理、文四科，偏重经史。每月考试一次，五天内交卷，学习一门或数门的人有分教一人，曾任经学的有易顺鼎、杨裕芬、钱桂森；任史学的有杨锐、汪康年、梁鼎芬、姚晋圻；任理学的有邓绎、周树模、关棠；任文学的有陈三立、屠寄、周锡恩、杨承禧。其组织与现代的研究院差不多，培养了不少人才。

一八九八年五月，全国变法势盛，张之洞上奏让两个书院课程效仿学堂办法设置："兹将两书院均酌照学堂办法，严立学规，改定课程，一洗帖括词章之习，惟以造真才济时用为要归。两湖书院分习经学、史学、地舆学、算学四门，图学附于地舆。每门各设分教，诸生于四门皆须兼通。四门分日轮习。另设院长，总司整饬学规，考核品行、讲明经济。用宋太学积分之法，每月综合其所业分数之多寡，以为进退之等差。"一八九九年，他把地图这门课改成了兵法，分三类：兵法史略学、兵法测绘学、兵法制造学。还增添了格致、体操张之洞。对兵操尤为重视，并学习瞄准射击。

一九〇二年，张之洞倡导新学制，成立学务处，梁鼎芬任总提调，主管学政，进行了全面的教育改革，并且新办了许多中学、师范和小学。他先将两湖书院改为高等学堂，增设了地理、算学、理化、法律、财政、兵事等科，学生一共有一百二十名，都是两湖、经心、江汉三书院的一些优秀毕业生，学习五年毕业，故书院又被叫作两湖大学堂。

②江南储才学堂

甲午战争时的张之洞任两江总督。迫于时势，他积极筹划长江、沿海防务和编练江南自强军。《马关条约》的订立，使他切实体会到提倡新式教育，培养新式人才刻不容缓，遂上《吁请修备储才折》，建议设立学堂、培养人才、让学生出国留学。一八九五年底，张之洞在南京先后创立了江南储才学堂、南京陆师学堂等新式学堂。

一八九五年，张之洞将金陵同文馆改为初等储才学堂，学生除了要学英文、法文之外，还要学习德文、日文。

次年二月一日，朝廷准他在仪凤门内三牌楼设立江南储才学堂，杨诚之为总办。张之洞的折中说："窃维国势之强由于人，人才之成出于学。方今时局孔亟，事事需材，若不广为培养，材自何来？……是设立学堂，即今日亟应举办之一端。"这所学堂以外语为主，兼习各门专科。包括英、法、德、日语四科，每门限三十人，一共有学生一百二十人，除洋文课程外，学生还得学习律例、赋税、舆图、翻书、种植、水利、畜牧、农器、化学、汽机、矿务、工程、各国商务、中国土货钱币货物等功课。他将其定为交涉、农政、工艺、商务四纲。所招的学生，有初等储才学堂的，还有从宁沪两地招选的。

四门主要学科中，英、法两科聘请外籍教员，德、日两科聘用中国教员，所有学生所学中、西学问比例为中四西六。

江南储才学堂的各方面要求十分严格，《江南储才学堂规条》有二十六条之多，其中第一条内容是：“各生每晨七点钟闻钲四声，即起盥漱；七点半钟闻钲二声，齐赴饭厅吸粥；八点钟闻钲三声，入洋文讲舍；十二点钟出讲舍，二十分钟闻钲二声，齐赴饭厅午膳；一点半钟闻钲三声，入汉文讲舍；五点半钟出讲舍。六点钟闻钲二声，赴饭厅晚膳，用膳后准在堂内散步，不准出门，各生在房诵习日间所授汉、洋文功课，如有疑难，趋赴教习前请质，不准借此互相串房，致扰他人功课。夜间九点三刻，由该管稽查委员点名，十点钟一律熄灯安睡。如十点钟后有不熄灯者，稽查委员查出即行申饬，先记微过，屡犯者戒责记过。”

有六名中国教习教授中国的课程，在不同时间讲授经史及《春秋》《左传》《战国策》等书，还教授一些有关经济之文，以扩大学生的知识面，每月的初八日、十八日举行命题考试，由教习点评。学堂内有大成至圣先师孔子神像，早饭后，由师员等每率八名学生登楼，师长居前，学生立后，同时各行三跪九叩首礼。当天早晨，进班前，先在院中整队，按顺序进班，以示恭敬。

当时西学显得越来越重要了，如果外地咨调该学堂学生任差使，便由讲师择取优者推荐，发给凭单，只要南洋大臣同意就可上任了。

储才学堂每年大约有六万两开支，全部来自仪征淮盐总栈和皖岸督销局节省款。一八九八年九月，两江总督刘坤一看到储才学堂偏重外文，却忽视了农工商各科，便奏请另设农、工、商学堂加强这方面的学习，并且把储才学堂改为江南学堂，并扩大了教学规模，为培养专门学科人才打下了基础。

2. 创办专业学堂

①自强学堂

一八九一年，张之洞在武昌计划设立方言商务学堂，可直至两年后才开工。张之洞又和湖北巡抚谭继洵一起创立了以方言、商务为主要教学内容的湖北自强学堂。学堂建在武昌三佛阁大朝街口，有方言、格致、算学、商务四门课程，每门打算招收学生二十人，教英语的是辜鸿铭，近代著名数学家华衡芳任教算学。学生一般都是两湖士子。张之洞回任鄂督后，认识到若要自强，必须全方位地对西方先进的科学文化知识有所了解，而外语的重要性就更加显著了。于是把自强学堂课程加以调整。一八九七年决定，算学并入两湖书院，删除格致、商务两科，专办方言一科，分授英、法、德、俄四门。招一百二十名学生，三十人一个语种。后又增设了东方文一门，学生人数有一百五十名。五年后毕业。因自强学堂将外语教学摆在首位，所以后来叫“湖北方言学堂”，是湖北第一所专业学校。

一九〇四年后，又加设史地、公法、交涉管理等科，以求培养外交人才。

学堂经费来自新筹善后经费和银元局余额。起初每个学生会发给五元补贴。但张之洞逐渐认识到，许多学生来上学只是冲着补贴，于是将其改为奖学金，按月课、季课成绩的高低授予。一九〇四年，学堂搬到了武昌东厂口正街。

②湖北农务学堂和湖北工艺学堂

十九世纪末，中国农村的自然经济面临崩溃，湖北长年水旱，岁收歉薄，粮价过高，加上洋货冲击，工商业萧条，人民生活在水深火热中。张之洞认为农工商是国家经济的基础，而农业更是中国的基础。要扭转这一劣势，必须在训农、通商、惠工等方面加强认识，做一些补救。张之洞得知美国的农业最为发达。于是致电驻美使臣，希望能请一些农学教习工人来鄂，然后去往近省各州县考察农情，鉴定一下土地的情况。并且购买了美国新式农具，希望能带动湖北农业的发展。

一八九八年，张之洞在武昌东门外卓刀泉开办了东西南北中湖北农务学堂，以研究农业技术为主。共有农、蚕二科，每科招收三十名学生。课程有方言、算学、电化、种植、畜牧、茶务，教授学生各类农学知识。学生要低于二十岁，高于十四岁，学过英文三至四年；没有学过的，如果文理通顺，天性聪明，家庭出身好，也可以报名。

张鸿顺担任农务学堂总办，分省补用知府，钱恂担任提调，候选知县梁敦彦做翻译同时担任照料委员。美国人布里被聘为农科教习，日本人峰村喜藏被聘为蚕科教习。学生报名上课，得交银元四元，学校经费源于善堂义举捐款。

一九〇二年，农务学堂搬到了城北武胜门外多宝庵，占地皮二十四亩，建造了试验场。课程有农桑、畜牧、森林各门，预计招学生一百二十名，报名学生一般都是普通中学堂及高等小学堂毕业生。四年毕业，前一年补习预科，后二年学正科。河南试用道罗振玉担任监督，湖北候补知府汪凤瀛担任提调。

同时，洋务局内又建了工艺学堂，招纳东洋工学教习二人，一个教授理化学，另一个教授机器学，招集致力于商学的人，并请来熟悉化学制造的人帮忙一同教授。那时的中国工艺技术十分落后，张之洞希望“先以湖北特产中销路较好的试行，以期形成风气”。

工艺学堂预计招生六十名，增招艺徒三十名，四年毕业，课程为理化、机器、制造、纺织、建筑，普通中学堂及高等小学堂毕业生可来报名。

工艺学堂后来在江汉书院旧址。候选道梁敦彦担任提调，补用知州查双绥协助他。

一九〇七年，又建立了工业学堂，学生六十名，分理化、机器、染织、建筑等四门，二年学预科，二年学正科，扩招了艺徒三十名。

另外还开设了不少专门学堂，以培养各种专门人才。

3. 开创普通教育

二十世纪初，张之洞将目光放在了普通教育上。由于他的努力，湖北地区形成了初等、中等、高等学堂一系列的普通教育体系，在全国来讲属于首创。

初等小学堂：着重培养学生基础知识和德行。张之洞在武昌城内设初等小学四十三所，在城外设十七所。经费由学务公所提供。他还鼓励民间自办小学。

高等小学堂：光绪三十年（1904），张之洞在武昌城内开办了东西南北中五所高等小学堂。每所学堂计划招生一百名。年龄在十一岁至十四岁，有修身、读经、中文、算术、历史、地理、图画、体操等科目，学制为四年。

东路小学堂一开始设在贡院，然后迁至昙花林街，地质学家李四光就毕业于那里。西路学堂一开始设在望山门内，不久就移到贡院的北面，陈鸿儒是那儿的学监。南路学堂设在烈士祠西侧，田关炤曾任堂长，外交家郭泰祺、王世杰都是那里的学生。北路学堂建在北城角，还成立过职业学校、湖北第二女子中学，一九二七年被毛泽东同志用作中央农民讲习所。中路学堂最初设在贡院，没多久就转到了解放路西侧大桥南面。学生一切花销均公费承担，学堂不仅发给他们书籍、文具、伙食、灯油，还发给他们礼服、礼帽、靴子、卧被、枕席、床帐等。

湖北文普通中学堂：光绪二十九年（1903），以原自强学堂为基础而开设，招收学生二百四十名。学生岁数在十五至二十四岁。有伦理、温经、中文、外语、数学、博物、理化、法制、历史、地理等十二门科目，学制为四年。

其校址在武昌旧铜元局街，规模宏大。其中包括十余间教室，都是亭阁式，围以花台，间隔宽松。右边是自习室，三纵列平房；左边是两层楼寝室。

晴雨操场、浴室、调养屋、饭堂设备齐全。学生在校食宿，待遇很好，概不收费。学生报考的条件相当严格，童子试录取的秀才才可以报考，因此，每届学生大约只有六十个。堂内有一个提调，一个监督，三个监学，十多个其他职员。学堂课程分中西两个部分：中文包括修身、国文、经学、历史、地理；科学包括数学、外文、理化、博物和图画体操。大约有二十名教师，教授修身、教学等课的，都是经心书院出身的老师或聘任华侨、留学的博士或日本教师。

这是鄂省主办的，学生自然也是鄂籍为主。也有湘籍学生。因张之洞是直隶南皮人，监督纪香是河间人的缘故，所以还招收这两县学生，而且不再只收秀才，只要有人介绍，就可入校。

宋教仁、董必武、石瑛、黄侃等曾在这所学校学习过。

一九〇八年添置了第二中学堂，也叫做第二文普通中学，地址在昙花林的东路学堂旧址。因为文普通中学堂，课程一开始就偏重于文科，所以也叫第一文普通。而第二文普通课程注重理科。堂长是李熙，学监是游开卓。设立的课程有代数、算学、英文、地理学、博物学。日本人教授博物学。

文高等学堂就是两湖大学堂，光绪二十九年由两湖书院改建而成，办学目的是培养德才兼备的“通才”。限一百二十人入学。开始只有两湖、经心、江汉三书院优等生才可进入该学堂学习，后来文普通中学堂毕业生也可报名。设八门学科，中西公共学有四门，分别是经学、中外史学、中外地理学、算术，由我国老师讲授。西学四门，有理化学、法律学、财政学、军事学，由中外老师一起讲授。学生入学要先补习普通中学课程一年，然后再学习专门三年，最后派往东西洋留学一年，增加见识。

在湖广和两江任上，张之洞一共创办的大中小学堂共数十所，分为普通、师范、外语、实业、军事等种类，他把教吏馆改为仕学院，选送在职官员研究中西方的历史与政治学。这些学校为湖北、江苏等地发展起了不可忽视的作用。

二、师范学堂

在中国教育体制改革的关键时期，师资力量的缺乏日益成为影响改革进度的重大问题。旧式学堂的老师已不适应新的教育体制下的师资要求。大量出现的新式学堂自然需要大量的新式教师，而这些教师从何而来便成了当务之急。张之洞对此曾多次强调：“师资力量是振兴教育的根本，各地开办新式学校，全得力于师范学校的帮助，国民教育从小学开始，而小学教育的基础便是师范教育。”这便是他的师资论。

张之洞认为，教师的质量与教学质量密不可分，而合格的教员必须严格接受师范训练。刚开始办学的时候，湖北各地学堂发展过快。张之洞发现了其中的缺陷，马上命令暂停中学，而改建师范传习所。札文称：“小学不兴，不但普通实业各中学堂无合格学生，而国民教育亦终无普及之一日。”他对于学堂过盛的情形表示“实为懵昧可异……其实府中学堂此时安有许多合格学生，此正如无根之条终归于萎，虽长奚为，无址之墉立见其倾，虽高安用，徒张虚名，不求实济，始基一坏，补救无从，可谓不思之甚，错谬之甚者矣”。所以，他主张扎扎实实培养合格教师，成功建好小学堂，这对巩固国民教育之基础有重要意义。他于是把各地所设立的中学暂时改为初级师范学堂，或先办速成师范，或先办师范传习所。

光绪二十九年，张之洞重订学堂章程。他很重视师范教育。《学务纲要》载明：“师范学堂，意在全国中小学各有师资，此为学堂本源，兴学入手第一义。”至于“癸卯学制”中，师范教育分门别类联系甚密，已成一套完整体系。初级师范与中学堂属同一级别，就好比如今的师范专科学校，优级师范与高等学堂同一级别，即如今的师范学院或师范大学。简易师范科、师范传习所、实业教育讲习科等也相继建成。这就奠定了中国近代师范教育格局的基础。

一九〇二年十月三十一日，张之洞在《筹定学堂规模次第兴办折》中说明了师范教育的重要，说道：“师范学堂是培养师资队伍的重要场所，非常重要。”因为各类新式学堂越建越多，资金缺乏。同年，湖北师范学堂成立，武昌知府梁鼎芬担任监督，廪生陈毅、举人胡钧担任堂长，另聘一个日本人担任总教习。还特设教育学、卫生学、教授法、学校管理法等师范课程，学生有一百二十名，学期为二年、三年，还有为期一年的速成科。专门培养小学老师。东路小学堂被用作教学实习之地，这是我国第一个官办中级师范学堂。张之洞在这个时候，还派出三十一人到日本考察师范办学经验。

一九〇三年二月，张之洞奏请在南京北极阁设立三江师范学堂，延聘日本人菊池镰二郎为总教习，菅虎雄担任伦理、教育教习，松原俊选担任理化教习，志田胜民担任理财、商业教习，其余的许多科目也是聘请日本教习。中国教习负责修身、史地、文学、算学、体操专科。限招学生九百名，苏皖赣三省各五百名、二百名、二百名，学期有一年、二年、四年之分，下属小学一所，招生二百名。常年经费由三省共摊。该校制度、设施齐全，结构宏大，是当时师范学校中最好的一所。一九一四年，改名为南京高等师范学堂。为了提高广大教务人员教学与管理水平，同年成立了专为教师进修的湖北师范传习所，其中有教育学、教学法、学校管理等科。陈曾寿、杜宗预等担任监督、提调。

一九〇二年以来，新式教育遍及全国，湖北各地办学之风盛行。但紧张的师资使各地学堂并不能良好运转，张之洞这才开始发展师范教育，将两湖文高等学堂改为两湖总师范学堂，并且大力投资，建成道师范和支郡师范学堂，将中小学堂一律改为初级师范学堂，这些都是短期性质的，以汉黄德道师范学堂为例，该校招生名额为一百人，学制十个月，毕业后回原籍任高等小学堂的老师。在外县有荆南初等师范、武昌初等师范等。一九〇五年九月，设立湖北支郡师范学堂六所。分府招收学生。

张之洞相当注重启蒙教育和教师的素质培养。一九〇三年，他在武昌创办了湖北幼稚园。次年，《东方杂志》刊登《湖北幼稚园开办章程》，其中第一条称："幼稚园因家庭教育之不完全而设，专辅小儿自然智能、开导事理、涵养德行，以备小学堂之基础为宗旨。"延聘三名日本保姆任该园教习，这是我国第一家幼稚园。一九〇四年，他创办敬节学堂，以培养幼儿教师。接着办湖北育婴学堂，以求培养婴儿保育人员。

三、提倡游学

留学运动是晚清时期中国教育改革史上一个显著的阶段。容闳、黄胜等人是澳门马礼逊学校派出的最早一批留学生。容闳在一八五四年毕业于美国耶鲁大学，回国后，他积极宣传留学的好处。一八七二年起，容闳受命负责一百二十名幼童分四批留美之事。这是清政府第一次派出留学生。一八七六年，李鸿章派七人留学德国。次年，福州船政局选派学生和艺徒共三十人到英国留学，学习海军与造船知识，这些人中就有严复、萨镇冰、方伯谦、林永升、刘步蟾等。

张之洞在创办汉阳炼铁厂时开始派员出国吸取技术经验。他署理两江总督时，曾效仿福州船政学堂，奏派南京陆师学堂、铁路学堂、江南储才学堂会英文的四十名学生，分赴法、英、德三国留学，预定总学制六年，每年每人拨给费用一千五百两。他回任鄂督后，马上派出鄂省首批公费留学生二十名，其中有其长孙厚琨。

他不仅选学生出洋，还提倡派遣官员出洋游历考察。于是在光绪二十一年（1895）七月上奏道：

> 洋务之兴，已数十年，而中外文武臣工，罕有洞悉中外形势，刻意讲求者，不知与不见之故也。不知外洋各国之所长，遂不知外洋各国之可患……今欲破此沉迷，挽此积习，惟有多派文武员弁，出洋游历一策。

张之洞选派留学生的热情在戊戌变法时更为高涨，《劝学篇》中说："出洋一年，胜于读四书五年，……入外国学堂一年，胜于中国学堂三年。"义和团运动的失败与辛丑条约的刺激，使中国留学运动一浪高过一浪。庚子之变后，我国急于培养各式人才，派遣出洋者非常多。

他考虑到办学需要人才的因素，提出了派遣游学生的必要性。庚子国变以后，张之洞深感旧式官僚误国，再次呼吁："目前派人出国留学，以培养更多的人才是当务之急。"

新式学堂纷纷设立，新式企业也陆续创办，但新式人才还是缺乏，这就使留学生身价顿时百倍，留学生归来，各督抚无不如获至宝。这样一来，张之洞就更积极地选派留学生。光绪二十四年，日本驻华使臣矢野文雄写信邀请选派二百名中国学生，陆续前往日本留学，表示愿意提供部分经费，得到清廷批准。张之洞选了"聪颖子弟"湖北一百名，湖南五十名，前往日本留学。湖广派遣大批游学生留学日本便是从这儿开始的。

张之洞之所以积极地派遣游学生，是因为急需洋务人才。

他认为"西洋不如东洋"。一是由于日本路近费少；二是因为离华近，方便知晓游学生情况；三是因为日文近于中文，容易明白；最后一点由于日人已对西书作了删节酌改，好学一些。于是那一段时期，他选派的留日学生就有千人之多，湖北成为留日学生数量最多的省份之一。

一八九八年以后，湖北省每年都派出学生留洋。

一九〇三年，张之洞从水师学堂中选派八人留学英国学习海军，从陆师学堂中选派八人去德国学习陆军。

张之洞热衷于洋务运动，派出许多学生前往日本和英、德、法，主要学习军事、应用技术、师范教育。一九〇四年，张之洞派人接手日本东京矿路学堂，并改名湖北驻东京铁路学堂。将自费留日的学生改为官费生，有六十人入学，还有外省附生二十人，学制三年。廖正华担任学堂提调，日人岩仓担任理事。要求学生回国后，必须为本省服务六年，外省学生也得到湖北服务三年，否则，收回公费。

张之洞还主张选派精干人员，游历各国，给予丰厚的资金，使其深入研究各国实业。同时他还有监视游学生的意图。他让游历官员与游学生多做联络，以鉴别留学生的优劣。

张之洞派留学生相当积极，但他的选派标准、培养目的完全是维护清王朝统治，如果留学生违反规定，张之洞会十分严厉地加以约束。

为了控制留学生的思想行为，张之洞于光绪二十四年派钱恂赴日，监督学生。光绪二十九年九月张之洞上奏"饬筹防范之法"，制定了《约束游学生章程》和《奖励游学生章程》，对"不法的外国留学生，派人申斥戒谕，如不听便令其退学"。而那些"循理守法"的学生，则赐予举人、进士出身。张之洞对留学生可谓恩威兼施。可是众多留学生步入革命行列，这一趋势是谁也无法阻止的。

需要洋务人才，就必须派遣留学生。然而，知识青年身处异地，朝廷又难以控制，故有人认为派遣留学生弊大于利，这使张之洞内心十分矛盾。光绪三十二年，张之洞奉诏入京，一天在朝廷与军机大臣王文韶谈及张之洞在湖北的教育时，王文韶将留学生自办的刊物《湖北学生界》交给张之洞。下朝后，张立即告诉鄂督以后少派学生出洋，并将《湖北学生界》的主要撰稿者刘成禺、张继煦等电调回鄂。这件事说明张之洞在兴办教育、派遣留学生的问题上存在的矛盾心理。

他作为大力兴办洋务的封疆要员，很重视引荐、培养和任用通晓近代知识的人才。另一方面，由于他自身的阶级局限性，无法接受那些拥有非常新的思想风貌的人才。

张之洞是洋务大吏，在两湖、两江兴办新式教育、大力派遣留学生，有不小的反响。在清末的文化教育改革中，张之洞起了重要的作用。那十年间，因为他们的推动，一个新式知识分子群体走上历史舞台，自此，西学思想尤其是民主观念得以广泛传播。鉴于“为政之要，首在人才”，清政府废除了科举制度，大兴学堂，广派留学生，这在中国教育史上有着巨大的意义，甚至超出了文化教育领域本身。随着教育体制改革的深入，到一九一一年，全国各级学堂已有五万多所。尤其在“新政”时，留学生数量更是剧增，一九〇六年，去日本留学的就达一万两千人。他们与封建士人的最大区别是，他们学习的是西方近代化社会科学和自然科学知识，他们都以振兴中华为使命，所以直接投身于民主革命运动。学生运动使他们更加深入地了解了民族主义和民权主义，广大学生特别是留学生为民主革命斗争思想在中国的传播立下了汗马功劳。这些是张之洞始料不及的。

张之洞因办学政而声名大振，在他一手经办的学校中，培养了黄兴、宋教仁、吴禄贞、孙武、董必武、鲁迅等一大批革命志士。

四、《劝学篇》

1. 济世之作

早在张之洞任两广总督时，便流露过要著书立说的志向，直到维新变法之际，他才开始动笔。

张之洞正好在维新运动成败的关键时刻完成了他的《劝学篇》。

光绪二十四年（1898）四月二十三日，光绪帝召见康、梁，又授谭嗣同、刘光第、杨锐、林旭四品卿衔，充军机章京，专理新政。于光绪帝诏定国是后的第四天，慈禧太后立即还以颜色，她将翁同龢免职，任命荣禄为直隶总督，掌握北京城及附近地区的兵权，想以此镇压维新派。正值变法运动进入关键时刻，张之洞完成了他的杰作《劝学篇》。七月，黄体芳之子、张之洞的门生、翰林院侍读学士黄绍箕将《劝学篇》推荐给光绪帝。

数万字的《劝学篇》，全面、系统地讲述了以“中体西用”为核心构架的为政、治学理论体系。

在《劝学篇·序》中，张之洞表明了他的写作原因：

> 今日之世变，岂特春秋所未有，抑秦、汉以至元、明所未有也，……海内志士、发愤扼腕。于是图救时者言新学，虑害道者守旧学，莫衷于一。旧者因噎而食废，新者歧多而羊亡。旧者不知通，新者不知本。不知通则无应敌制变之术，不知本则有菲薄名教之心。夫如是，则旧者愈病新，新者愈厌旧，交相为愈，而恢诡倾危、乱名改作之流，遂杂出其说以荡众心，学者摇摇，中无所主，邪说暴行，横流天下。……乃规时势，综本末，著论二十四篇，以告两湖之士。海内君子，与我同志，亦所不隐。

这段话集中体现了《劝学篇》中所阐述的“中体西用”的利弊。

张之洞所希望的，是一种杂而不乱的文化结构，其目的是以外在形式的变通使传统文化得以延续。他说：

> 中学为内学，西学为外学；中学治身心，西学应世事。不必尽索之于经文，而必无悖于经义。如其心圣人之心，行圣人之行，以孝悌忠信为德，以尊主庇民为政，虽朝运汽机，夕驰铁路，无害为圣人之徒也。如其昏惰无志，空言无用，孤陋不通，傲很不改，坐使国家颠脐，圣教灭绝，则虽弟佗其冠，神禫其辞，手注疏而口性理，天下万世皆将怨之詈之，曰此尧、舜、孔、孟之罪人而已矣。

显而易见，他对传统的封建伦理道德是极力捍卫的。

张之洞的《劝学篇》计有四万多字，内、外篇加起来一共二十四篇，内篇有同心、教忠、明纲、知类、宗经、正权、循序、守约、去毒；外篇十五篇分别是益智、游学、设学、学制、广译、阅报、变法、变科举、农工商学、兵学、矿学、铁路、会通、非弭兵、非攻教。他在《劝学篇·序》中说：“内篇务本，以正人心；外篇务通，以开风气。”“本”指为人立世的根本思想观念，这是必须坚定不移的；“通”指工商、学校、报馆诸事，可以看情况而办，不必全部否定。

张之洞之所以写《劝学篇》，一是以示与变法维新运动有别，其次是为洋务运动进行理论总结。

《劝学篇》的创作正是“百日维新”来临之前，并借康有为的《新学伪经考》《孔子改制考》等著作风靡一时。一八九八年四月十二日，康有为创立“保国会”，宣传“保国、保种、保教”。湖南维新派异军突起，预示着即将爆发一场轰轰烈烈的运动。张之洞称其是“邪说暴行横流于天下”，他从“正本”出发，认为保国会宗旨是“保种必先保教，保教必先保国”。

而张之洞要保的“国”是大清帝国，《劝学篇·内篇·教忠第二》中他清算出清王朝的十五项“仁政”：赋役轻、赈济重、少官役、恤商政、土贡微、兵役疏、黜科派、轻刑法、爱民、覆远、宽民、优礼待士、政令清明、集念勋臣、优恤战士，更有幸为人民查实。很明显这在实际生活中正是“弊政”，张之洞自己也有过批评，但由于“激忠爱，摧横议”，他不但把维新派“伸民权”“兴议院”“孔子改制”说成是“邪说暴行”“与犯上作乱无异”，而且他混淆视听，竭力维护大清国，并说：“尊朝廷，卫社稷为第一义……舍保国之外，安有所谓保教保种之术？”显而易见，张之洞的保国是保大清。

维新派还被其指责为“忘亲”“忘圣”“歧多而亡羊”“不知本则有菲薄名教之心”。为此，他明确框定“中学为体，西学为用”的思想，以其为挽救世道人心的灵丹妙药。他在《劝学篇》中写道：“新旧兼学，四书五经、中国史事、政书、地图为旧学；西政、西艺、西史为新学，旧学为体，新学为用。”一共四万多字，其中心就是这个基本论旨。他说：“夫不可变者伦纪也，非法制也；圣道也，非器械也；心术也，非工艺也”，“五伦之要，百行之原，相传数千年，更无异议，圣人所以为圣人，中国所以为中国，实在于此。故知君臣之纲，则民权之说不可行也；知父子之纲，则父子同罪、免丧废祀之说不可行也；知夫妇之纲，则男女平权之说不可行也”。因此，他认为三纲五常、孔孟道德是放诸四海而皆准的不变之法。他评价其余诸子学说，应以儒家的六经的观点来看诸子之学才是正确的。孔孟学派有一支公羊学派，张之洞对其恨之入骨，“平生最恶公羊之学，每与学人言，必力诋之。四十年前已然，谓为乱臣贼子之资。至光绪中年，果有奸人演公羊之说以煽乱”。“奸人”无疑是倡言“微言大义”的康有为和其维新派。

他断言，民权之说，有百害而无一益，假使民权之说一倡，愚民必喜，乱民必作，纲纪不行，大乱四起，若人皆自主，不尽灭人类不止。他认为，清王朝已经有很多“宽民”“爱民”的深仁厚德和良法善政，没有再设议院的必要！要是人民真有“忠爱之心”“治安之策”，皇上自己会决定一切，这样既可以收群策之力，又可以杜绝众议难断。

因此，《劝学篇》是张之洞以孔孟思想驳斥康、梁的变法学说，维护其封建伦理统治，以维持清王朝的腐朽统治。

如果坚持上述立场，张之洞就等同于封建顽固派。因此他在《劝学篇》中大力地阐释了作为“用”的“西学”。

作为一个典型的洋务派代表人物，张之洞在阐明西学的重要性时，基于新的世界大势。他在《劝学篇》中直截了当地说闭关自守是必然导致灭亡的，他说：“沧海横流，外侮洊至，不讲新学则势不行。”“西政西学，果其有益于中国，无损于圣教者，虽于古无证，为之固亦不嫌，况揆之经典，灼然可据者哉！”可见张之洞对西学的取舍完全是取决于其是否有益于中国、是否有损于“圣教”的。

和其他洋务人物相比，张之洞讲求西学的范围要更广。曾、左、李辈对西学侧重于技艺层面，而张之洞则兼顾西方科学技术和大工业生产方式，还主张采用一些西方的行政体制，这便是他提出的“政艺兼学”。当然，这里的“西政”，不是指西方近代的民主政治，而是指有关于近代工业社会的各项社会设施。张之洞将“西政”和“西艺”划分得一清二楚：“学校、地理、度支、赋税、武备、律例、劝工、通商，西政也。算、绘、矿、医、声、光、化、电，西艺也。”在他办的“洋务”活动中，他以实际行动体现了“政艺兼学”的方针，至于其详细的文字阐述，就存在《劝学篇·外篇》。书中，张之洞重点阐述改革传统教育的理论，提出以下主张：

> 益智第一：智以救亡，学以益智。求智之法如何，一曰去妄，二曰去苟。固陋虚骄，妄之门也，侥幸怠惰，苟之根也，二蔽不除，甘为牛马土芥而已矣。

游学第二：出洋一年，胜于读西书五年。……入外国学堂一年，胜于中国学堂三年。游学之国，尤以日本为宜，凡西学不切要者，东人已删节而酌改之。中东情势风俗相近，易仿行。事半功倍，无过于此。

设学第三：四书五经、中国史事、政书、地图为旧学，西政、西艺、西史为新学，旧学为体，新学为用，不使偏废。

学制第四：外洋各国学校之制，有专门之学，有公共之学，……是以官无不习之事，士无无用之学。……吾将以为学式。

广译第五：不通西语，不识西文，不译西书，人胜我而不信，人谋我而不闻，人规我而不纳，人吞我而不知，人残我而不见，非聋瞽而何哉？……功近而效速，……从洋师不如通洋文，译西书不如译东书。

阅报第六：外国报馆林立，……官报宣国是，民报达民情。报之益于人国者，博闻次也，知病上也。……我国君臣上下，果能览之而动心，怵之而改作，非中国之福哉？

变法第七：夫不可变者，伦纪也，非法制也；圣道也，非器械也；心术也，非工艺也。……穷则变，变通尽利，变通趣时，损益之道，与时偕行。他认为法制、器械、工艺，都应当变法，向西方学习。批评守旧的人为泥古之迂儒，苟安之俗吏，苟求之谈士。尤其强调指出，近年来仿西法办洋务，不见成效的原因是不明白先后次序，而不是西法本身有弊端。

变科举第八。文胜而实衰，法久而弊起，……非惟不通古今，不切经济，并所谓时文之法度文笔而俱亡之。……宜存其大体而斟酌修改之，……场分试，首场先取博学，二场于博学中求通才，三场于通才中求纯正，……其取入三场者，必其通达时务，研求新学者也。

农工商学第九。荀卿盛称儒效，而谓儒不能知农工商之所知，此末世科目章句之儒耳，乌睹所谓效哉！不讲农工商之学，则中国地虽广，民虽众，终无解于土满人满之讥矣。……工为体，商为用，……商为主，工为使，……二者相益，如环无端。

兵学第十：兵学之精，至今日西国而极。……分权谋、形势、阴阳、技巧四类。西人兵学，惟阴阳不用，余皆兼之。枪炮、雷电、铁路、炮台、濠垒、桥道，技巧也。地图、测算，形势也。至攻守谋略，中西所同，因其械精艺多，条理繁细，故权谋一端，亦较中法为密。

矿学第十一：矿学者兼地学、化学、工程学三者而有之，其利甚博而其事甚难。大抵西法诸事，皆以先学艺后举事为要义。……学矿师而后开矿，其始似迟，其后转速，其费亦必省。矿成获利以后，我之学生及委员工匠，皆已学成，此借矿山为矿学堂之法也。

铁路第十二：西法富强，尤根于此。……广筑铁路，……一曰可省日力，一日可治十日之事，官不旷，民不劳，时不失，一曰开风气，凡从前一切颓惰之习，自然振起，迂谬耳食之论，自然消释泯绝而不作。

会通第十三：可以通西法之要指。然谓圣经皆已发其理，创其制，则是；谓圣经皆已习西人之技，具西人之器，同西人之法，则非。万世之巧，圣人不能尽泄，万世之变，圣人不能豫知，西政西学，果其有益于中国，无损于见教者，虽于古无征，……故对于西学，不必尽索之于经文。

非弭兵第十四：权力相等，则有公法，强弱不侔，法于何有？……苟欲弭兵，莫如练兵。

非攻教第十五：要在修政，不在争教。……但当砥砺学问，激发忠义，明我中国尊亲之大义，讲我中国富强之要术。国势日强，儒效日章，则彼教不过如佛寺道观，听其自然可也，何能为害？

张之洞以前的洋务大吏以及改良派思想家，对于学习西方文化，已做过详细阐释，但这突出文化“开新”的意义，并且全面系统阐述其内容、要点的《劝学篇》为其集大成之作。

2. 影响深远

《劝学篇》由张之洞的门生、翰林院侍读学士黄绍箕进呈光绪帝。皇上“详加披览”后，大加赞赏说《劝学篇》论述问题详尽、客观，对为人为学问都大有好处。命令将其印制四十部，各省督抚学政每人一部，使其遍及全国，实力劝导。以名教正统学说来杜绝异端邪说。六月份所下《定国是诏》中说；“中外大小臣工，自王公至于士庶，各宜发愤为雄，以圣贤之学植其根本，兼博采西学之切时务者，实力讲求，以成通达济变之才。”这样，“中体西用”思想就成了光绪帝实行维新变法的政治准则。《劝学篇》从此在清政府的推广下，短短几年时间里，多次翻印，共印了二百万册。

《劝学篇》得到了光绪帝、西太后和顽固派的极力推崇，《翼教丛编》的作者苏舆对其大加赞赏："康梁辈方骎骎向用，……自朝逮野，默不敢言，唯张香涛尚书之《劝学篇》……辞而辟之。"并将《劝学篇》中的《劝忠》《明纲》等篇选入《翼教丛编》。徐世昌《清儒学案·南皮学案》评论道："清季政治，为新旧递嬗之际，亦新旧交争之际，学术固然，新机不可不启，旧统不可不存，乃克变而不失其正。文襄身体力行，语长心重，合汉、宋、中、西，以求体用兼备之学，规模宏远，轨辙可循。虽时势所趋，未必尽如其志，守先待后者，所当奉为龟鉴也。"

连洋人也表示《劝学篇》是中国认识世界和觉醒的标志。光绪二十六年（1900）于纽约出版的英文译本《劝学篇》，竟然以《中国惟一的希望》的标题出现，由伦敦会教士杨格非作序。他认为张之洞是"今日中国一个最伟大的人，中国没有比这位湖广总督更为杰出的真正爱国者与有才能的政治家了"。美国监理会传教士林乐知也认为："一八九八年，张之洞作《劝学篇》二十四篇，使中国风气为之一开，外国人看到该书的译本，也不得不承认张之洞的杰出与伟大。"热罗姆托贝尔译过法文本。

这一切都大大宣传了《劝学篇》，形象地突出了张之洞在"中体西用"中的思想变化及地位和影响。张之洞在洋务运动中的成就是其他洋务派人物无法比拟的，人们便很自然地将张之洞与"中体西用"说联系起来，把他当成这一文化思想的关键代表人物。

然而，中国的资产阶级却对《劝学篇》深恶痛绝，梁启超认为其"流毒深远，历史将证明该书的种种谬谈观点"。革命派沈翔云更是斥责张之洞，"想让中国永无自立的一天吗？想让中国永远在黑暗中摸索吗？"

辛亥革命后，大家对《劝学篇》看法不同。中华人民共和国成立后，国内史学界多是批评《劝学篇》，直到八十年代以后，陈旭麓先生认为，中体西用是以"中体"为基础而采纳西学的，却被认为是包庇封建阶级。联系当时实际，在满是封建主义旧文化的天地里纳入一些资本主义的新文化，只有依靠"中体西用"。如果没有"中体"作为基础，"西用"则无法实现，它在中国是不可能有发展的。所以"中体西用"毕竟使中国人开了眼界，看到了另一个世界，并将其长处引进到中国来，成为中西文化相结合的唯一一种可能的形式。它曾有过积极的影响：通过引进技术建立了一批工矿企业，形成了中国最早的产业工人；其次它造成了某些社会结构的异化，如旧式学院逐渐向新式学堂过渡，另外经过汲取现代先进技术，培养出一批科技人员，将其在思想领域发扬光大。这一切都有益于近代中国社会的进步。

台湾学者张秉铎研究认为：“中体西用的思想，理论与实际相结合，很适合当时情势。其说言简意赅，傚而易行，的确可以消除国人畏难苟且之心、避守者之口实与梗阻。中国相承的几千年固有文化，要想改变它，实在是很困难，张之洞倡导的中体之说，正好针对守旧者，而西学之用，也恰巧给我固有文化带来新景象，注我文化以新血，中外交融，可以为我所利用。正如魏晋南北朝、辽金元清等外族文化传入我方，使我国生机勃勃，惟时日尚短，没能大获成功。张之洞主张中学为体，其实着力于保护中国文化。”所以说：“中体西用之学术思想，易知易行，中体西用思想，简便易行，博大精深，放之四海而皆准。”

针对这些不同的评价，我们应该运用历史唯物主义观，取其精华，弃其糟粕，作出合理的评价。

虽然张之洞并不是第一个提出“中体西用”的，但他是“中体西用”学说的力行实践者和理论总结者，就这一点而言，近代中国还没有别人做到，于是只要一说到“中体西用”，无不想起张之洞。

第十章　晚年政事

一、参与新政

1. 新政主角

从戊戌到庚子，维新变法、义和团运动、八国联军入侵相继袭向本已摇摇欲坠的清王朝。为了平息国内舆论，讨好帝国主义列强，挽救大清，光绪二十六年（1900）十二月初十日，慈禧发布上谕，称“世有万古不易之常经，无一成不变之治法。穷变通久，见于大易。损易可知，著于《论语》。盖不易者三纲五常，昭然如日星之照世。而可变者令甲令乙，不妨如琴瑟之改弦……大抵法积则敝，法敝则更，更归于强国利民而已……总之，法令不更，锢习不破；欲求振作，当议更张”。于是开始“新政”。

反对变法的慈禧集团，刚刚屠杀过变法维新人士，自己却又匆匆扯起“变法”和“新政”的旗号，其实也是迫不得已。

原因是，戊戌以后，维新党人宣传的全新社会政治学说已经在全国各地播下火种，广大民众迫切要求清政府改变目前黑暗腐朽统治的现状。而孙中山等革命党人又在顽强地从事民主宣传、武装推翻清朝统治的斗争。慈禧集团必须摆出“新政”姿态，以图改变民众看法，争取舆论，维持大清统治。

而且，庚子事变虽以清政府屈服于列强而告结束，但很明显，要想得到列强的信任和支持，巩固大清的统治，必须对固有的陈规旧风来一番振刷，才不会被洋主子抛弃。

最后一点，庚子事变后，朝廷中枢内守旧势力已濒临瓦解，取而代之的是地方汉族“洋务”疆吏，其实力、声望日益上升，为了得到这部分人的支持，清政府必须在总体治国方略方面做出重大调整。但从实践看出，除了“仿行宪政”涉及本质外，其余兴工、办学、通商、练军诸项，早已改革过，并无太大突破。

光绪二十七年（1901）三月初三，设立了“督办政务处”，负责“新政”。委派庆亲王奕劻、大学士李鸿章、荣禄、昆冈、王文韶、户部尚书鹿传霖担任督办政务大臣，又委两江总督刘坤一、湖广总督张之洞担任“参预政务大臣”。“督办政务处”为新政的制定、规划起了重要的作用，但是在具体实施方面，关键人物却是刘坤一、张之洞、袁世凯。

宣布实行“新政”的上谕中，慈禧提出让各大臣、督抚“各就现在情形，参酌中西政要，举凡朝章国故，吏治民生，学校科举，军政财政，当因当革，当省当并，各举所知，各抒所见，以供斟酌尽善，切实施行”。

紧随其后，朝臣疆吏接连上奏变法意见。袁世凯第一个上呈了十条措施，内容有整顿吏治，重视实学实科，改革财政，开通民智，整修武备，遣派留学生等项。接着，张之洞、刘坤一往返电商，集合众家之议，去粗存精，一个多月后方才拟好，于光绪二十七年五月、六月一起上奏《变通政治人才为先遵旨筹议折》《遵旨筹议变法谨拟整顿中法十二条折》和《遵旨筹议变法谨拟采用西法十一条折》，这就是所谓的“变法三疏”。

在《变通政治人才为先遵旨筹议折》中，张之洞认为“惟是中国贫弱废弛之弊，或相沿百余年，或相沿二千余年，一旦欲大加兴革，必须规划周详，确有下手之处”。他主张首先实行教育改革“保邦致治，非人无由，谨先就育才兴学之大端，参考古今，会诵文武，筹拟四条：一曰设文武学堂，二曰酌改文科，三曰停罢武科，四曰奖励游学”。并且论证道：“盖非育才不能图存，非兴学不能育才，非变通文武两科不能兴学，非游学不能助学之所不足。”他恳请朝廷决意施行，不要“因循迁就之说者”而动摇。

在《遵旨筹议变法谨拟整顿中法十二条折》中，张之洞认为“整顿中法者，所以为治之具也”，内容有：

一、崇节俭；

二、破常格；

三、停捐纳；

四、课官重禄；

五、去书吏；

六、去差役；

七、恤刑狱；

八、改选法；

九、筹八旗生计；

十、裁屯卫；

十一、裁绿营；

十二、简文法。

并且指出，“必先将以上诸弊一律划除，方可冀民心永远固结，然后亲上死长，御侮捍患，可得而言矣”。

在《遵旨筹议变法谨拟采用西法十一条折》中，张之洞最先阐述了学西法的必要性：“方今环球各国，日新月盛，大者兼擅富强，次者亦不至贫弱。究其政体学术，大率皆累数百年之研究，经数千百人之修改。”“此如药有经验之方剂，路有熟游之图经，正可相我病证，以为服药之重轻；度我筋力，以为行程之迟速。”他提出的十一条具体为：

一、广派游历；

二、练外国操；

三、广军实；

四、修农政；

五、劝工艺；

六、定矿律、路律、商律、交涉刑律；

七、用银元；

八、行印花税；

九、推行邮政；

十、官收洋药；

十一、多译东西各国书。

其中，张之洞详细地阐述了“新政”的实质：

使各国见中华有发愤为雄之志，则鄙我侮我之念渐消；使天下士民知朝廷有改弦更张之心，则顽固者化其谬，望治者效其忠，而犯上作乱之邪说可以不作。

对“变法三疏”中的“新政”措施，朝廷很欣赏，上谕称“刘坤一、张之洞会奏整顿中法以行西法各条，其中可行者，即着按照所陈，随时设法，择要举办。各省疆吏，亦应一律统筹，切实举行”。“变法三疏”也就因此成为清末新政的纲领性文件。

清廷于光绪二十七年（1901）实施所谓的新政，是为了彻底平息舆论，避免革命风暴，清政府为敷衍舆论而提出“预备立宪”，派遣载泽、端方等五大臣去往欧美、日本，考察宪政。光绪三十二年（1906）夏，五人回国密陈慈禧太后：“要避免革命，只有立宪”。他们认为实行立宪可以巩固封建皇权，可以抵御外侮，可以平息内乱，而且宣布立宪，并不一定马上执行，可以设立过渡期，可长可短。九月一日，慈禧下诏“预备立宪”。

立宪政治的理论基础来自资产阶级的社会契约论。真正的立宪政体必须包括政治程序的稳定性、官员对选民负责、国家权力机构的相互“制衡”以及政治公开性等要素。这全部和君主专制政体背道而驰。所以，张之洞对于“宪政”一向不持支持态度。尤其是对满族亲贵总以“立宪”改制之名，削弱汉族地方督抚权力，对巩固自己的中央集权一事耿耿于怀，“设一个陆军部，是要集中各省的兵权；设一个度支部，是要掠夺各省的财权；又设一个邮传部，是想控制全国的交通；另外又设一个农工商部，那是谋取商人的财产，掌管各省的实业权”，这更令张之洞愤慨。但是，光绪三十一年（1905）以后，张之洞还是在行动上拥护了立宪。他选派湖北道员、知府四人，随钦差大臣出国考察政治，令两湖新选补州县官出国考察宪政，还令幕僚郑孝胥担当预备立宪分会会长。“立宪”成为谈论的焦点。张之洞这么做是为了拉拢资产阶级立宪派势力，便于巩固自己的政治地位，打击朝廷内满贵集团的气焰，同时避免革命的发生。清廷的假“立宪”促使梁启超等人又重整旗鼓，重新登上政治舞台，他们组织政闻社，尽弃前嫌，努力劝说张之洞，双方于是相互利用，再度开始合作。

2. 编练新军

新政时期，军队的正规化建设拉开序幕。

光绪年间，旧军中的绿营及巡防营已靡滥到了极点，各级长官虚报、克扣军饷，士兵另谋生路，每月的应卯，只是为了领饷，连操练也仅是敷衍。平时长官衣冠不整，提鸟笼，坐茶馆，一天就知道吃喝玩乐，什么也不管。当兵的拉帮结派，吃喝嫖赌样样俱全，已经成了习惯；打杀抢劫，名曰“打牙祭”，根本没有军风军纪，老百姓深受其害。张之洞回任鄂督之后，认为旧军的弊端已经根深蒂固，改练是不大可能了，只有淘汰一部分，才能练出新的军队。他立刻决定裁撤绿营，将七千七百余名马队分五年裁减，裁减旧军之饷项，作为编练新军的费用。但为了避免兵变，安定军心，张之洞认为裁散不裁整，裁兵不裁官。果然官兵还存留一丝惧怕，没敢轻举妄动，没有干扰地方的安宁。

以前的番号，多是以长官之名命名，好比吴元恺所带之兵，叫作凯字营。兵跟随着官，官倒兵散。以前的军械，多为前膛枪，还有大刀梭镖等，使用方法各不相同，每次操练时，怎么用的都有，就像是游戏。

旧军的饭菜，都从当地商人处购买，一般不会有太多存储。购买时，商人抬高价格，欺骗去买粮的人，而军方则拖欠钱款，欺压商人，双方经常争吵。

旧军的营规，当官的不守军纪，要不记过，要不就撤去翎顶或罚以薪饷，严重的要革职，不再任用。士兵犯了营规，轻者军棍体罚，重者示众后，赶出军营。旧军中的军官，一般都是行伍出身，不识字，识字的也只有十分之二三；士兵们大多数游手好闲，既没文化又不通情理，经常是这个营开除，明天再去那个营补名。

湖北新军的编练花费了不短的时间，一八九六年至一九〇二年是新旧军混合编练时期。当时，张之洞调回湖北，率了马、步、炮三营，叫作“护军”，聘德日籍军官调教，军制也效仿德日情况制定，但与自强军的区别在于，没有让外国人任军官，只聘他们为老师。官兵一般是江浙人，也有两湖籍旅居江苏者。光绪二十五年（1899）又添加了一营，一共有四营；二十六年已经改成了步队左右旗各四营，马炮工程各一营；一九〇二年又增加了四营，次年同样增营，总共加起来差不多二十营。一九〇四年，设营务处，负责统一军令、军政、军法、军需等，不使各营分散。从而改称湖北常备军，分成了两镇，一镇由张彪任统领，另一镇由黎元洪任统领。因为有许多项目前所未见，所以叫作“混合体”。他们的制服与营规、给养，倒是完全和旧军相同。到光绪三十一年（1905）才将着装改变，至于给养还和以前一样，其营规也于辛亥革命以前才废止。

然而，张之洞主持编练的湖北新军却有了大的发展。一九〇二年，清政府肯定了张之洞训练湖北新军和袁世凯训练北洋新军的行为，命北方各省派员赴北洋、长江各省派员前往湖北向他们学习新军的训练经验。护军与常备军在薪饷上亦有所区别。

他们的军械，一般都是后膛枪炮，他们中的较高一级的军官，一般都为旧军行伍出身中优秀之人，中级军官一般是从将弁学堂而来，下级军官多为随营学堂中挑选的。士兵从各个县里募招，或从当地找人入伍，他们一般都身家清白，多少认识一些字，可读诵“步兵须知”“步兵操法”和“枪炮问答”等。

湖北新军走上正轨是在清末新政时期。清朝原来一直依靠八旗绿营的战备力量，太平天国起义时，湘淮军超过了八旗军，但甲午战争和义和团运动后，湘淮军早被打倒了。清末新政时，“练兵”被放在非常重要的位置，只有练兵才可以强国保民。一九〇一年八月，有诏停止比武和科举，并令各省对军队进行整改，让常备、续备、巡警等军，学习使用新式枪炮。一九〇三年底，清廷在京创建了练兵处，由奕劻全权负责，袁世凯担任会办大臣，铁良协理军务。一九〇四年九月，练兵处制定了《新军营制饷章》和《陆军学堂办法》等条规，制定出经常军事编制，军官必须是陆军学堂毕业生或留学生。清政府本打算练成陆军三十六镇，但一直到辛亥革命爆发，全国也只有十六镇。

光绪三十一年（1905）冬，陆军部上奏要求编练新军三十六个镇。那时的湖北新军应成立两个镇，就是第八镇与第二十一镇，但因军械饷项短期内无法供给，故实际上只有先是一镇一协。张之洞于光绪三十二年（1906）春，开始筹备，把原湖北的两个镇合编为陆军第八镇和陆军第二十一混成协，在民国元年将二十一协扩编为镇，可武昌首义未完成。

改编完成后，张彪担任第八镇统制，统率一万零五百人，黎元洪担任第二十一混成协统领，率领四千五百人。新军之番号，开头不再有“湖北”二字，而是以镇号为名，下设协、标、营、队、排。他们的武器，一般都由汉阳兵工厂提供。光绪三十四年，安徽太湖秋操使用的兵器，都是新式的毛瑟枪。

其兵种分步、骑、炮、工、辎，再加上军医与军乐，用红黄蓝白黑作为标记，如步兵的军官在两袖上镶着红色布条，使人一看就知道是步兵军种。

新军之薪饷正兵每月给四两二钱，各军相同，每月初一，点名发饷，迟发和克扣都是不允许的。

新军中的中下级军官一般都是留学日本或德国的留学生，也有毕业于湖北武备学堂或将弁学堂的，统带官中的蓝天蔚、管带官中的肖安国等就是如此。

为了使新军真正做到“新”，张之洞还要求有一支新式军官队伍。他说：“练兵离不开练将，而练将则全赖之于各学堂。西方的军制，服役期满则复员回乡，而将官则终身在部队中，所以将官的教育尤为重要。”于是，他在湖北先后建立起武备学堂、将弁学堂、武普通中学、陆军小学堂、陆军测绘学堂等军事学校，并多次派出留学生出国学习军事。

由于经过一系列的改良，湖北新军素质有了很明显的改善。与北洋六镇相比，湖北一镇一协，其精锐程度已超过北洋新军。秋操举行后，有评论说北洋新军的前身是正规部队，都是身经百战的士卒，以勇气取胜，而湖北新军大多是军校学生，以学问出众，但大部分少年气盛，思想并未定型，易受煽动恐怕将来成为“动乱之源”。

湖北新军中的军官与士兵的成分与以前不同，各种秘密革命团体逐渐形成，他们有着严重的排满情绪。张之洞任鄂督十几年间，积极创办文武学堂，编练新军，辛亥革命时的领导人，也大部分是张的学生。

其实，张之洞编练的湖北新军与胡燏芬创立、袁世凯发展的北洋“新建陆军”都是出于维护清王朝的统治的目的，并且有镇压人民反抗的意思。但是，张之洞是忠君爱国的封疆大吏，他的编练新军也有修备自强，抵御外侮的用意，这也是清政府推行新政的内容之一，是推动中国军队走向近代化的途径。他不像袁世凯热衷于招揽兵权，只会玩弄权术，以致沦为民族罪人。

3. 开办军事学堂

一八九五年，张之洞在南京训练“江南自强军”，回鄂任督后，又开始编练湖北新军。在这过程中，有德日军官担任教习，但他还嫌师资力量不足，张之洞就派学生出国学习军事，并且在国内创办军事学堂，如南京的陆师学堂。一八九六年他回到武昌后，就开始准备建立湖北武备学堂。

一八九五年，张之洞在武昌黄土坡建立了湖北武备学堂，蔡锡勇担任学堂总办，因为新式军队需要有新知识的先进军官带领，所以张之洞非常提倡那些文武举贡生员等年轻士子报名入学。

武备学堂的课程分军械学、测绘学、地图学、算学、各国战史、营垒桥道制造、战法，以及步、骑、炮、工、辎各种操法。在一段时间的课堂学习后，学生必须由教习带领在操场上实践。

学堂的外国老师来自德国，又让天津武备学堂和广东水陆师学堂的毕业生担任学堂领班。

学生每月发银四两。洋教习每月酬劳数百两。这些开支由湖北省盐务款和银元局盈余支付。

武备学堂设有将弁学堂，专门负责对下级军官的训练。

一九〇二年，湖北武备学堂和将弁学堂被改称武高等学堂，一九〇五年三月，叫作湖北武汉师范学堂，其制度是效仿日本士官学校，用以培养武备学堂教员。

湖北测绘学堂以前叫湖北陆军小学堂。

十九世纪末二十世纪初，张之洞曾多次派学员到日本留学，一般都是去日本士官学校学习军事，但由于花费较大，人数不能过多，无法满足大批军事人才的需要，于是开始仿照日本军事学校体制，自己创办军事学堂，我国部分留日学生、日本或德国籍人员担任教官。

陆军小学堂分仁、信、智、勇、严五斋，每斋有六百人，预备训练三千人，学满三年后，作为初级军官。课程分军制、军械、战术、筑城、野外勤务、地形等科目。另还有文字、外文、数学、体操等学科。再加上测绘、海军、陆军、军医、经理五个班，张之洞离任以后，中央军咨府认为陆军小学堂学生知识层次不同，年龄过小，不合陆军小学规定，于是改称特别陆军小学堂。不久后又改建为陆军测绘学堂和陆军讲武堂。

陆军测绘学堂是以陆军小学中测绘班为基础建立起来的。原陆军小学的五十三人转入这个学堂，又新收一百名新生。原规定只招收湖北籍学生，但也有外籍学生十多名。

学堂督办刘邦骥，汉川人，举人出身。曾留学日本士官学校。学堂的教官中有日本人和德国人。

学堂分为三解、地形、制图三科。制图科课堂不但有专业课，还有兵操、体操、刺枪、马术、外文等其他课程。

当时正值废科举，因此，大批有志青年就报考学堂，或者投笔从戎。其中，测绘学堂中不少学生参加了武昌起义。

4. 湖北警务建设

租界制度派生出了中国的警察事业，而中国警察制度的正式创制则是在庚子之变后。武汉地区开通商埠，“外国的一些东西影响到我国，当时汉口各租界秩序井然，并没有‘巡捕房’轮派‘巡捕’日夜巡视。英国的租界，巡捕都是印度人，法国的租界巡捕都是安南人等，他们都手持短棒，各负其责。而武汉的街道和里巷，人员极复杂，毫无秩序，竟有人在街上便溺。一到夜间，满是盗贼。与租界相比，简直是两个世界。”这促使当局急于改进警政，警察便应运而生了。

中日甲午战争后，有些官吏主张仿效西方的警务制度，但朝廷没有采纳。光绪二十六年爆发义和团运动，八国联军将西太后和光绪“赶出北京”，京城的治安秩序一塌糊涂。列强为了加强统治，于是集中了一批中国人在北京临时设立“安民公所”，保证社会秩序。一九〇一年，《辛丑条约》签订，八国联军撤出北京，安民公所也不复存在了。清廷便建立了“协巡营”，后又改名为“工巡总局”，主要负责京内治安。

一九〇二年五月，袁世凯抽兵编制警察，在保定设警务学堂。八月，联军归还天津，但要求在津城周围二十里内不得驻扎中国军队。袁世凯随即把新军改编为巡警，由段芝贵负责保卫天津。年底袁世凯又在天津设立警务学堂；由外国人担任教习。一九〇五年，清政府开始重视举办警政一事，于是设立巡警部，制定了警务章程，警务学堂遍及各省。与此同时，张之洞于一九〇二年五月在湖北省城建设了警察局，并且派警察弁目二十人前往日本留学。

光绪二十八年（1902）三月，张之洞命令武昌知府梁鼎芬创建武昌警察局，并担任总办，将原来的保甲团丁改组成警察局，地址设在阅马厂演武厅。随后更名为警务公所，并搬到了百寿巷内，分总务、行政、司法、卫生四科，管理城内各项事宜。警务公所在全城分设东西南北中五个专局，城外分上、下两个专局，总计七个专局，其下又分设两区。专局直接受警务公所管辖，受制于专局办理警务。

武昌警察总局刚建成时，就招收训练警察步军五百五十名，警察马军三十名，二百零二名清道夫，从上海雇募曾担任捕头的英国人顿蓝斯担任总目。一切开支来自房捐。那时警察所穿的制服，还是保甲人员的制服，戴的是四合云冬帽，腰上系的是圆形的棒槌。

随后，汉口也于清光绪二十九年（1903）十月将保甲局改成了清道局，设居仁、由义、循礼、大智、花楼、河街六局，到光绪三十年（1904）八月，才改称警察局。接着，汉阳也于光绪三十年十月建成了警察局。

湖北警察局刚刚建成时，规章制度有很多漏洞，警官和警士都难以胜任，而且警士品质良莠不齐，工作效率很低，有时甚至知法犯法。警士们既不自重，也不被大家所重视。

出于健全机构、完善规章制度和提高警察的业务素质的考虑，张之洞作出两个决定：一是派人去日本，学习警务；二是建设警察学堂，以造就人才。

一九〇二年，他派二十人赴日本学习警务，并且派补用知县廷启、补用盐知事石源，去日本的警察学校，学习日本所有的警察规法。第二年，他又设立警察学堂，派留学日本毕业学生担任教习，教练警察如何工作。到一九〇四年，又选派文武员弁四十七名在日本的警视厅及警察学校学习。次年，警察学堂改建，扩招学员，模仿日本招收警员的方法，招募出身良好、通情达理的明事人。聘日本高等老师三名，教警察应用学科，学制两年半。如此，到一九〇七年，警察学堂有三百零二人毕业，一律派赴武汉各局实习工作，三月后，就有正式职务，从这个时候开始武汉警察初具规模。

一九〇八年十月，清政府见全国各省设立学堂者有二十余处之多，而且他们所拟章程，编制课程各不相同，于是向全国各省颁布了《各省巡警学堂章程》。

湖北当局依据其“章程”，于宣统元年（1909）正月和四月将原武昌巡警学堂分成武昌高等巡警学堂和武昌巡警教练所两所学校，然后，一切规章制度、机构设置、学制、教学内容等，均按“章程”办理。

武昌的警务公所，在城外分为上局、下局，各有三个区局；城内设中局、前局、后局，也各有三个分局；还设有消防队和高等巡警学堂、巡警教练所、巡警拘留所，总计二十一个机构。

汉口在总局之下，分一、二、三、四局，共有十四个区局，还有马路局、水巡警。

汉阳也有总局，下辖八个区局。

从光绪二十八年（1902）至宣统元年（1909）止，武汉警察机构开始趋于完善。

5. 狱政改良

中国的狱政由来已久，向来以残酷著称。张之洞督粤时，亲眼见到监狱牢房环境极差。而且，经常有人被关在狱中却没人受理他的案件，经年累月，无数人冤死在狱中。其实，晚清狱政的腐败还不止这些。只要有百姓报案，书吏差役必会收取钱财，视家境的富贫，少者数千，略有家底者随意收取。如果不给钱，就借口证据不足，不予受理。甚至有的官，不论原告被告，有理无理，动不动就打得人遍体鳞伤，这已成了他们的习惯，反复刑讯，刑罚残酷，伤害百姓，害人冤死。

张之洞在督粤时，将广州城内绥靖营旧营房做了一番修理，设立了迁善所。让囚犯们住得干净，得以饱暖。督鄂时，张之洞相当重视狱政建设。当时鄂省地方官也极其残忍，往往滥用刑讯，百姓常无故被押，冤案如山。一八九四年，张之洞下令：滥押久系，为虐政之大端，或疾疫凌虐，日久瘐毙，或废业糜费，因而破家。此虽无杀人之迹，亦与杀人无异。一八九八年，江夏县监狱房间狭窄，阴暗潮湿，关的人过多，污秽不洁，气味难闻，病死于此的人很多，张之洞即下令臬司大加整改，扩建房屋，仿效西法，希望做到屋广院宽，通风避湿，器具俱全，干净整齐。

一九〇一年七月十九日，张之洞与刘坤一在“遵旨筹议变法谨拟整顿中法十二条”一折中，提出：

> 诚心狱为生民之大命，结民心，御强敌，其端皆基于此。非迂谈也。……徒以州县有司，政事过繁，文法过密，经费过绌，而实心爱民者不多。于是滥刑株累之酷，囹圄凌虐之弊，往往而有。虽有良吏，不过随时消息，终不能尽挽颓风。外国人来华者，往往亲入州县之牢狱，疾首蹇额，认为贱视人类。……外国百年从来，其听讼之详慎，刑罚之轻简，牢狱之宽舒，从无苛酷之事。以故民气发舒，人知有耻，国势以强。……外国听讼，从不用刑求，重罪罕至大辟。两端中国遂难仿照。然而明慎用刑……。

具体的九条改良方法是：禁讼累、省文法、省刑责、重众证、修监羁、教工艺、恤相验、改罚锾、派专官。第一条可除免不谈费用；宽文法则命盗少讳延；省刑责则廉耻可培养；重众证则无辜少拖毙；修监羁则民命可多全；教工艺则盗贼可稀少；筹验费则乡民免科派；改刑锾则民俗可渐敦；设专官则狱囚受实惠。

张之洞随后又对鄂省狱政加以改良。一九〇四年，他令臬司饬各属选择宽敞地基，建设迁善、习艺适合的场所，派工匠教习，让犯人有悔悟之心，给他们一条自新之路。至于建设监狱的地方，地板不能太高，沟道要定期疏通。并且要派人随时打扫清洁，不要导致气味刺鼻。并准备各种药材，防止疾病发生。他还在省城创办“模范”监狱。

一九〇七年夏，他在“奏明新造模范监狱详定章程折中”称：自一九〇五年起，在省城县署东侧，买地建设模范监狱，体制一律仿照日本东京及巢鸭两处监狱模式。管理上，吸取他国之长，兼顾中国情势，进行试办，“以为通省模范”。他还说：“设监狱，先对其进行惩罚再对其进行训导，当其禁暴之时，已期耻格之效。”模范监狱还将有专官管理，医生专门治病，教艺专门教其谋生的技术，还有教师开导启迪犯人，让其明白改过自新。

二、“癸卯学制”

在清末的新政中，张之洞出力最大的就是制定癸卯学制，这使他成为近代教育体系的奠基人。“救时必自变法始，变法必自变科举始”。科举制度是从隋朝开始的，经过漫长的历史演变，到了晚清时期，已产生了许多弊端，影响了中国思想界、知识界的发展。

由于不断遭到列强的侵略，西学已经渗透到我国。一八六一年，冯桂芬在《校邠庐抗议》一书收录的《改科举议》《制洋器议》等文，便是那个时期思想界倡导科学改革的先导。

甲午战败，全国上下要求变法的呼声一浪高过一浪，对科举的抨击也愈来愈强。严复对八股取士更是深恶痛绝，戊戌变法时，维新派与洋务派中都有人支持改革科举的主张。谭嗣同认为科举制度的改革是变法维新的基础，徐致靖在《请废八股疏》中也批判了八股取士：“侮圣而不言义理，填词而等于俳优。束之极隘，驱天下出于一途；标之甚高，使清班必由此出”“故致理财无才，治兵无才，守令无才，将相无才，乃至市井无才商，田亩无才农，列肆无才工，……西人乃贱吾为无教，列吾为野蛮，纷纷割胁，予取予求，而莫敢谁何，皆八股之迷误人才，有以致之也。……臣愚以为新政之最要而成效最速者，莫过于此”。

张之洞身经科举制度，深知其害人不浅，于是他在《劝学篇》中对科举制便有了这样的批评，“救时必自变法始，变法必自变科举始”。一八九八年七月四日，张之洞上《妥议科举新章折》中说：“救时必自求人才始，求才必自变科举始。”但他也说：“四书五经，道大义精，炳如日月，讲明五伦，范围万世，圣教之所以为圣，中华之所以为中，实在于此。”

推行新政、办理外交、整顿吏治、编练新军、改革财政等各项活动都需要新式人才，废科举、兴学堂便是其中的重点。刚开始，清廷取消时文试帖，改试策论，停武科举，允准各地兴办学堂，但没有什么成效。一九〇三年袁世凯、张之洞一起上奏，一九〇五年袁、张再次一同向朝廷启奏请“自丙午（1906 年）科为始，所有乡会试一律停止，各省岁科考试，亦即停止”。清廷同意袁、张之请，延续一千多年的科举制度就这样被废除了。取而代之的是“癸卯学制”。

光绪二十八年（1902）我国才有了比较完善的教学制度，并且颁布《钦定学堂章程》，由张百熙主持制定，叫作“壬寅学制”。其中把学校分为七级：蒙学堂四年，寻常小学堂三年，高等小学堂三年，中学堂四年，高等学堂或大学预科三年，大学堂三年，大学院无定期。儿童六岁方可入学，二十八岁方大学毕业。其中提出平行于中学堂的有中等实业学堂和中学堂附设的师范学堂，平行于高等学堂的有高等学堂附设的高等专门实业学堂、仕学馆和师范馆。此项学制过去制定过，但出于种种原因，一直没得到推行。

一九〇三年三月，张之洞赴京，和英、美、日、葡、德、意等国进行商约谈判。张百熙紧握时机，于六月一日上奏，请派张之洞制定全国学务章程，奏云：“学堂为当今第一要务，张之洞为当今第一通晓学务之人。……学堂尤政务中之大端，所关更重，伏恳特派该督会同商办。”清廷立刻准奏：“京师大学堂为学术人才根本，关系重要，着即派张之洞会同张百熙、荣庆将现办大学堂章程一切事宜，再行切实商订，并将各省学堂章程一律厘定，详晰具奏，务期推行无弊，造就通才，俾朝廷收得人之效。”

光绪三十年（1904）一月，清政府公布了他们制定的《奏定学堂章程》，它是由政府制定颁布，并在全国范围内推行实施的，这在中国是头一次，同时也奠定了中国近代教育的基础，这便是“癸卯学制”。

“癸卯学制”有很多内容，包括《蒙养院及家庭教育章程》《初等小学章程》《高等小学堂章程》《中学堂章程》《高等学堂章程》《大学堂》（附《通儒院章程》)《初级师范学堂章程》《优级师范学堂章程》《实业教育讲习所章程》《学务纲要》等十七册二十余种章程。

从纵向分析，“癸卯学制”共分三段七级，最长的有二十九到三十年，就算不包括蒙养院四年，也有二十五六年。第一段是初等教育，分蒙养院四年、初等小学五年、高等小学四年，总计三段十三级。第二段是中等教育，只有中学堂一级共五年。第三段是高等教育，有高等学堂或大学预备科三年，分科大学堂三至四年以及通儒院五年，总计三级十一二年。

从横向分析，“癸卯学制”包括了高级师范教育和实业教育两系：师范教育有初级师范学堂和优级师范学堂两等，学制八年；实业教育有艺徒学堂和实业补习普通学堂，还有初等实业学堂、中等实业学堂、高等实业学堂三等，学制一共十五年。

另外，少不了译学馆及方言学堂，它们被归于高等教育阶段，学制约五年。还有专门给新进士学习新知识的仕士馆和供已仕的官员学习新知识的仁学馆，它们都是高等教育性质。

“癸卯学制”是资本主义性质的代表。因其参照了日本的教育制度，彻底打破了中国封建传统教育体系，形成了以日本模式为基础的资产阶级新的教育体系。但其本身依旧带有浓厚的封建性，主要是因为：

（一）办学宗旨是为封建统治阶级服务。规定无论什么样的学堂，都要把忠孝摆在首位，把中国经史之学当成基础。

（二）仍然存在科举制的痕迹，如高等小学堂、中学堂、高等学堂、分科大学堂的毕业生，都给予附生、贡生、举人、进士等各项出身的制度。

（三）在平时过于重视读经讲经。

（四）否定女子教育。

但后来张之洞入值军机、兼管学部后，在一九〇八年奏准创办女子师范学堂，并且制定颁布《女子师范学堂章程》和《女子小学堂章程》，自此，中国的女子教育被国家承认。

一九〇三年五月至次年二月，张之洞参与制定“癸卯学制”，以及议订商约等政事，并且还主持制定并奏准颁布了《约束游学生章程》《奖励游学生章程》《自行酌办立案章程》等留学、游学章程。在一九〇二年，外务部就有规定，凡回国的毕业生，都给予翰林、进士、举人等出身，并按等加以任用。张百熙等也奏派那些宗室、京堂、翰林以及候补道府各级内外职官拿官费出国游历游学，并有相应的奖励条款。

自费留学的人如果考试合格，政府就出具公文保送，费用困难者政府还给予帮助，等到毕业归国，将与公费留学生同等对待。张之洞的这些举措规范了留学运动，使得留学生人数逐年增加。兴学堂、派留学，使中国在短时间内培养了众多新式知识分子。

三、地方政风

张之洞在督鄂及两江的十几年间，做了许多革新，如整理财政、整顿盐务一类，数不胜数。

1. 张公堤

湖北向来被称作水乡泽国，有数十州县依江傍湖。张之洞任鄂督时，正碰上大水溃堤。因此，张之洞在这之后，对水利建设非常重视。一八九一年初春，张之洞命有堤坝的各地区，加紧堤坝的整修工作，限期定工，统一检查，并且要求各州县储备防洪救灾物料，以免发生险情时，来不及救助。一八九三年初，张之洞下令那些有堤防的各州县赶修堤防，重视防范。那些重要堤防工程，张之洞一定亲自前去查勘，或者派员监修，以保证工程的质量。张之洞在鄂省的工作中，以武昌城外南北堤和汉口后湖长堤最为人所称道。

武昌城南，从保安门外白沙洲到金口六十里，旧有堤坝是鄂督周天爵于道光年间所筑，很久没有整修，慢慢成了废堤，仅能看出大概堤形。从武胜门外新河起，经红关至青山三十里，也曾修筑过堤坝，未修建的时候堤坝仅仅高于平地数尺。因堤防不固，每年春夏，江水冲击，徐家棚、沙湖、东湖等处全部被淹没，数十万亩都成湖荡。武昌南面，被淹的范围更大，包括南湖、汤孙湖、巡司河一带，全成湖沼。一八九九年，张之洞有意在南北两处兴筑长堤。江夏县地方官员傅启浩等，借口旧案不准修堤和湖涸失渔利，反对修堤。张之洞立即加以斥责，下令必须修堤。先将红关至青山堤分为八段，任务交给知州李绍远、副将吴元恺、游击张彪等，各自承担一段，按地势的高低，定堤身之高低。堤身高一丈至一丈七尺，堤面一般都是宽二丈。此堤建成，叫作“武丰堤”。

之后，张之洞又下令修筑白沙洲到金口之堤，分为十段。堤内地段，东过东湖门，南至八风山，南有南湖、汤孙湖、黄家湖、青林湖、巡司河，夏间一发水诸湖及河道就连成一片，新堤建好，可增加田亩约二十万亩。此堤长约五十里，高约一丈，堤面都是宽二丈，叫作“武金堤”。另外，沿江有石驳岸，张之洞下令，全部加修石驳。内湖，必须加上闸门，用以宣泄，又在巡司河建闸，并在开工后每十天亲自前往查工。闸成，称为“武泰”。北段也要建闸，称为“武丰”。一共花费银五万三千两，南段堤花费银三万五千两，闸工二万两，全部由赈捐局负责。据载，江堤建好后数年，有未坚者，屡经翻筑。卑者益之，冲刷者补之，建闸以泄内湖之水。每于出险时亲往督率抢护。一直到一九〇二年，全工稳固。

一九〇六年，张之洞又命在南段之阚家河、袁家河一带建筑石矶三座。南北堤修成后，张之洞派员成立了清丈局，主要负责按地勘测丈量，清出官地，或留作畜牧之场，或用以通商，或交给农务局耕牧之需。其民地拥有契据粮券者，按契据营业，每亩交二百文；无主无契的地，发给执照，纳钱四百文，让农民租垦种，用作岁余堤闸修护的费用。最后量出官民田地约二十万亩。武昌市区得以扩大，卑湿之区慢慢成了市廛。

汉口后湖一带，地势不佳，每逢春夏，江水猛升，极易成灾，一九〇四年，张之洞下令在后湖一带筑长堤。以防止水患，他先下令建成工程处，由张南溪等负责，江汉关详细勘查，从芦汉路汉口起点皇经堂之裕丰垸起，长三百三十一丈五尺，修筑新堤四百四十一丈五尺。再从长丰垸旧堤到该堤闸口止，长一千三百六十丈；则闸口以杜家湾为起点，经宝莲庵至观音寺止，长一千一百丈；从观音寺到戚家墩前，长八百二十丈，从戚家墩斜接戴家山西头，长一千二百九十丈；自戴家山东尾起，过龙骨沟、藤子岗前。沿着王家嘴，直到铁路第一百五十号地方，长七百二十丈，工程共计六千三百余丈，三十四里。修筑费用由拨充粤汉铁路购股、买地专款之赈粜米捐项提供。大堤工程由民工分段承包。当时张彪率新军也参加了此次工程。一九〇六年，后湖堤竣工，工期两年，经费为数十万两。后人把此堤叫作“张公堤”。

当时在议筑时，许多人认为不可，张之洞不听，坚持将此堤筑成，得到士地十余万亩。修成后，张之洞派道员再次丈量后湖地亩，那些渔民所有的旧契，一律视为己产，与侵占官地没有什么不同，他下令将涸出地亩全部交由国家，制定章程，上交契据粮单，勘察检测，寄到清丈局办理。

张公堤在没有修之前，汉口市区很小，也就是自硚口起，沿城堡下至通济门一带。堤修好后，上起舵落口、水厂、宗关，下至丹水池、堤角，包括现在的黄博路、赵家条、惠济路、解放公园、中山公园等繁华地区，使得这个市区扩大了两倍多。

2. 典当过年

张之洞任高官多年，并且早年便进士及第，对民间疾苦了解不多，他常说："一个人怎么会连二三十两银子都没有？"而且他心性高放，积极投身新政，讲究排场，喜欢玩赏古董字画碑帖，经常设宴欢庆，喝酒吟诗，喜欢送礼赏赐，为此花费不少。这样一来，一年到头所剩无几了，总处于穷困的境地。过年时手头拮据，他便把东西拿去当铺典质。

清末时，武昌"维新"等大当铺有规定：凡是总督衙门的皮箱，可以当二百两银子，不管里面是什么东西，只照箱数付钱。开春后，督署可以拿银两赎回箱子。当铺则可大赚一笔。这个情况，可是清末官场的奇闻。

可是，张之洞为官清廉是人人皆知的。他在任湖广总督期间家里没有钱过年，便有了借当的故事。

张之洞为筹钱而烦恼，筹备军火、兴办洋务，都需要钱。在生活中，他却并不看重金钱，厌恶那些聚敛财富的人。中举后，他曾穷得饭都吃不上。上任山西巡抚和两广总督时，他都是裁汰陋规银、削减办公费，从不接受下属的礼金，并且为了防止收门包，他家没有看门人。穷已成习惯了，但年都过不去就有点不成体统了。

他在屋里来回走，自己对自己说："身为总督，居然没有钱过年，这简直成了笑话，这年该如何过呢？"

他指着里间室内的衣箱，问家仆："城里最大的当铺在哪儿？"家仆没好气地说道："这你也想得出来，做总督的怎么能去当东西？"

张之洞轻松一笑："皇帝都可以借兵借马，总督又怎不能当物？你请赵先生来！"

张之洞又问家仆："算一下，咱家需要多少银两才可过年？"

“老爷，按过去的花费加上给下人们一年的薪水，要一千八百两才行。”张之洞，又问：“今年给了学生们多少压岁钱？”

家仆笑了笑：“一千七百九十两。”

张之洞高兴地说道：“我用这点银子，换来了湖广之地八百多家的欢乐，很值，很值，你去休息吧！我来想办法。”

家仆会心一笑，离开了。

赵凤昌前来问道：“香帅有什么事？”

“去拿来九只箱子，填满东西，拿去当铺。每只箱子二百两银子。”

“是！”赵凤昌一口答应，但又一想不对，便说，“香帅，这怎么可以？”

“怎么不行？”张之洞笑答。

“没有钱，我可以向哪家商号，或官宦人家去借啊，差不多可以借到几千两银子来呀！”

“不行，千万别说出去。就按我说的去做！”

“好吧！”赵凤昌这才出去。一转眼，赵凤昌和家仆就拿来九只箱子，有四只装了夏天换洗的衣服，其余是空的。

赵凤昌开了口：“香帅，这五只箱子没东西，当铺不能收的。”

张之洞诡秘笑着说：“空的不当，就放些东西嘛！”

“没有值钱的东西可以放了！”

张之洞回答道：“我总督府一寸工地就是一寸黄金，哪会没有贵重东西可放？”

张之洞向来廉洁奉公，子女们穿的都是布衣衩裙，更别提珠宝首饰之类的东西，只剩下一些古书书籍和他喜爱的几张前人字画，也许能值几个钱，而那些是他最爱的，怎么能拿去当呢？赵凤昌觉得左右为难。

张之洞笑了：“赵先生，在后花园的桂花树边，有可放的东西啊！”

“能有什么东西？”赵凤昌感到很奇怪。

“有，就在树下。”张之洞认真起来。

赵凤昌也笑了：“天啊，原来是一堆瓦砾和砖头。”

张之洞说：“把那些装了送到当铺去！”

赵凤昌大吃一惊：“这……怎么行？”

“怎么不行？我这儿的砖头瓦砾，可不一般，那可是秦砖汉瓦。无价之宝啊！”

赵凤昌无可奈何，只好把箱子装满瓦砾乱石，抬上车。

张之洞突然道：“等一下，都贴上总督府封条，盖好封印，不准开启。对当铺老板说，明年春天我亲自拿银票赎回。”

“是！”马车出了总督府。

张之洞望着这一切，满意地笑了。

一般说来，一个人追逐名利多是由虚荣心所致，人们谈起好名之人也不会说什么好话。而对于身处官场的人，好名却是被称颂的。因为那些人相当爱惜名誉，所作所为都会有所顾忌。张之洞就是极其好名的一个，因此，他为官清廉的名声也就家喻户晓了。他的好友鹿传霖就曾这样赞扬他：

> 香涛自居外任以来，从不用门丁，不收门包，不收馈送礼物。在山西巡抚任上，有人赠他五种宋本经史古书，不索价值。然知那人乞在抚院听鼓当差时，香涛断然拒收。任两广总督时，端溪砚石停采多年，将为断绝，香涛支持商人何昆玉开采，何氏利甚巨，富甲一方。事过数年，何昆玉精制端砚十方，专程送至武昌。香涛按时价付钱，每方给了二十两银子。不悖于古人不携一砚之义，可谓廉正！香涛服官四十年，故里未造一间房，未置一亩田。慈圣赐银五千两，他不入私囊，而建慈恩学堂造福桑梓，购义地十七顷，连红契都交送到县衙，永杜后人买卖。可谓无私！

张之洞的大儿媳刘文嘉也作了《村居杂兴》一首，歌颂其清廉家风：

> 廉吏子孙贫，家风旧如是。
> 茅檐三五椽，门前一泓水。
> 烟村拥柴扉，清旷颇可喜。
> 良人素乐道，固穷孙叔子。
> 儿童习礼让，诸弟事经史。
> 夜绩与晨炊，同心有妯娌。
> 菜根风露香，真味土膏美。
> 布衣足温暖，适体胜纨绮。

第十一章　国衰臣逝

一、入阁拜相

1. 入军机处

慈禧太后自“东南互保”之后便有意将张之洞调入军机处，好实行其“一石三鸟”之谋。一方面能利用张之洞巩固朝纲；另一方面则能调节因“庚子事变”而恶化的与列强尤其是与英国的关系；最关键的是将张之洞从其负责管理多年的湖广任上调离，以防止他权势过大，而这种现实危险于“东南互保”时已有所表现。张之洞知道其用意，全力推辞不肯答应。光绪三十三年（1907），清末“新政”开始了“预备立宪”，朝中匮乏办事大臣。满蒙权贵庆亲王奕劻等庸鄙无能。汉族枢臣李鸿章已死了有六年，继任者王文韶、瞿鸿禨与其相比相形见绌。清贵族统治集团急需一批汉族官僚代表充实决策层，拉拢人心，实施“新政”，巩固统治。张之洞、袁世凯因“新政”的成功，自然成为第一考虑的人选。

军机处是清朝统治集团用以辅佐皇帝处理国事的政务机构。雍正七年（1729），由于用兵西北，便成立了军机房。三年后，改称办理军机处，也叫军机处。在其中工作的是军机大臣，不固定人数，最多可以有六七人。他们的任务是每日觐见皇帝，依照皇上的指示办理军国要务，然后再对各部门、各地区发布指示。从此内阁的作用就不大了，军机处成为清廷的真正决策层。如此关键的职位，人选尤为重要。都是从大学士、尚书、侍郎中选拔，其领导人实为首相，也叫“首辅”。光绪末年实施“新政”、设“政务处”，都由军机大臣领督办事。清朝，入军机处的人很少，而且大多数是满族亲贵，至于汉人就更少了。

必须承认，慈禧太后让张之洞入京，就有着猜忌、控制之意，但不同的是，张之洞已今非昔比了，而“新政”又离不开以张之洞为代表的汉族官僚集团势力，这是不能否认的。

一九〇七年，外界传闻将调袁世凯入军机处，端方任直隶总督，张之洞调任两江总督。张之洞致电鹿传霖声称不愿离鄂，若朝廷强行调任他，他便告老还乡。

六月二十九日，协办大学士、军机大臣瞿鸿禨被免职。两天后，清廷命张之洞充任协办大学士，进入内阁。七月二十三日，张之洞又被命任大学士，还兼任湖广总督。数日后，张之洞再次被调充任体仁阁大学士，仍留鄂省。

一九〇七年七月，军机处致电给他命他进京。

张之洞以体弱多病为由拖延行期。此时。他正忙于提拔州县的官员和调整新军中军官，所以要推迟行期。

直至七月二十九日晨，他办好了所有的事：连上了三道奏折。第一折“请奖各学堂毕业生及管理教员折”，替武汉三镇高等学堂毕业生请奖。这年有七百四十八人毕业，获得奖励的有学生、教员、管理员共一百二十四名。这些奖励就是朝廷授予他们官职品级，并派往湖北各地任职或是去任教。有的分往各衙门充当翻译，或者去厂局管理企业，以及去城镇办理商业。这一批年轻人在工作中，思想开明，学以致用，湖北的工业、商业、教育因此而有了稳定的基础，得以良好的发展，张之洞对此很满意。

第二折“请奖梁鼎芬片”。其中说道：“湖北按察使梁鼎芬，前主讲两湖书院，嗣蒙简放武昌知府，历升今职。当时未设提学使，所有湖北教务，均委该员办理。该臬司学术纯正，待士敦诚，于教育事体大纲细目擘画精详。任事多年，勤劳最著。据称不敢仰邀议叙，似未便没其功劳。合无仰恳天恩俯准，将湖北按察使梁鼎芬赏加二品衔，以昭奖励。”

清制巡抚乃二品官衔，张之洞原来想提拔梁鼎芬做湖北巡抚，完成自己的事业，但巡抚得由皇上任命，总督无权做主，只有先给予梁鼎芬二品官衔，到京后再找机会举荐。很快皇帝就同意张之洞请求。张之洞一回京，就推荐梁鼎芬担任湖北布政使。

第三折《请奖纪矩维等人片》。主要是推举纪矩维、杨守敬、马贞榆、汤金铸、罗照沧、曹汝英等六人，到北京内阁各部任职，这样他到内阁后，不至于无人可用。

像这样官场避讳之事，张之洞却做得很自然，足可见他熟通官场之道。

九月三日，上谕“着张之洞补授军机大臣”。没过几天，他便进京与袁世凯一起进入了军机处。

张之洞曾辞两江总督而不辞军机大臣，主要是由当时政局及他的特殊心理所造成的。岑春煊曾上奏，说某疆臣权势日重，请求让自己留守阙下，愿担任“狂犬守夜当门”之职，西太后“为之所动”，封他为邮传部尚书。没多久，侍御赵启霖上奏指责刚上任的疆臣段芝贵暗中拉拢亲贵不法，外面议论纷纷，此事牵涉到庆亲王奕劻父子。但经一番调查没有任何证据，便将赵革去了职务。那些进言的官员们很为赵不平，一个接一个又起奏弹劾段芝贵，朝廷下令免去载振农工商部尚书，免去奕劻军机大臣的职，鹿传霖叩奏：庆亲王有庚子之劳，心实无他，便没有实施此议。“某疆臣”指袁世凯，他怀疑岑春煊、赵启霖背后肯定有军机大臣主使，便指使恽毓鼎等上奏罢免瞿鸿禨。协办大学士缺出，张之洞才有出任军机大臣的机会。因朝中汉族重臣自李鸿章去世后还没有什么能建功立业的人，清廷需要寻找新的汉族官僚，于是将张之洞、袁世凯一起调入军机处。张之洞希望能在这危急时刻挽救大清的命运，满怀希望地任了职。

2 调和矛盾

张之洞在他七十多岁时，登上朝廷最高的职位，可谓百感交集。他既有感恩之情，又有临危受命之感，更使他焦急万分的是君与臣、臣与臣之间相互不信任、相互构陷的关系。

在这种复杂的心绪困扰之下，张之洞耗尽了自己的全部心血。

经过无数次内心论证，张之洞一直认为消除满汉之间的隔阂与不平等至关重要，不这样便难以抵制民间日益高涨的“革命排满”思想，无法解决已存在二百余年的民族矛盾，也不利于调动汉族地主阶级的庞大力量来维护统治。光绪三十年元月，张之洞完成在京纂修学堂章程之命，返回湖广总督任前向皇上请辞，他力求消除满与汉的差异，并想借此阻止乱事发生，但慈禧以“朝廷本来就没有划定满汉疆界，怎么能胡乱揣测耳”，将他驳回。此次张之洞以大学士、军机大臣身份再次奏称："要抵御外国侵略，必先安定国内，要想去除动乱的根源，就只有照告天下，消除满汉的区别。"鉴于国内愈演愈盛的革命排满危机，慈禧只有采纳他的建议，八月初二日发布上谕，她一边自我美化，说向来对满汉臣民，从无歧视，批评民众犹存戒心，自相纷扰，一边又承认满汉畛域的存在，并命令各部衙门复奏化除满汉界限的方法。后来，清廷也确实有了一些举措，像取消满汉异法，允许满汉通婚等，用以缓和民族矛盾。

然而，清末清朝贵族集团早已没有了开拓、进取的博大胸襟和气度，随着其统治秩序的江河日下，他们整日沉迷在极端狭隘的集团私利的民族猜忌心理中，甚至到了疯狂的程度。光绪三十四年（1908）十月，光绪、慈禧相继死去。只有三岁的爱新觉罗·溥仪即位，就是宣统皇帝。其父醇亲王载沣担任摄政王，皇室抓紧夺权，排斥汉族官员。载沣亲自统领禁卫军，兼任大元帅，其弟载涛、载洵分别担任禁卫军大臣和筹备海军大臣。面对这些少壮派官僚，张之洞强烈反对而被驳斥，还为此与载沣等发生激烈争论，终因无力回天，不得已妥协，告病数月，竟然一病不起。

光绪三十四年（1908），慈禧去世，载沣、铁良、良弼等满贵集团加紧中央集权，第一个目标就是手握重兵的袁世凯。袁世凯的地位岌岌可危，但袁也早有预见地说："朝中公正老臣都已经去世了，朝政全落入贵胄之手，我这次得跻高位，全依靠太后的信任和恩赐。然而太后年纪已迈，犹如风中之烛，一旦驾崩，皇上独断朝政，岂能不报昔日之仇，那时我的位置必不保。"袁世凯戊戌年间出卖过光绪帝，向来为皇族所痛恨。而光绪的死，又被说成是袁世凯毒害所致，于是光绪之弟载沣，总是想着为其兄复仇，一定要杀袁而后快。

对于宫廷内部这些纷乱的利害关系，张之洞心知肚明。

一九〇九年一月九日，隆裕太后召见载沣，把"必杀袁世凯"的光绪帝遗诏给了他。

载沣看后不说话，太后追问："你是先帝的同胞兄弟，一定得为他报仇吧？""当然要报，可是如何报？""马上拟旨，除掉这个人！"载沣觉得事情比较严重，吞吞吐吐地说："这得和军机大臣商议一下！""召奕劻、张之洞入宫！"隆裕急于得到肯定的答复。

张之洞看了遗诏，听说要处死袁世凯，马上回奏："在目前这种纷乱的情况下，无故杀国家重臣，我认为不妥当！"

奕劻说，北洋冯国璋、段祺瑞、王士珍等人都和袁世凯交情匪浅，现在他们手握重兵。若杀袁世凯，他们造起反来，没有人可以抵御，到时后悔也来不及了。

“难道就没有办法了？”隆裕一听事情是这个样子，口气也硬不起来了。

张之洞接着说：“依老臣之见，可以将他革职回籍，赶出京。”隆裕想了一会儿，觉得此话有理，只能如此处置，就说：“照这么办吧！”

袁世凯从太监那儿知道了隆裕和张之洞的奏对，心急如焚，坐立不安，等待着最后的结果。当他看到张之洞时，立刻询问：“怎么说？”张之洞无奈地说：“回去好好休息！”袁世凯立即给张之洞跪下，感激地说：“感谢世叔您的成全！”一会儿，奕劻拿了上谕：

> 军机大臣、外务部尚书袁世凯，夙承先朝屡加擢用。朕御极后，复予懋赏，正以其才可用，俾效驰驱。不意袁世凯现患足疾，步履维艰，难胜职任。袁世凯着即开缺，回籍养疴，以示体恤至意。钦此。

于是，袁世凯怀着对张之洞的感激，安然无恙地回到了老家河南。

张之洞进言阻止杀袁世凯，为的是缓和决策层的满汉矛盾，避免出现内乱。然而他这样做，还是无法挽回清王朝的覆灭，并且造成了袁世凯日后复出窃国的条件，这又是谁也想不到的。

3. 推行宪政

一九〇一年，清政府宣布，实行“新政”，乃是迫不得已，并非真心愿意。几年过去了，清廷不得不承认：“多次下令变法，而现状并无实质性改观。”资产阶级各阶层都对此有些不满。日俄战争使得国内许多人士觉得日本之强，在其君主立宪时就已有，俄却因其君主专制失势，朝廷内外，一时间都认为立宪是富强必经之途。

张之洞对于“新政”，十分矛盾。他在督粤和督鄂期间的努力，都有“新政”性质。戊戌变法时，张之洞被他的门生推荐，清廷曾召张之洞入京，后来因为翁同龢阻止而作罢。但他在《劝学篇》及戊戌政变后的言论中，流露出其反对进行真正意义上的变革，特别是反对民权之说。在文中说：“今日愤世嫉俗之士，恨外人之欺凌也，将士之不能战也，大臣之不变法也，官师之不兴学也，百司之不讲求工商也，……以求合群而自振。嗟呼！安得此召乱之言哉！民权之说无一益而有百害。将立议院欤？中国士民至今安于固陋者尚多，环球之大势不知，国家之经制不晓，外国兴学立政练兵制器之要不闻，即聚胶胶扰扰之人于一室，明者一，暗者百，游谈呓语，将焉用之。”在他看来，如民权之说一提倡，社会必将陷入混乱。劫市镇，焚教堂，列强也肯定会以此故意挑衅。所以，张之洞本着倡君权而抑民权的立场坚决反对，认为变法应是政府行为，没必要让人民参与。他所谓的变法，是狭义上的变法，即渐变、缓变，必须以维持清朝统治、维护纲纪为前提。在他与刘坤一上奏“变法三折”中，可以明显看出，他的意见并不是从本质上改变中国的社会结构。

一九〇四年四月，两江总督魏光焘有“拟请立宪奏稿”送至朝廷，接着，粤督岑春煊、直督袁世凯、驻法大臣孙宝琦等，均要求立宪，孙宝琦在一九〇五年上书政务处，要求“依照德、日两国经验和程式办理”。次年，清廷派出的考察政治大臣归国，都阐述了中国立宪刻不容缓。此前，载泽等路过上海时，问张之洞的意见，张回电说：“立宪事关重大，如将来奉旨命各省议奏，自当竭其管蠡之知，详晰上陈，此时实不敢妄参未议。”完全是一副遮掩回避之态。

一九〇六年九月一日，清廷下诏“仿行宪政，大权统于朝廷，庶政公诸舆论，以立国家万年有道之基”。第二天，再次下诏改革官制，“主其事者，惟编制处数人，各省虽派参议之员，不得而闻也”。张之洞本来就对这项改革持反对态度，他致电浙江巡抚张曾扬：“外官改制，窒碍万端，若果行之，天下立时大乱，鄙人断断不敢附和，倡议者必欲自召乱亡。京电催迅速作复，尤怪！事关百余年典章，二十一省治理，岂可不详慎参酌，何以急不能待？必欲草草定案也！”张之洞的意思是不想图一时变法之利，而动摇清朝根基，而清廷立宪的根本目的，是借用宪政之名，来限制地方封疆大吏的权力，加强中央集权而已。

清廷的欺骗之术太明显了，有人指责道：“最近的立宪只是朝廷虚张声势的举动，而实际上却坚持专制。”清政府的真面目被揭穿后，反对立宪、鼓吹革命的声势越来越大。于是，保皇党人变成了立宪党人，谋以立宪来抵制革命。梁启超等在东京组织政闻社。一九〇八年，各省立宪团体派代表齐集北京请愿，清廷迫于无奈，公布了宪法大纲，制定了九年为过渡期。

一九〇八年，清政府实施宪法大纲。说是实行宪政，更主要的是加强君权，《大纲》第一条称：大清皇帝统治大清帝国，万世一系，永永尊戴。是年，光绪帝、西太后几乎同时死去，满洲亲贵抓紧加强集权，刚毅曾说：“汉人强，满洲亡；汉人疲，满人肥。”醇亲王担任摄政王监国，赶走袁世凯，亲自统领禁卫军，他的弟弟载洵主海军，皇亲贵戚手握重权，张之洞只能慢慢与之周旋。然而，载沣之流不肯放松夺权，以致造成亡国的命运。张之洞在生命的最后时刻，还在竭力维护封建统治阶级的统治秩序。

为了扩张声势，政闻社骨干彭渊洵致函梁启超，提及派和政闻社有密切关系的程某去说服张之洞赞成革命的方法。还说：“张之洞之所以入京，是为了在北京建立议院，只是由于守旧派反对激烈才没有实行，所以主张先设立咨议局。”显而易见，政闻社在争取张之洞支持宪政上煞费苦心。

谨言慎行的他明白：“官制改革以来，大臣多不和，往往由于一件小事便酿成大祸。”面对庆亲王奕劻及袁世凯的专权，张之洞抵抗过。面对载沣之流的倒行逆施，他也做过努力，足以说明他是尽职尽责的，但他已无力阻挡清朝的灭亡了。

清末辛亥革命爆发，张之洞没能目睹。其幕僚辜鸿铭，对其在“新政”中的做法，做出活生生的阐释：

> 窃谓中国自咸、同以来，经粤匪扰乱，内虚外憾，纷至迭乘，如一丛病之躯，几难著手。当时得一时髦郎中湘乡曾姓者（指曾国藩——引注），拟方名曰“洋务清火汤”，服若干剂，未效。至甲午，症大变，有儒医南皮张姓者（指张之洞——引注），另拟方曰“新政补元汤”，性躁烈，服之恐中变，因就原方略删减，名曰“宪政和平调胃汤”。自服此剂后，非特未见转机，而病乃益将加剧焉。

快要灭亡的清廷，光靠所谓的“新政”“宪政”是没有用的。张之洞“知其不可而为之”，他的失败是历史的必然。

二、魂归故里

宣统元年（1909）正月，张之洞被任命为德宗实录总裁官。六月，他肝病发作，病体垂危，仍强撑病体为清廷工作，当时载沣、载涛、载洵等将政权、军权全部夺得，他力争不果，非常气愤，忧形于色。正好陕甘总督升允奏请立宪利害，触怒载沣，升允要求辞职，载沣欲以心腹长庚继任。张之洞认为，升允所言虽不当，但忠心耿耿，不宜允许辞职。载沣不同意，张之洞更为忧愤。

没过多久，张之洞病情加重。津浦铁路总办、道员李顺德等，因徇私舞弊被罢免，并以吕海寰监察不力革职。此时，有人推举唐绍仪继任。载沣询问张之洞的意见，张之洞不同意，载沣认为没什么不可。张之洞说："岂能因为个别人的意见而不顾舆论？否则，定有混乱。"载沣说："有兵在。"张之洞不愿再与其争论下去。载沣转命庆亲王拟奏。张之洞很悲痛地说："怎么能这样！"此后，病情更重，但他仍为国家效力。

几十年为官做事，张之洞已垂垂老矣。肝病使他痛苦不堪，宣统元年六月以后，一病不起。八月二十一日，摄政王载沣去看望他。张之洞临终上言规劝载沣，让他知道亡国危机迫在眉睫，希望他幡然醒悟，改革朝政。

载沣嘱托张之洞好好养病，张之洞答以"虽然有病不敢忘为国报效"。送走载沣后，陈主琼询问张之洞，张之洞叹道"国将亡了"。

张之洞的肝病日益加重，更是足不出户。一天，他的侄孙李煜瀛前往探视。他问李外界的情况。回答说："各省排满风气很甚。"张感叹："据我看来，不是汉人排满，而是满人在排汉呀！"说到这里，张之洞拿了一张纸给李看，上面有他作的一首诗：

诚感人心心乃归，君臣末世自乖离；
岂知人感天方感，泪洒香山讽谕诗。

这首诗收在张之洞诗集中。其实，这首诗就是他的绝命诗。

张之洞明白自己留在这个世界上的时间不多了，他对护持病榻前的子孙一字一句地告诫道："不要辜负国家的大恩，不要不好好学习，不要为财产而起争执。要知道君子与小人义利之辨。”说完，让他们复诵遗折：

当此国步维艰，外患日棘，民穷财尽，百废待兴，朝廷方宵旰忧勤，预备立宪，但能自强不息，终可转危为安。……所有因革损益之端，务审先后缓急之序，满汉视为一体，内外必须兼筹。理财以养民为本，恪守祖宗永不加赋之规；教战以明耻为先，无忘古人不戢自焚之戒。至用人养才，尤为国家根本至计，务使明于尊亲大义，则急公奉上者自然日见其多。

又命读遗疏及邸抄数则，子孙们泣不成声。张之洞含泪安慰他们：“我死而无憾了。”又说：“吾生平学术行十之四五，政术行十之五六，心术则大中至正。”又将“政术”二字改为“治术”。

宣统元年八月二十一日亥刻，张之洞去世了，终年七十二岁。

一九〇九年，晚清重臣张之洞结束了他的一生。由军机大臣庆亲王奕劻、世续、那桐、鹿传霖、戴鸿慈五人和各部尚书，商议他的后事。

最后决定，以皇帝上谕的名义发讣告，赐予他陀罗经被，赐祭一坛，派郡王衔贝勒载涛率人，前往致祭，赏丧葬费三千两；任命张之洞长子张权为四品京堂候补，次子张仁侃为郎中补用，其孙张厚璟赏给主事分部补用。

这些赏赐中，最有意义的是陀罗经被。那是佛教密宗的圣品，由白缎做成，有朱砂或金漆印写成的藏文佛经。清代帝、后、妃等丧仪，都是拿陀罗经被覆盖遗体。不是什么样的人都能得到这种恩赐的。

张之洞的家属托鹿传霖代为转奏，希望能谥“文襄”，但当时的学部尚书荣庆不同意。鹿传霖格外生气，他认为中法大战取得胜利，张之洞功不可没，因为至今的几十年中，中国的对外战争，这是头一次重大的胜利。既然鹿传霖的意思如此明确，军机大臣和各部官员也就没有再反对，因为大家毕竟同朝为官，加上张之洞又没有什么对头。所以摄政王载沣最后决定：谥号“文襄”。

两天后，清廷颁布上谕称：

大学士张之洞公忠体国，廉正无私，荷先朝特达之知，由翰林洊升内阁学士，简放山西巡抚，总督两广、湖广，权理两江，凡所设施，皆提倡新政，利国便民。庚子之变，顾全大局，保障东西，厥功甚伟，旋以总督晋陟纶扉，入参机要，管理学部事务，宗旨纯正，懋著勤劳。朕御极后，深资倚畀，晋太子太。服官四十余年，擘画精详，时艰匡济，经猷之远大，久为中外所共见，近因患病，屡经赏假调理，并赏赐人参，方冀克享遐龄，长资辅弼。兹闻溘逝，轸惜殊深。着赏给陀罗经被，派郡王衔贝勒载涛带领侍卫十员，即日前往奠醊，并赐祭一坛，加恩予谥文襄，晋增太保，照大学士例赐卹，入祀贤良祠，赏银三千两治丧……

各国驻华公使均致哀悼之意。

朝廷还专为张之洞拟发了祭文和碑文。祭文说：

朕惟朝资辅弼兼经权体用之才，时值艰难，思心膂股肱之佐，爰申罼奠，用贲丝言，尔晋太保原任大学士张之洞，学问博通，经济宏远，持躬廉正，体国公忠。早对彤廷，邀璇宫之赏誉；近迁紫掖，切金殿之论思。文章独出乎词林，奏议尽关于时务。屡司冰景鉴，抡才而语輶轩；洊历清班，晋秩而望崇馆。遂荷先朝之知遇，叠膺数省之封疆，抚晋则财政清厘，控粤则敌锋挫衄；武昌作镇，江表宣勤大局，危而恃以安国是，纷而资以定综其，新猷之建议，悉原旧学之研明。乃晋位钧衡，入参密勿，议宪章则力崇礼教，详学制则注重经书，理财唯恐伤民，教战必先选将。自两宫之奄弃，弥臣职之忧劳，匕鬯不惊，共球无恙。朕诞膺丕绪，优叙耆贤，恩贲频加，忠勤益矢。当内政外交之急，方期翊协机宜，挽民风士习之诐，尤赖昌明正学，胡乞身之遽告，竟萎哲之璇惊，天不憖遣邦之殄瘁，遣亲臣而奠醊，稽典礼以饰忠厚，赙帑金洁贲经被。上谥锡易名之美，崇阶赠太保之荣，祀秩贤良，赏延孙子。吁戏！老成长谢，国家之多难何堪；世局方新，忠谠之遗言长在！灵其不昧，尚克歆承。

碑文为：

朕惟酬庸典重，千秋彰元辅之名，干国勋高一代，树贤臣之范，惟康济能规于宏远，斯褒扬允极于优崇，用贲温纶，式光伟烈。尔晋赠太保、原任大学士张之洞，忠诚风著，廉正不阿。觇国器于英年，蔚经生于早岁。贾董登朝之日，政事精研；马班修史之文，宏通驰誉。骈罗楚宝，濯江汉而炳灵；荟萃蜀才，历岷峨而擢秀。畴咨典礼，设绵蕝而折群言；规划边方，抒长策而谋远略。北盟既定，西顾为劳，遂以清切近臣，旬宣右辅，际岁祲之，屡告流汾，浍以和甘，信地险之能通，开井陉而轶荡。既而扬旌粤峤，秉节炎维，泯啸聚于姎徒，榷市司于番舶，交趾之传烽绥靖，铜柱摩天崖，瞻之列戍森严，金城表海苳，猷日承茂恩命。爰申移荆楚之名区，守郢襄之重镇。官分铁冶，山川咸贡其精英；器置军监，碉垒深明夫形势。然后轮人造轨，起汉渚而边辕；野庐治途，达京畿而接轸。尽地利天财之用，探人官物曲之原。复以重臣再权江左，控南溟之地要，戢西旅之天骄，值翠罼以时巡，情深就日；奠金瓯而巩固，绩懋防秋。勤卅载之驰驱，奉一诚为匡赞。遂登纶阁，兼领枢垣。宣室都俞，寄心腹股肱之任；黉官教育，综周秦汉宋之遗。毗辅方殷，形神遽瘁，恩隆赐药，怆越宿以沦徂；礼重颁衾，俾饰终而优渥。崇衔持晋，跻侑食于贤良；世胄能延，励前劳而眷注。考其德业，谥曰文襄。吁戏！惇史有光，永表匡时之硕画；太常是纪，庶酬体国之丰功。书诔词以沕贞珉，赉衡缗而营兆域。铁予时命，树厥新阡。

一九〇九年十一月，张的大儿子张权等奉丧归南皮。一九一一年一月，他的灵柩落葬于南皮县原双妙村，与石夫人、唐夫人、王夫人合葬一处。梁鼎芬去到南皮送葬，行至墓地途中，梁鼎芬大声泣哭，他的声音甚至压过了孝子们的声音，张权劝他小声一点，梁不听。一开始在京开吊时，梁就写了挽联，到南皮，他又写了挽联一副：

老臣白发，病矣骑箕，整顿乾坤事粗了；

满眼苍生，凄然流涕，徘徊门馆我如何？

送殡后他迟迟不肯离去，以履行他“徘徊门馆”的诺言，端方强行扶他上车才走。后来，梁每次南下，车过南皮，必问是否到了南皮，人告已经到了，他便肃然起敬，默默祷告。又询问是否已经出了南皮，人说已经出了，他才坐下。晚年在北京，每月十五，都会到张之洞祠中悼念。

张之洞的另一著名幕僚辜鸿铭曾为其作挽联：

> 邪说诬民，孙卿子劝学崇儒以保名教，
> 中原多故，武乡侯鞠躬尽瘁独矢孤忠。

张之洞的一位弟子傅岳棻曾讲述张之洞死后的一些事："张去世后，没遗产，家境贫寒。他的门人僚属都知道，所以送的祭物比较厚重，总计也不过银万余两。张家也就靠这些钱办了丧事。张之洞一生显宦高官，位极人臣，而却一贫如洗，可称廉洁啊。"

辜鸿铭也说："张之洞自甲申后，时时奔命于国家，而他死后，负债累累，一家八十余口怎么生活？"

张之洞死后两年零六天，武昌起义爆发，清朝灭亡，民国建立。